Marc Lindemann

Unter Beschuss

Marc Lindemann

UNTER BESCHUSS

Warum Deutschland in
Afghanistan scheitert

Econ

3. Auflage 2010
Econ ist ein Verlag
der Ullstein Buchverlage GmbH

ISBN 978-3-430-30046-9
© Ullstein Buchverlage GmbH, Berlin 2010
© Karten: Peter Palm, Berlin
Alle Rechte vorbehalten
Gesetzt aus der Janson
Satz: LVD GmbH, Berlin
Druck und Bindearbeiten: CPI – Clausen & Bosse, Leck
Printed in Germany

»Den Charakter einer Nation erkennt
man daran, wie sie ihre Soldaten nach
einem verlorenen Krieg behandelt.«

Leopold von Ranke

Meinem Vater

Inhaltsverzeichnis

Prolog   11

Der Einsatz   13

Eine Mission in Gefahr   13
Acht Jahre am Hindukusch – und kein Ende in Sicht   14
Als der Norden noch ruhig war   24
Auf dem Rückzug   41

Unter Beschuss   48

Raketen, Sprengfallen und Hinterhalte   48
Selbstmordattentäter – ein Feind, gegen den es
keine Waffen gibt   60
Vertane Chancen   74
Die Aufständischen – »Gotteskrieger«,
Taliban, radikale Islamisten   89
Der Islam und seine Verantwortung   102
Lamm oder Wolf – die Ausrüstung der Bundeswehr   106

Es ist Krieg   123

Der verweigerte Krieg   124
Neue Kriege?   131
Das Versagen der Volksvertreter   142
Deutsche Akteure in Afghanistan   149

Der Mythos vom Wiederaufbau 155

Mädchenschulen haben oberste Priorität 155
Die Bevölkerung – Aufbruch in die Demokratie? 162
Herzen und Köpfe 166
Die afghanische Polizei – eine Landplage 178

In der NATO – mit allen Konsequenzen 186

Bremsklotz Deutschland – das Verhältnis
zu den NATO-Partnern 186
Wie in Brüssel, so auch in Afghanistan 193
Das Problem multinationaler Einsätze 202
Ein Einsatz ohne die USA – undenkbar 216
Die Kinder gehen ins Bett 222
4. September 2009 – die Bundeswehr schlägt zurück 237

Schnell raus aus Afghanistan? 259

War alles umsonst? 259
Realistische Ziele – der einzige Ausweg 266

Epilog 278

Anmerkungen 284
Bildnachweis 284

Prolog

Es ist der 7. Dezember 2008. Gerade komme ich vom Stabsgebäude des Feldlagers Kunduz in meine Unterkunft, um mir noch einen Spielfilm auf meinem Notebook anzuschauen. Seit gut zwei Wochen bin ich zum zweiten Mal als Hauptmann der Reserve im Einsatz in Afghanistan. Die Einarbeitungsphase ist abgeschlossen, und bis jetzt verlief alles sehr ruhig. Um 19.27 Uhr gibt es plötzlich einen kräftigen dumpfen Knall. Die Wände wackeln, ich spüre eine Druckwelle. Verschießt unser Mörserzug noch Leuchtgeschosse? Bevor mir einfällt, dass die Kameraden dieses Zuges vor zwei Tagen wieder nach Mazar-e Sharif zurückgefahren sind, knallt es ein zweites Mal. Ich reiße das Fenster meiner Baracke auf. Draußen wird gerannt und gerufen. Jetzt ist es klar – mein erster Angriff! Hastig ziehe ich mir Hose und Stiefel an, greife meine Pistole und laufe zur Tür.

Der Befehl bei Beschuss des Lagers ist eindeutig: Jeder Soldat sucht sofort den nächstgelegenen Schutzbau auf und verbleibt dort bis zur Entwarnung. Ich allerdings gehe noch einmal zurück und fahre meinen Computer herunter. Das hat gut fünfzehn Sekunden gedauert. Warum ich das gemacht habe, kann ich nicht sagen. Erst jetzt renne ich in Richtung Stabsgebäude – das ist der Ort, an dem alle Schlüsselabteilungen bei einem Angriff sofort in Alarmbereitschaft versetzt werden, um die nötigen Maßnahmen einzuleiten. Als ich den Ausgang des eingemauerten Holzhüttenlagers erreiche, regnen die glühenden Schrapnelle einer dritten Rakete, die an der Außenmauer einschlug, bereits zu Boden. Immer noch kommt mir die Situation sehr surreal vor. Adrenalin lässt meinen Puls in die Höhe schnellen. Irgendwie empfinde ich Euphorie und bin wie belebt.

Dieses Gefühl vergeht allerdings weitere sechzig Sekunden später. Das Pfeifen des vierten Geschosses ist so deutlich und nah, dass ich instinktiv den Körper im Laufen nach unten ziehe. Obwohl ich keinerlei Erfahrung mit einem Raketenangriff habe und diese Geräusche noch nie zuvor hörte, spüre ich die Kraft und die Ernsthaftigkeit der Bedrohung. Dann knallt es – und diesmal richtig. Ungefähr fünfzig Meter leicht rechts vor mir detoniert die Rakete. Ich bin kurze Zeit wie benebelt und höre auf dem rechten Ohr nichts mehr. Ein Stabsgefreiter packt mich am Arm und zerrt mich weiter. Zweimal suchen wir noch Deckung in den neben den Straßen verlaufenden Wassergräben, schließlich haben wir das schützende Gebäude erreicht. Merkwürdige Gedanken kommen mir. Zum Beispiel, dass der durchschnittliche Soldat im Laufschritt ungefähr dreißig Sekunden für eine Strecke von hundert Metern braucht. Um 19.40 Uhr fange ich das Rauchen wieder an.

Die Begrüßung des 18. deutschen Einsatzkontingents Kunduz – das von Mitte November 2008 bis Mitte März 2009 seinen Dienst in Nordafghanistan tat – durch die Aufständischen hatte lange auf sich warten lassen. Dafür war sie an diesem Abend mit sieben abgeschossenen Raketen vom Typ BM-1 umso intensiver. Und es sollte auch erst der Anfang sein. In den kommenden Monaten wurden wir immer wieder mit Panzerfäusten, Sprengfallen und eben auch Raketen angegriffen. Zu Beginn des Einsatzes lagen die Nerven oft noch blank. Es wurden Nachtschichten eingelegt und über Abwehrmaßnahmen gegrübelt. Am Ende war diese Nervosität einer Routine gewichen, die hart an der Gleichgültigkeit lag. Das Glück war in den Monaten unser treuster Gefährte und oft nur in Zentimetern oder Sekunden messbar.

Nun hatten wir die ersten sieben Raketen hinter uns. Von da an befanden wir uns nur noch unter Beschuss. Herzlich willkommen in Afghanistan!

Der Einsatz

Eine Mission in Gefahr

Der Einsatz der deutschen Bundeswehr am Hindukusch geht bereits in sein neuntes Jahr. Seit Ende 2001 versehen unsere Soldaten ihren gefährlichen Dienst in einem Land, in dem seit über zweihundert Jahren immer wieder fremde Armeen kläglich scheiterten und dabei einen hohen Blutzoll zu entrichten hatten. Vor 150 Jahren war es das *Great Game*, jene Auseinandersetzung zwischen Russland und England um die Vorherrschaft in Zentralasien, die im Kern am Hindukusch geführt wurde. Beide Nationen zogen schließlich aus Afghanistan ab, weil sie nicht in der Lage waren, ihre Macht dort zu festigen.

Während die britische Armee in unseren Tagen im Süden des Landes auf exakt denselben Schlachtfeldern wie bereits im 19. Jahrhundert kämpft, unternahmen die Russen ihrerseits rund ein Jahrhundert nach dem Ende des »Großen Spiels« einen weiteren Interventionsversuch. Am 27. Dezember 1979 marschierten sie erneut in Afghanistan ein – nun mit dem Ziel, die damals kommunistische Herrschaft vor Ort zu stützen, und mit einer Armee, die über technologisch hochwertige Waffen verfügte. Das Endergebnis war dasselbe: eine schmachvolle Niederlage, der Abzug 1989 und ein zurückgelassenes Land im Chaos. Die afghanischen Widerstandskämpfer, die sogenannten Mudschaheddin, hatten die Sowjets mit ihrer Taktik der Nadelstiche, des schnellen Zuschlagens und sofortigen Rückzugs, zunächst aus den Tälern und Dörfern vertrieben und schließlich aus dem ganzen Land. Das Debakel beschränkte sich nicht nur auf die Sowjetarmee, sondern trug auch zum Untergang der UdSSR bei.

Afghanistan seinerseits glitt nach dem Abzug der Russen in

einen Bürgerkrieg ab, in dem sich die einst vereinte Mudschahed-din-Front gegenseitig bis aufs Blut bekämpfte. Der Großteil der Infrastruktur Afghanistans wurde nicht während der russischen Besatzung zerstört, sondern in den Kämpfen der verschiedenen Konfliktparteien des zerfallenen Staates. Erst die Bedrohung durch die im Süden aufkommende Bewegung der Taliban vereinte ab 1994 zunehmend die zerstrittenen Kriegsfürsten. Die Taliban – jene Koranschüler aus den islamistischen Erziehungsstätten, den Madrassen – rekrutierten sich zu fast einhundert Prozent aus dem Volksstamm der Paschtunen, die im Süden Afghanistans und entlang der afghanisch-pakistanischen Grenze siedeln. Nachdem ihnen die Einnahme Kabuls 1996 gelang, schlossen sich die ehemaligen Kriegsgegner der übrigen Ethnien zur »Allianz zur Rettung des Vaterlandes«, kurz Nordallianz genannt, zusammen. Dennoch gelang es den Taliban, bis 1998 mit Ausnahme der Provinz Badakhshan und dem Pandschir-Tal ganz Afghanistan zu erobern und mit brutaler Herrschaft auch zu befrieden.

Im Jahr 2001 machten sich erneut fremde Staaten auf und schickten ihre Soldaten nach Afghanistan. Mit ganz anderen Absichten als in der Vergangenheit. Diesmal nämlich mit guten, wie es hieß. Und mit dabei: Deutschland und die Bundeswehr. Der Auslöser für den abermaligen Versuch, das rückständige und archaische Land am Hindukusch zu kontrollieren, ist hinreichend bekannt. Einige junger Männer, überwiegend mit Wurzeln in Saudi-Arabien und teilweise im Besitz deutscher Aufenthaltsgenehmigungen, entführten wenige Monate zuvor vier amerikanische Passagiermaschinen auf Inlandsstrecken und flogen sie ins World Trade Center, in das Pentagon und in einen Acker in Pennsylvania. Ob es korrekt war, eine direkte Verbindung von den Terroranschlägen in den USA zu den in Afghanistan wütenden Taliban zu ziehen, wurde seitdem von vielen Politikern, Publizisten und Verschwörungstheoretikern angezweifelt.

Solche Äußerungen entspringen einer verqueren Ideologie, in der sich Anti-Amerikanismus, ein westliches Universalschuldgefühl und eine Art Unterdrücktensolidarität vermengen. Die

Beweise für die Islamisten-Kooperation waren eindeutig. Das brutale Regime der Taliban gewährte der international agierenden Terrororganisation Al-Qaida Unterschlupf, und dies war nicht länger zu dulden. Den Feldzug zu führen war richtig und notwendig. Darüber hinaus erachte ich es als müßig, politische Entscheidungen von vor neun Jahren zu diskutieren. Der Entschluss, in Afghanistan Krieg zu führen, wurde getroffen, die deutsche Regierung trug ihn damals voller Überzeugung mit – und jetzt sind wir dort.

Die Bundeswehr steht mit viereinhalbtausend Soldaten in Nordafghanistan und betreibt dort drei große Stützpunkte, zuzüglich Außenstellen und Verbindungskommandos. Das ist die Situation im Jahr 2010, und alles Lamentieren, ob die Beteiligung am ISAF-Einsatz, der Mission der Internationalen Schutztruppe unter NATO-Führung, ein legitimer Beschluss war, ändert an ihr nichts. Was sich ebenfalls nicht ändern lässt, ist die Verantwortung der Bundesregierung und des deutschen Parlaments für diese Entscheidung und ihre Folgen. Alle demokratischen Parteien Deutschlands mit Ausnahme der Linken haben sich für den Afghanistan-Einsatz ausgesprochen und unterstützen diesen bis heute offen. Sie sind somit auch für dessen Entwicklung und insbesondere für einen erfolgreichen Abschluss des Engagements in die Pflicht zu nehmen.

Vertreter der politischen Parteien betonen, dass die heutige Situation mit den vergangenen Auseinandersetzungen in Zentralasien nicht im Geringsten vergleichbar sei. Wir seien Gäste dort und würden als Partner der afghanischen Regierung arbeiten, um Sicherheit und Wiederaufbau zu gewährleisten. Auf gar keinen Fall befinde sich Deutschland in einem Krieg, wie ihn andere Staaten immer wieder führten und bis heute führen. Nun gut. Gesetzt den Fall, dies sei so und man ließe den permanenten Beschuss der Feldlager mit Raketen, die Sprengfallen am Straßenrand und die Angriffe auf deutsche Patrouillen mit Gewehren und Panzerfäusten außer Acht, was haben wir dann aber in acht Jahren Mission am Hindukusch erreicht? Wo stehen wir nach einer knappen Dekade Wiederaufbau und Schaffung eines sicheren Umfelds?

Jeder Patrouillenbefehl an die Soldaten, die am frühen Abend das Feldlager verlassen, um die Nacht über auf den unwegsamen Straßen Afghanistans verzweifelt für Sicherheit zu sorgen, enthält die fünf Ws. *Wer* tut *wann was wie* und *wozu?* Enthält er diese nicht, ist die Order unvollständig und schlecht. Der Befehl, den Bundesregierung und Bundestag ihrer Parlamentsarmee, der Bundeswehr, gegeben haben, auch als Mandat bekannt, ist unvollständig und schlecht. Er beantwortet genau die Fragen nicht, die für eine erfolgreiche Mission im Kleinen und viel mehr noch im Großen unabdingbar sind. Es gibt keinen konkreten Zeitplan für das, was wir tun. Es gibt kein ganzheitliches Konzept, wie wir ein Land, das sich seit dreißig Jahren im Krieg befindet, wiederaufbauen wollen, und es ist vor allem keine schlüssige Begründung zu vernehmen, wozu deutsche Soldaten täglich ihr Leben riskieren und es immer häufiger auch verlieren. Kurzum: Es gibt keine tragfähige Strategie für das deutsche Afghanistan-Abenteuer.

Der chinesische Kriegsphilosoph Sun Zsu schrieb vor 2600 Jahren:»Strategie ohne Taktik ist der langsame Weg zum Sieg – Taktik ohne Strategie ist nur der Lärm vor der Niederlage.« Der Lärm ist unerträglich.

Der Schauplatz, an dem sich diese Tragödie abzeichnet, liegt über fünftausend Kilometer von unserer Heimat entfernt. Krieg, Tod und Elend hat die deutsche Gesellschaft in den letzten sechzig Jahren so erfolgreich aus ihrem Bewusstsein verdrängt, dass der deutsche Einsatz in Afghanistan fremd und unwirklich erscheint, fast so, als ob wir damit gar nichts zu tun hätten. Doch sind es Männer aus unseren Dörfern und Städten, die dort hinuntergeschickt werden, um ihren Auftrag zu erfüllen.[1] Es sind oft Soldaten, die noch zwei Jahre zuvor die Schulbank drückten und sich jetzt über raketensichere Bunker, Schutzwesten und Munitionsvorräte Gedanken machen müssen. Sie werden beschossen, verwundet und sie sterben. Natürlich sind alle freiwillig dort, weil sie freiwillig in die Bundeswehr eintraten – doch ist dies weniger Grund, ihnen die gebührende Aufmerksamkeit und Anteilnahme zu schenken? Und ist es vor allem weniger Grund, ihnen die bestmögliche Ausrüstung und vor allem ein solides politisches Konzept an die Hand zu geben? Alle Soldaten der Bundeswehr haben einen feierlichen Eid geleistet. Sie gelobten und schworen »der Bundesrepublik treu zu dienen und das Recht und die Freiheit des deutschen Volkes tapfer zu verteidigen«. Doch Loyalität und Fürsorge können auf Dauer nur verlässlich funktionieren, wenn sie beiderseits gewährleistet sind. Wenn deutsche Soldaten auf Befehl ihren gefährlichen Dienst in Nordafghanistan verrichten, dann ist die politische Führung, die diesen Befehl gab, verpflichtet, Unterstützung zu gewährleisten. Und vor allem muss sie sicherstellen, dass die Befehlsausführer mit allem versorgt sind, was sie brauchen.

Während ich an diesem Buch schrieb, wurde ich immer wieder von neuen traurigen Meldungen aus Afghanistan unterbrochen. Die Intensität der feindlichen Aktivitäten erhöhte sich noch einmal merklich, nachdem ich im April 2009 das Land nach fast fünf Monaten zum zweiten Mal verlassen hatte. Bereit 2005 diente ich fast fünf Monate in gleicher Funktion im achten deutschen Einsatzkontingent Kunduz und war so Zeuge einer sich dramatisch verschlechternden Lage im Einsatzgebiet der Bundeswehr geworden. Kaum etwas war übriggeblieben von dem, was wir noch drei Jahre zuvor getan hatten – fast so, als ob es uns nie gegeben hätte. Im Herbst 2008 waren wir das 18. deutsche Einsatzkontingent. Ein Soldatenwitz nannte es das erste, aber im achtzehnten Versuch. Speziell in Kunduz spitzte sich die Lage im Sommer weiter zu. Das Glück blieb meinen Kameraden nicht treu. Vier unserer Soldaten fielen in Gefechten nur wenige Kilometer vom Lager entfernt. Alles Mannschaftsdienstgrade, knapp über zwanzig Jahre alt. Es ist sehr schwer, darüber zu schreiben, was einem in einem solchen Moment durch den Kopf geht. Meist kannte ich die Soldaten nicht persönlich, doch geht mir ihr Tod sehr nahe, und ich muss noch heute an die Männer denken. Auch weiß ich aus eigener Erfahrung, wie schwierig es für die Kameraden ist, die die Anschläge überlebt haben, ihre Erlebnisse mit Unbeteiligten zu teilen. Sie sind dort eben nicht mit dem Tod konfrontiert, der junge Burschen sonst ereilt. Niemand ist betrunken gegen einen Baum gerast oder mit dem Motorrad verunglückt. Die jungen Männer sind in Ausübung ihrer soldatischen Pflicht gestorben – sind gefallen. Es sind gute Jungs, die im Einsatz ihr Leben lassen. Sie fahren Patrouillenfahrzeuge, bedienen Maschinengewehre und folgen ihren Vorgesetzten in den Kampf im Vertrauen darauf, gut geführt zu werden. Wo sonst sind junge Männer bereit, dies zu tun, wenn nicht in der Armee?

Über Sinn und Unsinn des deutschen Afghanistan-Einsatzes wird in der Truppe in aller Regel nicht mehr gesprochen. Wenn die eigene Einheit in das Land am Hindukusch verlegt wird, will man dabei sein und die anderen nicht im Stich lassen. So kommen sie dort unten an. Motiviert und gespannt auf das Abenteuer ihres Lebens, und plötzlich liegen sie in einem Kühlcontainer an einem staubigen, dreckigen Ort in Zentralasien. Es gibt eine Art Sprichwort, in dem gefragt wird: »Wie erklärt man einer Mutter, dass ihr Sohn der letzte Gefallene vor der Niederlage war?« Eine Garantie auf Sieg gibt es zwar nie, aber alle Verantwortlichen müssen ihr Bestes tun, um dem höchsten Opfer, welches Soldaten zu bringen bereit sind, einen Sinn zu geben – dies können sie nur mit einem erfolgreichen Ende des Einsatzes am Hindukusch erreichen. Würden wir uns jetzt zurückziehen und Afghanistan sich selbst und damit den Taliban überlassen, wären alle bisher gebrachten Opfer umsonst gewesen. Es ist eben nicht das Sterben an sich, was falsch ist. Es ist das sinnlose Sterben.

Acht Jahre am Hindukusch – und kein Ende in Sicht

»Ich habe den Eindruck, dass die Dinge gut vorangehen!« Solch einen Satz kann jemand formulieren, der auf Inspektionsreise in einer Vogelwarte Station macht oder sich über die Entwicklung von »Unser Dorf soll schöner werden« informiert. Es ist ein Satz von freundlichem Desinteresse, geäußert bei lapidarer Gelegenheit. Gleichstellungsbeauftragte sagen so etwas, EU-Parlamentarier oder Regionalreporter. Jeder andere darf einen solchen Satz sagen, aber nicht ein Bundesminister der Verteidigung, wenn er auf Truppenbesuch in Afghanistan ist. Allein die Wahl der Vokabeln, die der ehemalige Verteidigungsminister Franz Josef Jung auf seinem Truppenbesuch im März 2009 wählte, war eine Unverschämtheit. Er sprach von den »Dingen«. Was genau meinte er damit? Die Sicherheitslage, den sogenannten Wiederaufbau oder das Wetter? Ferner hatte er lediglich einen »Eindruck«. Wer einen Eindruck hat, der weiß es offenbar nicht. Der kommt nur mal so eben hereingeschneit und guckt ein bisschen herum. Ah ja, hier ist also die Truppenküche. Wie schmeckt's denn? Gut? Sehr schön. Für was sind Sie hier zuständig? Oh, interessant! Viel Spaß noch. So oder so ähnlich. Mehr nicht. Dann fährt er wieder.

Nun ist bekannt, dass Jung, der dank seiner Multifunktionalität für einige Zeit das Arbeitsministerium leiten durfte, nicht mit allzu viel rhetorischer Begabung gesegnet ist. Sätzen, die er in der Öffentlichkeit zum Besten gibt, fehlt oft der innere Zusammenhang, und am Ende seiner Ausführungen ist die Frage des Journalisten kaum je beantwortet. Sollte man darüber hinwegsehen? Sollte man einfach sagen: »Lass mal gut sein, wir wissen ja, was gemeint ist«? Der Meinung bin ich nicht.

Jung war Bundesminister und verantwortlich für fast 250 000 Soldaten. Er vertrat Deutschland auf höchsten strategischen Ebenen und innerhalb von Organisationen wie der NATO und der EU. Es war sein Job, mit seinen amerikanischen, britischen und französischen Amtkollegen auf Augenhöhe zu verhandeln und für die Bundesrepublik stets das bestmögliche Ergebnis zu erzielen. Von einem solchen Mann kann man erwarten, dass er richtige Sätze bildet, in denen er sich wenigstens bemüht, die Realität abzubilden, auch wenn ein paar Kameras auf ihn gerichtet sind. Und falls nicht, muss er sich eben mehr anstrengen.

Noch zynischer wurde die Jung'sche Kurzaussage vom 11. März 2009 zum Schluss hin. Es würde »gut vorangehen«. Bis zum Ende seiner Amtszeit behauptete der Minister nämlich in Interviews und auf Pressekonferenzen, dass »wir in Afghanistan erfolgreich« seien. Mit diesen Worthülsen kam er aber seit dem Sommer nicht mehr so leicht durch. Denn die ehemals in der Journalistenzunft weitverbreitete Unkenntnis über die Lage in Afghanistan ist mittlerweile längst einer Skepsis gegenüber den Einschätzungen von offizieller, politischer Seite gewichen. Und so kam es, dass bei Jung immer häufiger nachgefragt wurde, ob denn wirklich alles so gut vorangehe, wie er stoisch behauptet hatte. Allein die nervöse Beharrlichkeit, mit der er seinen Sermon zum Vortag brachte, ließ zweifeln.

Mittlerweile musste Jung ob seiner bizarren Informationspolitik nach dem Tanklaster-Angriff am 4. September 2009, auf den ich später noch zu sprechen komme, zurücktreten. Daraufhin war auch die krampfhafte Beschönigung des Einsatzes am Hindukusch stark zurückgegangen. Unter der neuen Regierung und mit Jungs Nachfolger Karl-Theodor zu Guttenberg vollzog sich eine vorsichtige Annäherung der offiziellen Wortwahl an die Realitäten in Afghanistan. Zum Jahresende 2009 wurde mehr über die »Schwierigkeiten« gesprochen. Die angeblichen Erfolge, die Franz Josef Jung noch ausgemacht haben wollte, standen nicht mehr allein im Vordergrund. Konkrete Handlungsabsichten, um diese Schwierigkeiten in den Griff zu bekommen, waren jedoch noch immer nicht zu vernehmen. Im Januar wird ein parlamentarischer Untersuchungsausschuss erst richtig seine Arbeit aufnehmen. In seinem Fokus werden jedoch weniger die Strategie des Einsatzes und die katastrophale Situation der deutschen Soldaten in Afghanistan stehen. Vielmehr werden es politische Scharmützel sein, die in ihm ausgefochten werden. Denn selbst wenn zu Guttenberg ein Fehler bei der Informationsweitergabe unterlaufen sein sollte, hilft dessen Aufdeckung niemandem, wenn nicht eine neue Ehrlichkeit bezüglich der Verhältnisse am Hindukusch Einzug hält. Und eine Bereitschaft, einen umfassenden Einsatzplan zu erarbeiten, um die Lage wieder in den Griff zu bekommen.

Der Einsatz der deutschen Bundeswehr in Afghanistan dauert

jetzt bereits länger als der Zweite Weltkrieg. Es ist wenig sinnvoll, beide Kriegsereignisse miteinander zu vergleichen. Ich möchte mit meinem Hinweis lediglich verdeutlichen, wie lange wir schon versuchen, die afghanische Misere zu lösen. Acht Jahre ist es schon her, seit die ersten deutschen Soldaten in der afghanischen Hauptstadt Kabul ihren »Dienst für die Freiheit« aufnahmen. Die Einheiten, auch Kontingente genannt, wechselten anfangs alle sechs Monate und wurden zunächst nur im Rahmen einer multinationalen Brigade in Kabul und der engeren Umgebung eingesetzt. Den Anfang machten – wie immer – die Fallschirmjäger. Sie gehören zu den wenigen Truppengattungen der Bundeswehr, die relativ unkompliziert und rasch in sogenannte »schnelle Anfangsoperationen« geschickt werden können, ohne gleich überfordert zu sein. Dies liegt zum einen daran, dass sie kein schweres Gerät brauchen, um ihren Auftrag zu erfüllen. Es sind Infanteristen, die zu Fuß oder mit leichten Fahrzeugen unterwegs sind und daher ein hohes Maß an Mobilität garantieren. Darüber hinaus ist dieser Truppe ein soldatisches Selbstverständnis erhalten geblieben, welches ihnen verbietet, über hohe Belastungen zu klagen. Vielmehr empfinden Fallschirmjäger es als eine Art Ehre, stets als Erste in Einsätze geschickt zu werden, da der Dienstherr es offenbar nur ihnen zutraut, schwer einschätzbare Aufträge zu meistern. Der Tatsache, dass die Männer mit Fallschirmen aus Flugzeugen abspringen können, kommt dabei weniger eine taktisch-militärische Funktion zu. Vielmehr gilt sie heute als Ausdruck von Mut und Risikobereitschaft, die sich auch in der Auftragserfüllung auswirken. Diese Truppengattung war schon seit jeher sehr speziell und pflegt bis heute einen ausgeprägten Korpsgeist, dessen Rituale Außenstehende oft befremden und als eine Art Dünkel wahrgenommen werden. Dieser Korpsgeist war auch schon häufig Quelle für negative Schlagzeilen und darauf folgenden Unmut in der politisch-militärischen Führung.

Die oben beschriebenen Eigenschaften im Kampf indes, die sicherlich zum Teil aus diesem Geist erwachsen, werden von der Politik dennoch gern in Anspruch genommen, um schnell Bündnisfähigkeit zu demonstrieren. Auch im weiteren Verlauf der ISAF-Mission sollen die Fallschirmjäger noch oft gerufen werden, um zu helfen, schwierige Situation in den Griff zu bekommen. Sie haben dabei nie enttäuscht.

An dem Feldzug 2001 in Afghanistan, der den Namen »*Operation Enduring Freedom*« (OEF) trug, nahm Deutschland nicht teil. Unter amerikanischer Führung und mit Hilfe afghanischer Mudschaheddin-Verbände, der Nordallianz, wurden die Taliban innerhalb weniger Wochen hinweggefegt. Wie immer nach dem Ende des Ost-West-Konflikts 1990 sollten andere NATO-Partner, allen voran die USA, den unfeinen Teil der Arbeit erledigen. Die Bundesrepublik war nur (oder immerhin) bereit, sich an der Konfliktnachsorge zu beteiligen und dem Land nach Taliban-Terror und amerikanischer Bombardierung lächelnd und winkend auf die Beine zu helfen. Die Logik schien dabei zu besagen, dass bei solch hehren Absichten eigentlich nichts schiefgehen kann. Denn wer in der afghanischen Bevölkerung sollte etwas dagegen haben, dass ihm geholfen wird, die Freiheit des Westens zu erlangen?

Nachdem also die NATO die afghanische Metropole stabilisiert zu haben glaubte, entschied der Weltsicherheitsrat der Vereinten Nationen, auch den Rest des Landes zu sichern – und verabschiedete im Oktober 2003 eine entsprechende Resolution. Ab diesem Zeitpunkt gab es in Afghanistan zwei Operationen, die OEF und die ISAF, die parallel liefen und in vielen Bereichen nie scharf voneinander zu trennen waren. So war es von Anfang an utopisch zu glauben, dass die Ergebnisse der Aufklärungstornados der deutschen Luftwaffe ausschließlich für ISAF-Truppen eingesetzt werden könnten, wie es später das Mandat des Bundestags vom März 2007 vorsah. Aufklärungsergebnisse wurden auch an amerikanische Einheiten weitergeleitet, die unter dem Mandat der International Security Assistance Force operierten. Und von dort war der Weg zu OEF nie sehr weit.

Schon bald nach Beginn der ISAF-Mission entwickelten die Strategen ein sogenanntes Cluster-Modell und teilten Afghanistan in fünf große Bereiche auf, die Regional Commands, oder kurz RCs genannt: *RC Capital*, die Hauptstadt, fiel unter französisches Kommando, *RC South* ging in einem Rotationsverfahren an die Briten, Kanadier und Niederländer, *RC West* übernahmen die Italiener, das *RC East* die USA und das *Regional Command North* wurde uns übertagen, der Bundesrepublik Deutschland. Von Anfang an war klar, dass der Süden, als ehemalige Taliban-Hochburg, und der Osten, als Grenzgebiet zu den Unruheprovinzen Pakistans, die gefährlichsten Regionen bleiben würden. Die dortige Zuständigkeit der starken amerikanischen und britischen Armeen war deshalb zwangsläufig, und bei den Verhandlungen im NATO-Hauptquartier erwartete sicherlich niemand eine ernsthafte deutsche Beteiligung im Kampfgebiet. Berlin schickte lediglich eine Hundertschaft des Kommando Spezialkräfte, die an der Seite von amerikanischen Special Forces Jagd auf Taliban- und Al-Qaida-Kommandeure machte. Andere kleinere Staaten entsandten durchaus größere Truppenkontingente in die Brennpunkte der ersten Jahre. Die kanadische Armee beispielsweise, mit 62 000 Soldaten nur ein Viertel so groß wie die Bundeswehr, unterstützt bis heute das Vereinigte Königreich in der südlichen Provinz Kandahar mit 2800 Soldaten und musste mit 139 Gefallenen (Stand 3. Februar 2010) bereits schwere Verluste hinnehmen. Auch die Niederlande beteiligen sich bis heute mit 1700 Mann an den Kämpfen im Süden.

Kabul galt knapp zwei Jahren nach Beginn der ISAF-Mission als gesichert, und tatsächlich war es auch so. Zwar ereigneten sich in den Jahren nach dem Start der ISAF-Mission noch Terroranschläge in der afghanischen Hauptstadt, doch wurden solche auch in Islamabad, Madrid oder London verübt. Wenn es in der afghanischen Hauptstadt zu Angriffen kommt, wie etwa am 11. Februar 2009 geschehen, als drei Selbstmordkommandos sich vor Gebäuden der internationalen Gemeinschaft in die Luft jagten, war dies eher als symbolisches Zeichen der »Gotteskrieger« zu werten. Es soll die Botschaft transportieren, dass niemand nirgendwo sicher sein kann. Eine trostlose Wahrheit, an die wir uns fast schon gewöhnt haben. Seitdem haben sich die Anschlagszahlen in Kabul jedoch wieder derart drastisch erhöht, dass eine effektiv operierende Taliban-Gruppe auch innerhalb der Stadt nicht mehr ausgeschlossen werden kann. Die UNO zog daraufhin Anfang November 2009 sechshundert Mann ihres Personals ab. Das war genau das, was die Taliban erreichen wollten.

Aber zurück ins Jahr 2001: Zunächst bekamen internationale Militärtruppen und afghanische Polizei die Lage rasch in den Griff. Im Anschluss wollte die NATO diesen Erfolg auch in die übrigen Regionen des Landes exportieren – eben mit dem sogenannten Cluster- oder Inselmodell. Nur ist Kabul nicht Afghanistan, und Afghanistan konnte fremde Einmischung noch nie gut leiden.

Als der Norden noch ruhig war

Ende 2003 waren die ersten deutschen Soldaten in ihr neues Zuständigkeitsgebiet in Nordafghanistan verlegt worden. Die US Army hatte in Kunduz, der sechstgrößten afghanischen Stadt, unweit der Grenze zu den zentralasiatischen Staaten, bereits ein Feldlager betrieben und übergab dieses nun an uns. Eigentlich war es nur ein Gebäudekomplex nahe des Stadtkerns, mit einer Außenmauer aus Lehm, doch erfüllte es zunächst seinen Zweck, und die Bundeswehr richtete sich provisorisch ein. Vermietet wurde das Gehöft an die deutschen Truppen im Übrigen von einem Großgrundbesitzer und späteren Provinzratsabgeordneten namens Omar. Im Rahmen einer Aufklärungsmission hatte ich später einmal Gelegenheit, ihn in seinem Anwesen gleich neben unserem Camp aufzusuchen. Das Haus glich einem Palast, und er selbst ließ sich von seiner Entourage in Szene setzen wie ein Fürst, der zu einer Audienz bittet. Mein Schweizer Kamerad und ich wurden in seinen Empfangsraum gebracht, in dem wir »standesgemäße« zwanzig Minuten warten mussten. Adil, unser Dolmetscher, setzte sich aus Versehen auf den »Thron« unseres Gastgebers, und sofort wurde er von einem grimmigen Leibwächter weggescheucht, während ein anderer Bediensteter das Polster wieder glattstrich.

Mit Omar sprachen wir eine gute Stunde über die Politik unserer beider Länder. Es war erstaunlich, wie hervorragend der Mann über unser System informiert war. Der Gegensatz zur Welt außerhalb seiner Mauern konnte nicht größer sein: Hier ein gebildeter, äußerlich zivilisierter Provinzfürst auf einem Sessel, der auch Kaiser Bokassa Freude gemacht hätte, dort archaische Verhältnisse weit unterhalb der Armutsgrenze: einfache Bauern, deren einziger Gedanke dem täglichen Broterwerb gilt. Omars Macht und sein Einfluss basierten auf einem beträchtlichen Vermögen, dessen Herkunft, wie bei vielen Mitgliedern seiner Kaste, sehr undurchsichtig war. Die Bundeswehr machte ihn jedenfalls noch reicher. Die Miete für sein Anwesen soll astronomisch hoch gewesen sein. Doch sei's drum. Wenn ein schlecht ausgehandelter Mietvertrag das einzige Problem für das deutsche Kontingent in Kunduz geblieben wäre, wären wir billig davongekommen.

Das erste deutsche Provincial Recontruction Team in Kunduz wuchs schnell an. Anfang 2004 hatte es mit rund 450 Mann seine vorläufige personelle Sollstärke erreicht. Die Struktur sah von Beginn an eine Verknüpfung militärischer und ziviler Kapazitäten vor, geführt von einer klassischen Doppelspitze, bestehend aus einem militärischen Kontingentführer und einem Diplomaten des Auswärtigen Amts (AA). Darüber hinaus waren noch das Innenministerium und das Ministerium für wirtschaftliche Zusammenarbeit vertreten, die nun, in enger Kooperation mit uns und dem AA, die Stabilisierung der Region vorantreiben sollten.

Die Aufgabenverteilung war wie folgt konzipiert: Die Bundeswehr sorgt gemeinsam mit den afghanischen Sicherheitsbehörden, bestehend aus der Afghan National Army (ANA), der Afghan National Police (ANP) und dem afghanischen Geheimdienst, dem National Directorate of Security (NDS), für ein stabiles und sicheres Umfeld. Das Bundesministerium für wirtschaftliche Zusammenarbeit (BMZ) kann dann in diesem sicheren Umfeld arbeiten und den wirtschaftlichen und infrastrukturellen Wiederaufbau betreiben. Das Innenministerium entsendet Polizisten, um den Aufbau und die Ausbildung der afghanischen Polizei zu gewährleisten, damit diese irgendwann allein für Sicherheit sorgen kann, und das Auswärtige Amt übernimmt die Koordinierung des Ganzen. Wie klug sich diese Theorie vom Berliner Schreibtisch anhört.

Da Deutschland das Kommando über den ganzen Norden Afghanistans übernommen hatte, wurden kurze Zeit später noch in Feyzabad und wiederum ein Jahr später auch in Mazar-e Sharif Stützpunkte errichtet. Ab 2006 begann schließlich auch der Rest der deutschen Truppen aus Kabul abzuziehen, um die international vereinbarte Schwerpunktverlagerung in den Norden Afghanistans zu vollenden.

Von Beginn an machte der Begriff des »ruhigen Nordens« in der Presse und in der NATO die Runde. Der Bundesregierung kam diese Bezeichnung innenpolitisch sehr zupass. Die ehemaligen Pazifisten, die damals vor allem in Person von Grünen-Politikern Teile der Regierung stellten, hatten sowieso schon größte Schwierigkeiten, ihren Sinneswandel vom Postulat des »Frieden schaffen ohne Waffen« zur Durchführung eines Militäreinsatzes in Afghanistan zu erläutern. Indem sie die Schlagworte »Wiederaufbau«, »Hilfe« und »humanitäre Verantwortung« in den Mittelpunkt ihrer Missionsbegründung rückten, schafften sie es aber irgendwie. Letztlich auch deshalb, weil das öffentliche Interesse an ein paar Soldaten, die irgendwo hingeschickt werden, nicht allzu groß war.

Im internationalen Rahmen wurde der »ruhige Norden« jedoch sehr bald zum Zankapfel. Die NATO-Partner waren nicht mehr bereit, eine ständige deutsche Sonderrolle zu akzeptieren. Sie drängten sehr bald auf eine Beteiligung der Bundeswehr im umkämpften Süden. Der Rot-Grün-Regierung gelang es jedoch stets, diese Forderungen durch kleinere Gefälligkeiten abzuwehren: mit dem Einsatz der Luftwaffe, etwa von Aufklärungstornados, und mit einigen Fernmeldespezialisten. Seit einiger Zeit sind die Rufe nach deutschen Truppen im Süden allerdings schwächer geworden. Das Regional Command North und speziell der Bereich um Kunduz ist zum unruhigen Norden geworden. Das, was die deutsche Regierung stets unter allen Umständen vermeiden wollte, hat sie nun doch ereilt. Das Einsatzgebiet der Bundeswehr ist zur Kampfzone mutiert, und die politische Führung Deutschlands hat dies mit zu verantworten.

Im August 2005 betrat ich das erste Mal afghanischen Boden. Als sich die Heckluke der Transportmaschine öffnete und die heiße und staubige Luft ins Innere des Flugzeugs strömte, war dies wie ein Eintritt in eine andere Welt. Der Eintritt in ein Kriegsgebiet. Erst wenige Wochen zuvor hatte ich in München mein Studium abgeschlossen. Im zweiten Jahresdrittel pendelte ich ständig zwischen Ludwig-Maximilians-Universität und Truppenübungsplätzen hin und her, um sowohl die Vorausbildung als auch meinen Hochschulabschluss zu schaffen. Dass ich nach meiner aktiven Zeit bei den Panzeraufklärern, die ich von 1997 bis 1999 als Reserveoffizieranwärter in Gotha und Eutin verbrachte, wenigstens einmal in einen Auslandseinsatz gehen wollte, stand schon früh für mich fest. Im Jahr 2002 hatte ich bereits das Angebot, für sechs Monate nach Bosnien zu gehen, um dort in der zivil-militärischen Kooperation, dem sogenannten CIMIC, eingesetzt zu werden. Der Posten war sehr verlockend, doch entschied ich mich damals dagegen, um mein Politikstudium schnell voranzubringen. Als dann 2004 das Ende meiner Studienzeit in Sicht kam, reaktivierte ich ein paar alte Kontakte zu meiner Truppengattung und sondierte die Möglichkeit, nach Afghanistan zu gehen.

Einer meiner ehemaligen Vorgesetzten machte mir den Vorschlag, einen Dienstposten in der militärischen Nachrichtengewinnung zu besetzen. Ich willigte ein, durchlief Eignungsfeststellungsverfahren und Lehrgänge und fand mich Anfang 2005 auf dem Posten eines HUMINT-Offiziers im Provincial Reconstruction Team (PRT) Kunduz wieder. HUMINT steht für »Human Intelligence« und meint das Gewinnen von sicherheitsrelevanten Informationen aus menschlichen Quellen. Durch das Studium und vorherige Auslandsaufenthalte im islamischen Raum sah ich mich dieser Aufgabe gewachsen – und freute mich auf einen aufregenden Einsatz mit direktem Kontakt zur Bevölkerung in Afghanistan.

Am 17. August 2005 meldete ich mich in der J2-Abteilung des PRT Kunduz, jener Sektion des Stabes, die alle Aufklärungskräfte koordiniert, bei meinem Vorgesetzten zum Dienst und sah mit Spannung allem Kommenden entgegen. Die Abteilung wurde von einem Major geführt, einem Hauptmann und mir als Oberleutnant gefüllt, zwei Unteroffiziere arbeiteten zu. Darüber hinaus gab es einen weiblichen französischen Hauptmann sowie einen ungarischen Oberstleutnant, die beide im Rahmen der Kooperation zwischen NATO-Mitgliedstaaten die Abteilung unterstützen sollten. Ihr angeschlossen waren zudem ein zweiköpfiges HUMINT-Team aus der Schweiz sowie ein halbes deutsches, das aus einem Hauptmann und einem Übersetzer bestand. Meine Aufgabe entpuppte sich schnell als anders, als ich sie erwartet hatte. Zu meiner Enttäuschung wurde ich zunächst in der Auswertung und Analyse eingesetzt und weniger im »Außendienst«. Dies änderte sich jedoch später.

Unsere Arbeit bestand aus einem klassischen Dreiklang: Informationsgewinnung, Informationsaufbereitung und zielorientierte Weiterleitung an die entsprechenden Stellen. Uns trug zum Beispiel eine einheimische Kontaktperson die Nachricht über einen geplanten Einsatz eines Selbstmordattentäters in einem bestimmten Gebiet zu. Wir überprüften die Angaben auf ihre Glaubwürdigkeit und glichen sie mit zusätzlichen Hinweisen ab. Danach filterten wir die für uns relevanten Teile dieser Meldung heraus und entschieden, an wen und wann wir sie weiterleiteten. Fuhren Patrouillen in die entsprechende Region, kamen die jeweiligen Führer vor ihrem Abmarsch zu uns und wurden über die beschriebene Gefahr in Kenntnis gesetzt. Die wesentliche Herausforderung bei dieser Arbeit war stets die Entscheidung, ob und an wen ich meine gewonnenen Informationen weitergab.

Einer der Schwachpunkte in diesem System bestand in der Tatsache, dass die Informanten für ihre Dienste in aller Regel bezahlt wurden. Nicht dass dies grundsätzlich falsch wäre, es verleitete jedoch den einen oder anderen dazu, Nachrichten zu verbreiten, die nicht immer der Realität entsprachen. Im Fall des *suicide bomber* war es so, da hieß es: »Selbstmordattentäter in weißem Toyota Corolla soll in den nächsten Tagen ostwärts von Kunduz auf Ziele angesetzt werden.« 2005 war diese Art Meldung zwar noch äußerst selten, aber dennoch gab es sie bereits. Eine derartige Nachricht ist in Afghanistan fast nicht zu überprüfen, weshalb ein Informant, der einen solchen Hinweis an uns herantrug, sich auch nur einem geringen Risiko aussetzte, als vorsätzlicher Falschmelder enttarnt zu werden: Er gab keine genaue Uhrzeit an, keinen genauen Ort, und ein weißer Toyota Corolla ist bis heute das Standardauto im ganzen Land.

Kam es dann nicht zu einem Einsatz des Selbstmordattentäters, konnte das alle möglichen Gründe gehabt haben. Entweder er hatte keine passenden Ziele gefunden, weil wir aufgrund des Hinweises das beschriebene Gebiet umfahren hatten, vielleicht hatten es sich jedoch auch seine Auftraggeber anders überlegt und ihn an einen neuen Ort geschickt. Möglicherweise wartete er aber auch noch den richtigen Zeitpunkt ab – oder es hatte diesen Menschen nie gegeben. Der Informant hatte sich aber so oder so sein Geld verdient.

Die bloße Meldung eines möglichen Selbstmordbombers löst bei der Truppe einen solchen Respekt aus, dass sich die aufklärende Abteilung sehr schwertut, sie nicht weiterzuleiten. Dennoch ist eine Auswahl unerlässlich, denn alles an jeden einfach weiterzugeben, würde die Truppe überfrachten und schnell abstumpfen lassen.

Da unsere Abteilung damals sehr klein und im Grunde genommen unterbesetzt war, entschied mein Chef sehr bald, dass wir aus der Analyseabteilung heraus mobile Aufklärungsteams bilden sollten, um die Informationslage im AOR, in der Area of Responsibility, dem Verantwortungsbereich, zu verdichten. So erweiterte sich meine Arbeit nun um Aufklärungseinsätze auch außerhalb des Camps.

Meine ersten Außeneinsätze hatte ich in Kunduz City. Unser Feldlager lag bis zum Sommer 2006 noch nicht weit außerhalb der Stadt, so dass wir abends einfach zum Tor herausmarschieren konnten, um unsere Runde zu drehen. Ziel war dabei meist eine der Polizeistationen an den Stadttoren oder das Zentrum von Kunduz mit seinem Markt. Diese Aufklärungsaufträge dauerten kaum länger als zwei Stunden. Ich suchte mir einen der Übersetzer, zwei Soldaten als Nahsicherer – und schon konnte es losgehen. Manchmal begleitete mich auch der französische Hauptmann, um das Leben außerhalb der Lagermauern kennenzulernen. In der Abenddämmerung begannen wir, trafen dann gegen 20 Uhr an einer der Polizeistationen ein und tauschten uns dort über sicherheitsrelevante Vorkommnisse aus. Im Unterschied zu heute handelte es sich meist um Informationen über die Beschlagnahmung von Haschisch oder geringer Mengen Opium, Alkoholschmuggel oder ein vermutetes Waffenlager aus dem Bürgerkrieg, der nach dem Abzug der Sowjets das Land verwüstet hatte. Von Selbstmordattentätern oder versteckten *Road Side Bombs*, von Sprengfallen, war so gut wie nie die Rede.

Nachdem wir den Tee ausgetrunken und uns verabschiedet hatten, machten wir oft noch einen Schlenker zu einer der vielen Garküchen, aßen fünf Kebab-Spieße, kauften danach Brot in einer Bäckerei und machten uns wieder auf den Weg ins Feldlager.

Die damalige Sicherheitslage ließ all das ohne weiteres zu, und falls die Soldaten der Schutzkompanie niemanden als Nahsicherer abstellen wollten, nahm ich zwei Landser aus der Küche oder der Instandsetzung mit, die sich stets freuten, einmal herauszukommen. Drei Jahre später war es undenkbar, Kunduz City zu Fuß zu betreten.

Ähnlich unkompliziert waren 2005 noch sogenannte *Long Term Patrols*. Für vier bis fünf Tage gliederte sich dazu eine Patrouille aus Schutzkräften, CIMIC, HUMINT oder elektronischer Kampfführung (EloKa), um weiter entfernt liegende Gegenden des AOR zu erreichen. Turnusmäßig kam auf diese Weise jedes Gebiet im gesamten Zuständigkeitsbereich einmal an die Reihe und wurde von uns befahren. Im Vorfeld war es stets sinnvoll, sich mit geeigneten Ansprechpartnern zu verabreden. Die afghanische Telekommunikationsfirma Roshan betreibt in Nordafghanistan bereits seit Jahren ein respektables Mobilfunknetz, über das ein Großteil der innerafghanischen Kommunikation läuft. Auch wir nutzten Roshan sehr häufig.

Personen von Interesse konnten bei diesen längeren Patrouillen örtliche Polizeichefs, die Distriktmanager oder Dorfälteste sein. Falls niemand über Mobilfunk zu erreichen war, fuhren wir oft trotzdem los, denn irgendjemand, der für ein Gespräch vor Ort zur Verfügung stand, fand sich immer. Größtenteils unternahmen wir diese Touren in jede Region im Norden des Landes in leichten Jeeps, den MSS-Wölfen. Schutz vor Improvised Explosive Devices (IEDs), den improvisierten Sprengfallen am Straßenrand, oder direktem Beschuss bieten diese Autos mit ihren verstärkten Fußmatten nicht – es war aber auch kaum notwendig.

Mitte November 2005 ging es einmal wieder auf so eine *Long Term Patrol*. Ziel waren die beiden Distrikte Farkhar und Warsaj im Südosten der Provinz Takhar. Seit Wochen war keine unserer Patrouillen mehr in dieses weit abgelegene Gebiet vorgedrungen, so dass mehrere operative Abteilungen des PRT Interesse hatten, sich dem Konvoi anzuschließen. Über das Mobiltelefon hatten wir uns mit dem Polizeichef des Distrikts Fakhar für den nächsten Tag verabredet, weshalb wir bereits am späten Nachmittag des Vortages von Kunduz aufbrachen, um zunächst einmal das sogenannte *Safehouse* in der Stadt Taloqan als Zwischenziel zu erreichen. Dieses *Safehouse* war, genau wie das alte Feldlager in Kunduz, angemietet und diente als Unterbringung für unsere Truppen, um von dort aus schneller die Ziele in der Provinz Takhar zu erreichen. Heute ist es zu einem »Nebenstützpunkt« ausgebaut und beherbergt das Provincial Advisory Team (PAT), eine Miniaturausführung der PRT mit rund fünfzig deutschen Soldaten.

Allein die Sicherung des Gebäudes im Jahr 2005 sprach Bände

über die gesamte Sicherheitslage im AOR. Es wurde zwischen den sporadischen Aufenthalten der Soldaten nämlich gar nicht gesichert. Der Hof hatte ein großes Blechtor, dieses wurde beim Verlassen abgeschlossen – und das war es. Als wir also am frühen Abend dieses Haus in Taloqan erreichten, gingen wir ohne Vorkehrungen hinein, suchten uns eines der vorhandenen Betten aus und richteten uns für die Übernachtung ein. Im Grunde war diese lockere Handhabung der eigenen Sicherheit schon damals unverantwortlich. Jedermann hätte während unserer Abwesenheit Sprengfallen oder Ähnliches installieren können, ohne dass es jemand gemerkt hätte. Es ist einfach nur nicht passiert.

Nach einer kurzer Nacht, die für die meisten auch noch durch eine zweistündige Schicht als Sicherungsposten auf dem Dach des Gebäudes unterbrochen war, machten wir uns am nächsten Morgen auf die Weiterfahrt. Unser Termin mit den Offiziellen in Farkhar stand, jedoch hatten wir bis dahin noch niemanden in Warsaj erreicht. Wir versuchten es von unterwegs aus immer wieder. Bereits kurz nach Passieren des Osttors von Taloqan verschlechtern sich die Straßen merklich. Von dort aus konnten sich die Fahrzeuge nur noch in Schrittgeschwindigkeit bewegen. An einer letzten Weggabelung angekommen, gab es die Möglichkeit, nach Nordosten abzubiegen, um nach ungefähr zwölf Stunden Feyzabad, die Hauptstadt der Provinz Badakhshan, zu erreichen. Danach existierte nur noch ein einziger Weg in die Ausläufer des Hindukusch, auf dem jeder, der ihn befährt, auch zurückkehren muss.

Das Wetter war sonnig und mild, die Landschaft so atemberaubend wie gefährlich. Über Kilometer mäanderte der Pfad eng an den steilen Felswänden entlang. Zur anderen Seite ein tiefer Abgrund, der in ein Kiesbett mündete. Nach der Schneeschmelze würden sich dort die Wassermassen zu Tal drücken, jetzt, im November, konnte man nur ein flaches Rinnsal erkennen.

Bereits nach kurzer Zeit zeigten sich uns die ersten sowjetischen Panzerwracks. Offenbar hatten die Russen auch in diesem engen Tal versucht, mit mechanisierten Verbänden gegen die Mudschaheddin vorzugehen. Dieser Entschluss musste entweder aus Hybris oder aus purer Verzweiflung getroffen worden sein. Denn in einem solchen Gelände schwere Panzer einzusetzen widerspricht allen Regeln zum Einsatz dieser sonst sehr effektiven Waffe. Wir stellten uns beim Vorbeifahren vor, welche Tragödie sich wohl zwanzig Jahre zuvor in diesem Tal abgespielt hatte. Die sowjetischen Soldaten in ihren BTR- und BMP-Schützenpanzern – wie Perlen an einer Kette aufgereiht und ohne Möglichkeit zur Entfaltung – fuhren geradewegs in ihr Verderben. Die Mudschaheddin, gut verschanzt und fast unsichtbar in den Bergen, konnten die schweren Ketten- und Radfahrzeuge abschießen wie Hasen. Niemals darf sich die Bundeswehr auf einen solchen Kampf einlassen.

Nach rund fünfzig Kilometern erreichte unsere Patrouille den ersten Ort auf dieser beschwerlichen Strecke. Ein Oberfeldwebel der Infanterie, der die Führung der Patrouille innehatte, beschloss eine halbstündige Pause zur Mittagsverpflegung. Auf einem kleinen Plateau unmittelbar vor dem ersten Gehöft stellten wir unsere Fahrzeuge ab und vertraten uns erst einmal die Beine. Während wir unsere Essensrationen auf den kleinen Kochern wärmten, lugten die ersten Kinder neugierig um die Ecken der Lehmbauten hervor. Anders als in Kunduz und Umgebung hatten diese noch nicht viel Erfahrung mit fremden Soldaten gemacht und waren deshalb sehr zurückhaltend. Nach kurzer Zeit jedoch traten sie näher und griffen nach Bonbons und Schokolade. Es war eine Situation wie beim Picknick. Wir spürten keine Bedrohung, auf eine vernünftige Sicherung konnten wir fast gänzlich verzichten, und die afghanische Dorfbevölkerung, die uns mehr und mehr umringte, war freundlich und hilfsbereit. Wäre es nur in den nächsten Jahren so geblieben.

Bevor sich unsere Kolonne wieder in Marsch setzte, verteilte unser Oberfeldarzt noch Geschenke, die weit wertvoller waren als die Süßigkeiten, bei den Kindern aber nicht so gut ankamen – Tabletten und Spritzen. Mehrere Väter erschienen mit ihren Kleinkindern und baten um Hilfe bei verschiedenen Erkrankungen der

Kleinen. Obwohl die Behandlungsmöglichkeiten des Arztes beschränkt waren, konnte er für afghanische Verhältnisse wahre Wunder bewirken. Eine Vakuumschiene für einen gebrochenen Arm, die Säuberung einer Wunde oder eine entzündungshemmende Salbe – nichts davon wäre für die Menschen in diesem Ort je erreichbar gewesen.

Nach weiteren zwei Stunden Fahrt gelangten wir schließlich zur Distriktverwaltung von Fakhar, das erste Ziel unserer Aufklärungsfahrt. Direkt am Orteingang lag wieder ein aufgesprengter russischer Schützenpanzer. Die Wucht der versteckten Ladung hatte ihn damals auf sein Dach geworfen und die gesamte Fahrzeugwanne aufgerissen. Das Wrack wirkte wie ein düsterer Willkommensgruß. Einige Jugendliche rannten voraus und eskortierten uns direkt in den Innenhof der Distriktverwaltung. Abdul Ali Daoud, der dortige Polizeichef, stand bereits vor dem Gebäude, und einer seiner Polizisten empfing uns freundlich an den Fahrzeugen und geleitete uns zu ihm. Das dann folgende Gespräch war langwierig und ohne Höhepunkte. Der übliche Fragenkatalog war schnell abgearbeitet. »Nein, keine sicherheitsrelevanten Vorkommnisse, keine Kriminalität und keine illegalen Waffenlager. Alles in bester Ordnung bei uns in Farkhar.«

Bis auf die Waffenlager, von denen wir bereits seit langem wussten, stimmten seine Beschwichtigungen wahrscheinlich sogar. Der Distrikt ist so abgelegen vom Rest der Provinz und so schwer erreichbar, dass es sich für Kriminelle oder bewaffnete Kämpfer einfach nicht lohnte, dort zu operieren. Der bewohnbare Teil Farkhars bestand im Prinzip nur aus diesem einzigen Tal, durch das wir gekommen waren und das noch weiter in den Distrikt Warsaj führte, wo es dann allerdings zur Sackgasse wurde. Die Überschaubarkeit und Enge des Tals machten den gesamten Distrikt auch als Rückzugsraum für Aufständische fast unbrauchbar. Fremde würden sofort auffallen, und die tadschikische Bevölkerung hatte kein Interesse, die Aufmerksamkeit der westlichen Truppen auf sich zu ziehen. Schon damals machte die ganze Gegend den Eindruck, als wenn die dortige Bevölkerung selbst für

Sicherheit und Ruhe sorgen würde, fast gänzlich unabhängig von zentralen Behörden des Landes.

Während unser Arzt den Polizeichef noch gegen seine chronischen Magenbeschwerden behandelte, versuchten wir außerhalb des Gebäudes ein letztes Mal einen Repräsentanten der Distriktverwaltung in Warsaj per Mobiltelefon zu erreichen. Vergebens. Entweder war niemand da oder die Netzabdeckung von Roshan war in diesem Winkel unseres AOR ungenügend. Der Führer der EloKa sowie der CIMIC und ich diskutierten kurz über Sinn und Unsinn einer Weiterfahrt. Bis wir die Distriktverwaltung erreicht haben würden, wären weitere sechs bis sieben Stunden vergangen. Wir hätten dort übernachten müssen, und selbst am nächsten Tag wären wir auf dem Rückweg wieder nur bis Taloqan gekommen. Zwei Tage Außeneinsatz mit dem Risiko, nicht einmal jemanden dort unten anzutreffen. Und selbst wenn wir dort eine offizielle Person antreffen würden: Welche Informationen hätten wir schon erhalten? Das Gespräch mit dem Polizeichef von Farkhar war so gut wie ergebnislos verlaufen. Warsaj bot da keine besseren Aussichten.

Der Entschluss zur Umkehr war schnell getroffen. Nach zügiger Verabschiedung machten wir uns also wieder auf den Weg, um noch bei Helligkeit das Feldlager in Kunduz zu erreichen. Der Rückweg dauerte jedoch länger als die Hinfahrt, da ein liegengebliebener Lastwagen, einer der berühmten *Jingle Trucks*, uns über eine Stunde den Weg versperrte. Als die Sonne unterging, hatten wir erst Taloqan erreicht, doch der Wunsch nach der Truppenküche und einer heißen Dusche ließ uns weiter nach Kunduz fahren, obwohl es stockdunkel war. Die Dunkelheit war 2005 noch kaum ein Problem, was mögliche Angriffe von Aufständischen betraf, sondern wegen des hohen Risikos von Verkehrsunfällen. Selbst die Hauptverbindungsstraße von Kunduz nach Taloqan (LOC Taurus) war damals noch gespickt mit riesigen Schlaglöchern, die teilweise bis zu zwei Meter im Quadrat breit und einen Meter tief waren. Eine weitere Gefahrenquelle sind bis heute zudem die zahlreichen Autos, die nachts ohne Beleuchtung unterwegs sind. Wir hatten zwar schon Nachtsichtgeräte, doch war deren Einsatz für die Fahrer verboten, da sie das räumliche Sehen einschränken. Die Logik des Bundesverteidigungsministeriums besagte also: Lieber gar nichts sehen, als räumlich eingeschränkt sehen. 2009 gab es erneut diese Diskussionen mit den Beamten des Ministeriums.

Alles in allem stand der geleistete Aufwand dieser *Long Term Patrol* in einem fragwürdigen Verhältnis zum Erfolg. Dennoch war es sinnvoll, auch in die abgelegenen Winkel unseres Zuständigkeitsgebiets hin und wieder Patrouillen zu entsenden, um auf etwaige Lageänderungen ein Auge zu halten.

Die Konflikte, mit denen sich meine Abteilung damals hauptsächlich beschäftigte, waren meist innerafghanisch: Clan-Streitigkeiten, normale Kriminalität, nicht rauer als in andern Ländern auch. Oder wir suchten mühsam nach Waffendepots, die noch aus der Zeit der sowjetischen Besatzung und den darauffolgenden Auseinandersetzungen stammten. Wir, die internationale Schutztruppe ISAF, waren so gut wie nie Beteiligte im täglichen Kampf um Macht und Einfluss. Im Gegenteil: Der Befehl lautete, sich streng neutral zu verhalten. Bei keiner der rivalisierenden Volksgruppen sollte der Anschein einer Bevorzugung erweckt werden, bei Streitigkeiten verwiesen wir stoisch auf die Zuständigkeit der afghanischen Behörden.

Ich erinnere mich an den Besuch einer Gruppe von Dorfältesten. Die Männer hatten einen zwanzig Kilometer langen Fußmarsch auf sich genommen, um ihr Anliegen bei uns vorzutragen. Ihr Dorf würde von einer Person, die aus einem anderen Clan stammte, permanent tyrannisiert und erpresst. Der Mann hätte bereits mehrere Kinder entführt, tagelang vergewaltigt und danach wieder freigelassen. Die Dorfältesten klangen glaubhaft. Nicht nur der beschwerliche Weg war ein Indiz dafür, sondern auch die Tatsache, dass solche Dinge in Afghanistan häufig passieren. Erschreckend war dabei vor allem, dass der Missbrauch der Kinder nur unter dem Aspekt der »Entführung« beklagt wurde, ohne die sexuelle Gewaltanwendung besonders hervorzuheben: Pädophilie ist ein von vielen geduldetes Vergehen in diesem Land, das nicht annähernd die Abscheu auslöst wie bei uns. Aufschlussreich war darüber hinaus die Reaktion der Männer auf meinen üblichen Hinweis, Hilfe bei der afghanischen Polizei zu suchen. Der Sprecher sagte nicht etwa, dass sie dies bereits versucht hätten, er erklärte nicht, dass die Polizei korrupt sei und sie das Geld nicht hätten, ihre Dienste zu bezahlen. Er starrte mich lediglich an und verstand nicht, was ich da von mir gegeben hatte – trotz eines Übersetzers. Mein Verweis auf die afghanische Polizei erschien ihm in Kenntnis der realen Verhältnisse so abwegig, dermaßen absurd, dass er nicht einmal den Versuch unternahm, seine Befremdung zum Ausdruck zu bringen.

Die Ältesten zogen schließlich enttäuscht wieder ab, und mir wurde zum ersten Mal in eigener Anschauung deutlich, wie verschieden die Welten sind, in denen Soldaten und Dorfbevölkerung leben. Für uns wäre es damals ein Leichtes gewesen, mit einer Patrouille in das betroffene Dorf zu fahren, den Kinderschänder festzusetzen oder der Polizei die entsprechende Unterstützung zu geben, dies zu tun. Doch wir durften es nicht. Das Mandat sah vor, dass wir bei derlei innerafghanischen Konflikten nicht einzugreifen hatten und die Strategie des »*Afghan Face*«, der afghanischen Zuständigkeit, verfolgen mussten.

Im Laufe der Monate kam es sehr häufig zu vergleichbaren Situationen. Die Schutztruppe ISAF wurde oft um Unterstützung gebeten – und durfte sie nicht gewähren. Der Grund ist einsichtig, der hinter dieser Mandatsvorgabe stand, jedoch nicht für einen afghanischen Kleinbauern, dessen Kind drei Tage lang verschleppt und vergewaltigt wurde. Es war eben die Doktrin, unter allen Umständen zu vermeiden, einen bestimmten Clan, in dem wiederum eine der Volksgruppen vorherrschend war, zu bevorzugen und uns für ihre Interessen einspannen zu lassen.

Afghanistan ist die Schnittstelle zwischen Persien, Zentralasien und dem indischen Subkontinent. Dutzende Ethnien treffen auf seinem Staatsgebiet aufeinander. Die Unterteilung dieser einzelnen Volksgruppen ist so kompliziert, dass ihre Zahl zwischen dreißig und zweihundert schwankt. Die größten Stammesgruppen stellen Paschtunen (40–50 Prozent), danach folgen Tadschiken (20–35 Prozent), Usbeken (8–15 Prozent) und Hazara (7–20 Prozent). Und folglich kämpfen Paschtunen, Usbeken, Tadschiken und Hazara seit Jahrhunderten um die Vorherrschaft in diesem Land. Eine vermeintlich starke Schutzmacht an ihrer Seite würde daher jeder Ethnie zupass kommen. Dies galt es zu vermeiden. Und darüber hinaus war die ISAF nicht als Besatzungsmacht nach Afghanistan gekommen. Formell waren wir auf Einladung der Zentralregierung in Kabul und assistierten lediglich den afghanischen Sicherheitsbehörden bei ihrer Arbeit.

Die Menschen jedoch sehen uns in unseren modernen Fahrzeugen, sie werden mit großflächigen Plakaten konfrontiert, auf denen händereichende ISAF-Soldaten abgebildet sind – und nehmen das Angebot einer angeblichen Partnerschaft ernst. Nur brauchen sie eben keine Freundschaftsbekundungen und Handlungsanweisungen für ein besseres Leben, wenn sie bedroht, entführt wurden oder hungrig sind. Sie brauchen schnelle und unkomplizierte Hilfe. Acht Jahre sind viel Zeit, um aus immer wiederkehrender Enttäuschung Ablehnung werden zu lassen.

Da die ersten Jahre des deutschen Einsatzes in Nordafghanistan im Vergleich zu heute sehr ruhig waren, schienen die Vorraussetzungen für eine erfolgreiche Mission günstig. Die Bundeswehr wurde zwar nie überschwänglich begrüßt und gefeiert, dafür hatte die Bevölkerung schon zu viele Fremde kommen und gehen gesehen. Sie war nach dem Feldzug der Nordallianz und den amerikanischen Bombardements kriegsmüde und nur noch an einem bescheidenen Maß an Aufbau und Sicherheit interessiert. Es herrschte eine Stimmung des zurückhaltenden Abwartens. Die Hoffnungen waren sicherlich nicht allzu groß – und dennoch vorhanden. Alle im Norden anwesenden Akteure der Internationalen Gemeinschaft hatte eine gute Chance, die Zeit zu nutzen, um die Voraussetzungen für dauerhafte Stabilität zu schaffen. In den gesamten fünf Monaten meines ersten Einsatzes gab es nur einen einzigen Raketenalarm und lediglich zwei oder drei stümperhaft vorbereitete Sprengfallen, die tatsächlich gezündet wurden. Nicht ein einziger Soldat wurde durch Feindeinwirkung verwundet, und meine Abteilung hatte einen wesentlich genaueren Überblick über die Zusammenhänge im gesamten Raum, als es heute der Fall ist. Die günstige Gelegenheit wurde jedoch nicht genutzt.

Ein Beispiel verdeutlicht dieses Versagen besonders anschaulich: Afghanistan ist ein Land voller Waffen. Russen, Amerikaner, Pakistani und Chinesen lieferten über Jahrzehnte tonnenweise Kriegsgerät an den Hindukusch, um mal die eine, mal die andere Partei zu unterstützen. In dieser Zeit füllten sich gigantische Speicher mit Bomben, Granaten und verschiedensten Waffensystemen. Dörfer und einzelne Höfe haben oft nicht ausreichend Getreide, um über den Winter zu kommen, doch meistens genug Waffen und vor allem Munition, um ganze Stadtteile dem Erdboden gleichzumachen. In vielen Häusern oder Ställen lagern Mörsergranaten, abgewrackte Luft-Luft-Raketen, die einst von russischen Kampffliegern verschossen werden sollten, oder Katjuscha-Munition bis unter die Decke. Diese sind zwar meist verrostet und nicht mehr verschussfähig, doch für den Bau von ferngezündeten Straßenbomben wie geschaffen. Dieser Warenstrom von Waffen fließt im Übrigen bis heute. Die UNO entwickelte bereits 2004 Programme, um sogenannte *Illegal Armed Groups* zu entwaffnen und in die zivile Gesellschaft zu reintegrieren, doch haben es die Verantwortlichen bis heute nicht geschafft, dieses Problems mit Nachhaltigkeit Herr zu werden.

Während meines ersten Einsatzes in Kunduz waren wir gerade dabei, die durchführende Organisation beim Übergang von der ersten zur zweiten Phase dieses Entwaffnungsplans zu unterstützen. In einem ersten Schritt wurden die ehemaligen Kämpfer der verschiedenen Kriegsparteien aufgefordert, ihre Waffen freiwillig abzugeben. Der Erfolg war sehr dürftig. Historisch Interessierte wären allerdings damals auf ihre Kosten gekommen, denn das, was in aufwendig inszenierten Übergabezeremonien abgeliefert wurde, hätte Museumsdirektoren durchaus erfreut: angefangen von in der

Erde gelagerten AK-47-Schnellfeuergewehren, die nur noch den Wert von Altmetall hatten, bis hin zu Maschinenpistolen, die die Russen bereits in Stalingrad benutzten. Etwas wirklich Modernes und Funktionsfähiges war nur selten dabei, aber wer bei klarem Verstand war, konnte dies auch nicht erwarten. Dass noch derart viele längst nicht mehr brauchbare Waffen gelagert wurden, hatte seinen Grund darin, dass die ehemaligen Kriegsherren, die Warlords, und die Anführer der bewaffneten Gruppen ihre Macht zu einem sehr großen Teil auf die von ihnen geführten Kämpfer und eben auf die einst teuer bezahlten Waffen stützten. Warum sollten sie diese nun freiwillig abgeben? Wenn wir, die ausländischen Schutzkräfte, irgendwann wieder abziehen würden, wäre der Kampf um Einfluss und Macht wieder eröffnet. Derjenige, der in so einem Moment ohne Verteidigungsmöglichkeiten dasteht, ist in großem Nachteil. Freiwillig würde das Land sich nicht selbst entwaffnen und damit zivilisieren – davon konnte man ausgehen.

In der zweiten Phase des Programms setzte man ebenfalls auf eine Abgabe aus eigenen Stücken, die jedoch mit mehr Nachdruck durchgeführt werden sollte. Wo genau der Unterschied zur ersten lag, wie dieser Druck ausgeübt wurde, habe ich damals nicht genau ersehen können. Es war auch unerheblich, denn das Ergebnis war das gleiche. Die Waffenübergaben, an denen ich teilnahm, waren wieder nur Schau und ohne Substanz. Hochwertiges und dadurch gefährliches Kriegsgerät bekamen wir fast nie zu Gesicht.

Die geplante dritte Phase hätte es dann richten können. Sie sollte das Element des Zwangs mit ins Spiel bringen. Dies wäre der Moment für einen Einsatz der ISAF, also auch der Bundeswehr gewesen. Die Waffenverstecke der Warlords hätten ausgespäht, umstellt und zwangsgeräumt werden müssen: ein zweifelsfrei gefährlicher Auftrag, bei dem mit gewalttätigen Gegenreaktionen der Kriegs-fürsten zu rechnen gewesen wäre – auch mit Anschlägen gegen Patrouillen, vielleicht sogar Kämpfen. Die Politik entschied sich daher natürlich dagegen, und so wurde die entscheidende dritte Phase nie konsequent durchgeführt. Nur: Wozu entsende ich Armeen, wenn ich sie nicht kämpfen lassen will? Die Zeit, ich habe es bereits erwähnt, wäre günstig gewesen, konsequent die Herausgabe von Kriegsgerät zu erzwingen: kaum Angriffe auf eigene Truppenteile, die ehemaligen Kämpfer noch geschwächt und die Bevölkerung auf der Seite der Schutztruppen. Doch das Risiko erschien den Verantwortlichen zu hoch.

Drei Jahre später sieht die Lage vollkommen anders aus: Die Bundeswehr wird ständig angegriffen, die Aufständischen sind erstarkt und die Bevölkerung ist desillusioniert. Die befürchtete Verschärfung der Sicherheitslage ist also eingetreten, ohne dass wenigstens der konsequente Versuch unternommen worden wäre, die Waffen- und Munitionsarsenale zu beschlagnahmen, die Afghanistan nie zur Ruhe kommen lassen werden. Die verantwortlichen Organisationen, in diesem Fall die UNO, verkaufen ihre Programme bis heute als Erfolg und überbieten sich mit Zahlenangaben über eingesammelte und vernichtete Waffen und Munition. Durch das inkonsequente Vorgehen waren das nur Tropfen auf dem heißen Stein. Waffenverstecke gibt es bis heute in ungeahntem Ausmaß, und deren Inhalte verstümmeln und töten täglich Afghanen, internationale Helfer, ausländische Soldaten und zunehmend auch mehr und mehr Bundeswehrangehörige.

Auf dem Rückzug

Drei Jahre später ist fast nichts mehr so wie zur Zeit meines ersten Einsatzes. Die Region um Kunduz ist zum Brennpunkt im deutschen Einsatzgebiet des RC North geworden. Die Stimmung in der Truppe, die Einsatzgrundsätze und auch der Auftrag haben sich der Realität angepasst. Ungeschützte Fahrzeuge bewegen sich nun endgültig nicht mehr außerhalb der Lagermauern, und Einweisungen zum Verhalten bei Raketenangriffen werden ernst genommen, weil jeder weiß, dass die ersten Raketen bereits in den kommenden Tagen einschlagen werden.

Wer das Camp verlässt, rechnet mit Feindkontakt, und der Feind ist stärker und präziser in seinem Vorgehen geworden. Wenn heute Aufständische Sprengstoff am Straßenrand plaziert, nehmen sie keine Dampfkocher mehr, die sie mit Sprengstoff befüllen und zur Explosion bringen. Sie nehmen genug alte Artilleriegranaten, um das vorbeifahrende Fahrzeug in zwei Teile zu sprengen. Der Feind will nicht mehr warnen, wie er es anfangs noch getan hatte – insbesondere sich bedrängt fühlende Drogenbarone sprachen zu jener Zeit solch kernige Warnungen aus. Jetzt will der Feind Deutsche töten.

Im Sommer 2006 fing es schon an zu kippen. Es gab erste Feuergefechte und Selbstmordattacken. Damals stellte meine ehemalige Einheit, das Aufklärungsbataillon 6 aus Eutin, die Masse des Kontingents. Anfang des Jahrzehnts waren die Panzer der Truppengattung einer Strukturreform zum Opfer gefallen, weshalb auch schleunigst der Name von »Panzeraufklärungstruppe« in »Aufklärungstruppe« geändert worden war, um Verwirrungen zu vermeiden. Ordnung muss sein. Einer meiner Offizierskameraden, damals Oberleutnant, führte einen Spähtrupp, der als erste deutsche Einheit seit Ende des Zweiten Weltkriegs in einem anhaltenden Feuergefecht stand. Ein feindliches Panzerfaustgeschoss eröffnete diesen Kampf und drang durch den Radkasten des ersten der zwei Spähwagen des Typs Fennek ins Innere des Fahrzeugs. Die Detonation entzündete die mitgeführte Leuchtmunition unter den Sitzen der Männer und verwundete sie. Über zwei Stunden standen die Männer im Feuer, bis der Feind sich zurückzog. Von diesem Tag an wehte ein anderer Wind.

Nur in Berlin wollte man davon noch nichts wissen. »Feind« – dieses Wort allein klang politisch unkorrekt und schien aus einer längst vergangenen Zeit zu stammen. In Deutschland sprach niemand mehr von einem »Feind«, und das Wort wird bis heute nicht mehr in den Mund genommen. Es hört sich so unversöhnlich und unerbittlich an, dass es nicht mehr in unsere Welt passt. Selbst im offiziellen Sprachgebrauch des Verteidigungsministeriums (BMVg) war es durch »Gegner« ersetzt worden. »Feind« – dieser

Begriff ist in all seiner Bedrohlichkeit jedoch wahrlich ehrlicher für die, denen unsere Soldaten gegenüberstehen.

Seit diesem Sommer 2006 sind die Aktivitäten eines ganz reellen Feindes zur Normalität geworden – und zwar in einem Rhythmus, der sich in Nordafghanistan in der Regel streng nach den jahreszeitlichen Witterungen richtet. Im Winter, wenn zunächst Regen und Schlamm, später Eis und Schnee dieses raue Land lähmen, nimmt meist auch die Intensität der Angriffe ab. Es heißt, dass die Aufständischen in die Winterruhe nach Pakistan gehen oder sich in ihre Dörfer zurückziehen und abwarten. Der Winter in Afghanistan ist nicht die Zeit für Offensiven. Der Boden ist hart. Sprengsätze lassen sich einfacher in weicher Erde verlegen. Dazu sind Spuren im Schnee leicht zu erkennen. Überhaupt sind bei frostigen Temperaturen nur wenige Leute unterwegs. Jede Angriffsvorbereitung ist somit auffälliger als in der warmen Jahreszeit. Und auch die Angriffsziele, wir, die Bundeswehr, und die afghanischen Sicherheitskräfte halten sich im Winter zwangsläufig zurück. Regionen abseits der befestigten Straßen sind mit Landfahrzeugen nicht mehr zu erreichen. Das Risiko, steckenzubleiben, ist zu hoch. Die Patrouillen beschränken sich somit auf die großen Verbindungswege, die Lines of Communication (LOC) mit Namen wie »Pluto«, »Jupiter« oder »Banana«.

Zum Winterwetter und unserer eingeschränkten Bewegungsfreiheit kommt noch die Tatsache, dass die Bombenleger, Panzerfaustschießer und Raketenzünder während des Sommers sehr gut verdient haben und sich nun auf ihrem finanziellen Polster ausruhen. Denn es sind bis heute nicht nur überzeugte Dschihadisten, die uns angreifen. Taliban-Kader bedienen sich durchaus auch lokaler Krimineller, die für wenige Dollar Angriffe auf uns durchführen. Nach einem sprengstoffreichen Sommer reicht das verdiente Geld in der Regel aus, um die Familie über den Winter zu bringen; und nach allem, was der einfache Bombenbauer so hört, ist die Einnahmequelle ja im nächsten Frühjahr immer noch da. Doch zum Feind der deutschen Truppen später mehr.

Statistiken, die eine Abnahme der Angriffe im Winter aufzeigen, sind dennoch nur bedingt aussagekräftig. Wenn unsere Patrouillen aufgrund der Witterung schwer zugängliche Gebiete nicht befahren können, finden dort logischerweise auch keine Angriffe statt. Ein Erfolg der angeblichen Strategie Berlins ist dies nicht. Die Rückschlüsse, die das Verteidigungsministerium daraus bislang gezogen hat, sind allerdings schon bemerkenswert.

Im Januar 2009 bekam ich den Auftrag, einen Plan zur Truppenreduzierung in Kunduz während der Wintermonate zu bewerten, den das Einsatzführungskommando erdacht hatte. Der Vorschlag war an sich schon schwachsinnig. Dass er aber ausgerechnet in diesem Winter unterbreitet wurde, nachdem er zuvor alles andere als ruhig verlaufen war, gibt einen tiefen Einblick ins verzerrte oder zumindest verzögerte Wahrnehmungsvermögen des Verteidigungsbeamtenapparats.

Der Winter 2008/2009 war ungewöhnlich mild. Unsere Vorgänger, das 17. Kontingent, hatten es bereits richtig dick abbekommen. Mit einem knappen Dutzend Raketenangriffen auf das Feldlager, mindestens zwanzig Zwischenfällen mit Sprengfallen und drei gefallenen Fallschirmjägern waren die Kräfte der Soldaten aufgebraucht, als sie Mitte November das Staffelholz an uns übergaben: Sie hatten ihre Patrouillentätigkeit eingeschränkt, und größere Operationen fanden so gut wie nicht mehr statt. Die militärische Führung wollte nicht noch mehr Tote riskieren und den Rest der Männer heil nach Hause bringen. Dies ist menschlich so verständlich, wie es trotzdem falsch ist – und damit leider symptomatisch für das Vorgehen der Bundeswehr in Afghanistan. Denn was bedeutet so eine Entscheidung im Klartext? Nun war es nicht so, dass mit den drei Gefallenen das Engagement in Afghanistan beendet war und man nur noch mit möglichst wenig Verlusten herauskommen sollte. Der Einsatz ging weiter, denn jetzt waren wir an der Reihe, und das hieß in diesem Fall: fast wieder ganz von vorne zu beginnen.

Es war der Angriff auf eine Patrouille am 20. Oktober 2008 gewesen, der die PRT-Führung des 17. Kontingents fast gänzlich darauf verzichten ließ, weiter Präsenz zu zeigen. Ein Selbstmordattentäter hatte sich neben einem Mungo, einem geschützten Transportfahrzeug der Fallschirmjäger, in die Luft gesprengt. Die Soldaten waren gerade dabei gewesen, mit Kindern zu sprechen und ihnen Süßigkeiten zu schenken, als es passierte. Die Detonation schleuderte einen Kameraden aus dem offenen Kampfraum des Autos. Stabsunteroffizier Patrick Behlke und Stabsgefreiter Roman Schmidt saßen im Führerhaus. Durch die Hitze, die auch dort entstand, entzündete sich die Munition, die beide in ihren Taschen am Körper trugen. Die Männer verbrannten gleichsam bei lebendigem Leib. Der Angreifer riss zudem noch fünf der Kinder mit in den Tod.

Hauptfeldwebel Mischa Meier, ebenfalls Fallschirmjäger, war bereits am 27. August durch eine Sprengfalle getötet worden, und ein weiterer Selbstmordangriff am 6. August verwundete zwei Soldaten schwer. Drei Gefallene und zwölf Verwundete im 17. Kontingent. Alles in allem eine verheerende Bilanz, die darüber hinaus noch von einem einzelnen Bataillon geschultert werden musste, den Fallschirmjägern aus Zweibrücken. Die Schwerpunktverlagerung auf den Schutz der eigenen Truppe nach all diesen Verlusten war absolut nachvollziehbar. Und trotzdem kam sie einem Rückzug gleich. Der Gegner hatte es geschafft, die Bundeswehr durch seine Angriffe in das Feldlager zurückzutreiben. Es gab keine nennenswerte Präsenz mehr im Raum – und erst recht keine Abschreckung.

Wie muss ein solcher Entschluss auf den Gegner wirken? »Töte drei von ihnen, und sie bleiben dann weg.« Das Vertrauen der örtlichen Bevölkerung in die Schutzkraft der deutschen Truppen dürfte sich zu diesem Zeitpunkt gegen null bewegt haben.

So kam es, dass wir, als die Nachfolger des müden 17. Kontingents, uns die verlorengegangenen Räume durch Patrouillentätigkeit völlig neu zu erschließen hatten. Als wir Mitte November offiziell die Führung des PRT Kunduz übernahmen, gab es keine Vorwürfe an die Vorgänger. Es war das Selbstverständlichste, dass diejenigen, die gut gekämpft hatten, sich in den letzten Wochen ihrer Zeit zurücknahmen und so das Risiko minimierten. Der Neuanfang allerdings, den wir im Spätherbst 2008 vor uns hatten, lässt den Satz des ehemaligen Verteidigungsministers vom »guten Vorangehen der Dinge« in einem merkwürdigen Licht erscheinen. Nimmt man dann noch eine Karte des Gebiets zur Hand, welches formal unter deutscher Kontrolle sein sollte, und vergleicht dieses mit dem tatsächlichen Operationsgebiet der vorherigen Monate, wirken Jungs Worte geradezu lächerlich: Ein großer Teil der Operationen unserer Vorgänger fand bereits nur noch im sogenannten Ein-Stunden-Radius des Feldlagers statt. Dieser Nah- und Nächstbereich schließt vier, maximal fünf Distrikte von insgesamt vierundzwanzig des AOR Kunduz ein, in denen die Bundeswehr eigentlich die Kontrolle haben sollte. Alle schweren Angriffe und alle eigenen Verluste erlitten unsere Vorgänger fast in Sichtweite des Camps. Auch hier wäre ein Rückschluss auf die Stabilität der anderen neunzehn, zwanzig Distrikte fatal. Die unmittelbare Umgebung war, wie gesagt, zum Brennpunkt geworden – und selbst aus dieser hatten sich unsere Vorgänger ab Ende Oktober 2008 immer mehr zurückgezogen und ins Lager verschanzt.

Im Rahmen solch komplizierter und umfassender Missionen, wie die ISAF eine ist, gibt es selbstverständlich immer Rückschläge und auch Niederlagen. Bereits seit 2003 ist die Bundeswehr in der alten Handelsstadt Kunduz stationiert und versucht seitdem ein Gebiet von der Größe von Rheinland-Pfalz zu kontrollieren. Bei einer solchen Fläche kann es immer wieder Regionen geben, die zeitweilig unsicherer werden, in denen sich eine Gruppe von Kriminellen oder von islamistischen Kämpfern festsetzt und gegen die Ordnungsmacht vorzugehen versucht. Es ist unmöglich, jedes Tal und jedes Dorf konstant zu stabilisieren. Vermindert sich die Sicherheit zwischenzeitlich in abgelegenen Räumen – etwa in den Distrikten Warsaj oder Cha Ab, wäre dies nicht weiter verwunderlich. Beide Gebiete sind mit Landfahrzeugen nur schwer zu erreichen, und geplante Patrouillen brauchen mindestens zwei Tage, um in diese Landstriche zu gelangen, ihren Auftrag durchzuführen und wieder ins Lager zurückzukehren. Wenn die verantwortliche Ordnungsmacht jedoch die Bereiche um ihre eigenen »Sicherheitsinseln« herum unter Kontrolle hat, ist sie auch in der Lage, Truppen in rückfällig gewordene Gebiete zu schicken, um diese wieder zu beruhigen. Im Fall Kunduz ist das jedoch nicht mehr annähernd der Fall. Seit Monaten, wenn nicht gar seit Jahren, können deutsche Soldaten des PRT fast keine Patrouillen in entferntere Regionen des AOR durchführen, weil sie die Lage nicht mal mehr vor der eigenen Haustür im Griff haben. Dass dies nicht nur eine schwierige Phase in einer sonst aufwärts gehenden Entwicklung ist, sondern die Situation am Hindukusch sich massiv verschlechtert hat, zeigte der Rückblick auf die noch recht befriedete und chancenreiche Situation im Jahr 2005.

Über die letzten Jahre haben die Aufständischen ihre TTPs *(Tactics, Techniques and Procedures)*, also ihre Fähigkeiten zum Kampf, deutlich verbessert. Alle Nachrichtendienste gehen davon aus, dass es diesbezüglich einen Wissenstransfer vom Süden in den Norden gegeben hat und weiterhin gibt. Neue Techniken, um etwa mit Sprengfallen unsere Fahrzeuge zu zerstören, wurden zuerst in den südlichen Provinzen Helmand und Kandahar an unseren Verbündeten getestet. Danach wurde entweder die Bauanleitung oder eine Art Ausbilder in den Norden geschickt, um dort örtliche Kämpfer fortzubilden. Gesteuert werden solche Maßnahmen und Befehle auch von Pakistan aus, meist nur mündlich und unmittelbar. Von dort wird auch ein Großteil des Waffennachschubs organisiert. Wer hierzulande also von »örtlichen Gruppen Aufständischer« spricht, irrt sich. Der Widerstand, mit dem wir es in Nordafghanistan zu tun haben, ist grenzüberschreitend organisiert.

Unter Beschuss

Raketen, Sprengfallen und Hinterhalte

Den Aufständischen ist es in den letzten drei Jahren gelungen, die Bundeswehr aus dem größten Teil der Fläche des AOR sukzessive herauszudrängen, besser gesagt: herauszuziehen. Die Vorgehensweise des Feindes ist dabei so einfach, wie sie gleichermaßen effektiv ist. Ein Teil dieser Taktik besteht aus regelmäßigen Raketenangriffen auf das Feldlager. Die Geschosse des Typs BM-1 stammen ursprünglich aus Russland, werden aber seit einiger Zeit von den Chinesen in Lizenz gefertigt. Von China aus werden sie über die afghanisch-pakistanische Grenze ins Kampfgebiet geschmuggelt. Sie sind ungefähr einen Meter lang und haben einen Durchmesser von 107 Millimetern. Der Gefechtskopf ist mit mehr als vier Kilogramm Sprengstoff gefüllt, was sie zu einer effektiven Waffe gegen Infanterie und ungeschützte Ziele macht. Normalerweise wird die BM-1 aus sogenannten Werfern abgefeuert. Im Prinzip handelt es sich dabei nur um ein Stahlrohr, in das die Rakete gesteckt und dann gezündet wird. Viele solcher Rohre nebeneinander auf einen Lkw montiert ergeben das, was unsere Großväter als »Stalinorgel« kennengelernt haben. Ein solches Werfersystem eignet sich jedoch nicht für den Einsatz gegen einen technologisch weit überlegenen Gegner. Wie alles Großgerät wäre es leicht aufzuspüren und aus der Luft zu zerstören.

Die BM-1 ist allerdings für einen Guerillakampf gut geeignet. Denn sie lässt sich aus einzelnen, leichten Werferrohren verschießen, welche sogar mit einem Esel transportiert werden können – zur Not gelingt der Abschuss aber auch gänzlich ohne Abschussvorrichtung. Die Raketen werden zunächst von Süden und Osten in die Provinz Kunduz transportiert. Dort werden sie dann in Zwischenlager verbracht – oft nur ein abgedecktes Erdloch. Kommt der Befehl zum Angriff auf das Feldlager, holen zwei bis drei Aufständische die Raketen aus dem Versteck und bringen sie zum Abschussort ihrer Wahl. Die Stellungen, die sich dafür eignen, sind uns seit Jahren bekannt. Es gibt insgesamt vier Räume, die hinsichtlich Entfernung und Bodenrelief so beschaffen sind, dass unser Camp von dort aus angegriffen werden kann. Die Mehrzahl der Offensiven wird jedoch entweder aus dem Gebiet der Flussschleife des Kunduz River oder aus den im Südosten gelegenen Dörfern, den von uns so getauften »Raketendörfern«, durchgeführt.

Am Abend eines Angriffs werden eine oder mehrere BM-1 an einem Erdhügel oder Stein grob auf ihr Ziel ausgerichtet und zur Zündung vorbereitet. Die Gefahr, entdeckt zu werden, ist für die feindlichen Schützen sehr gering. Um aber hundertprozentig sicherzugehen, dass niemand von ihnen geschnappt wird, sollte es einmal zu dem Versuch einer Verhaftung kommen, bauen die Aufständischen oft einen Zeitzünder ein. Ein Plastikwecker, häufig ein pakistanisches Modell in Form einer Moschee, oder ein schlichtes Räucherstäbchen reichen hier aus.

Die Raketen werden also vorbereitet, die Angreifer gehen nach Hause, und eine halbe Stunde später hören die Soldaten im Feldlager den Abschussknall und flüchten in die Bunker. Dafür bleiben nur drei bis vier Sekunden, denn geschossen wird aus drei- bis viertausend Metern Entfernung, also in Sichtweite unseres Lagers. Durch die sehr einfache und improvisierte Technik des Raketenabschusses ist es den Angreifern nicht möglich, genau zu zielen. Wer als Kind zu den Rabauken zählte, kann sich eine Silvesterrakete vorstellen, mit der man versucht hat, das Nachbarhaus zu beschießen. Je größer das Gebäude war, desto größer war auch die Trefferwahrscheinlichkeit. Die Haustür mit einem sicheren Schuss zu belegen, war aber reiner Zufall. Das Feldlager Kunduz ist auch so ein großes Ziel. Rund fünfhundert Meter im Quadrat. Mit einer BM-1-Rakete die Tankstelle, die Stromaggregate oder genau in ein Fenster der geschützten Truppenunterkünfte zu treffen, wäre reines Glück. Dieses war uns bisher auch noch immer hold. Im Frühjahr 2008 schlug allerdings eine Rakete auf einem Gebäude der Instandsetzung ein, drang durch die Wand der angeblich »gehärteten« Küche, setzte ihre Bahn quer durch den Raum fort und blieb in der gegenüberliegenden Innenverkleidung stecken. Bis heute wurde der Schaden nicht behoben – und das aus gutem Grund. Die Löcher und die aufgeschälte Kunststoffverkleidung befinden sich exakt über dem Tisch, an dem hohe Besuchergruppen, also Politiker und Repräsentanten des Verteidigungsministeriums, verköstigt werden. Sie sollen sehen, worum es in Nordafghanistan geht. Ihnen dürfte ein Einschlagsloch über dem Teller mit Schweinshaxe mehr sagen als ein Dutzend Vorträge.

Ein Volltreffer mit den BM-1-Raketen ist aus Feindessicht gar nicht nötig. Die Wirkung, die auch der unpräzise Beschuss erzielt, ist vollkommen ausreichend. Denn selbst wenn die Raketen außerhalb des Lagers einschlagen, hat dies zur Folge, dass das gesamte Personal des PRT durch den Beschuss gebunden wird. Alarmzüge werden sofort in Bereitschaft versetzt und nach draußen geschickt. Meine Abteilung versucht zu ermitteln, welche der bekannten Aufständischengruppen verantwortlich ist und ob noch weitere Abschüsse zu erwarten sind. Die Operationszentrale (OPZ) koordiniert alle befohlenen Gegenmaßnahmen. Dazu gehört, dass Infanteriezüge, die sich bereits in der Nähe der vermuteten Abschussstellen befinden, an diese herangeführt werden. Die Aufklärungsdrohne LUNA (LUNA steht für »Luftgestützte unbemannte Nahaufklärungsausstattung«) steigt auf, um das Gebiet nach weiteren vorbereiteten Raketen abzusuchen, die Aufklärung wird aktiv, und die Sanitäter, der Bergetrupp der Instandsetzung sowie die Reservekräfte müssen sich für eventuelle Ausfälle eigener Teile bereithalten. Wer nicht unmittelbar gebraucht wird, sitzt im Schutzbau oder im Bunker und wartet auf Entwarnung.

Doch nicht nur während eines Beschusses fallen alle siebenhundert Soldaten des PRT für andere Aufgaben aus, auch zwischen den Angriffen: Um die Vorbereitungen des Feindes zu stören, sind alle verfügbaren Infanteriekräfte schon ab dem frühen Abend in den bekannten Raketenstellungen unterwegs. Die Späher bekommen ihre zugewiesenen Posten zur Überwachung der gefährdeten Räume, und LUNA hält sich für einen Alarmstart bereit. Die Züge, die nicht bis in die Nacht hinein patrouillieren, stellen den Alarmzug, der im Notfall ausrückt, um in Schwierigkeiten geratene Kräfte zu unterstützen. Der Rest ruht sich aus. Gegen zwei oder drei Uhr in der Nacht kehren meist alle eingesetzten Kräfte zurück ins Feldlager, bereiten ihre Ausrüstung nach und legen sich oft erst gegen vier Uhr morgens schlafen. Das deutsche PRT Kunduz ist also voll damit ausgelastet, sich auf einen eventuellen Beschuss vorzubereiten.

Meine Abteilung bekam während meines zweiten Einsatzes im Durchschnitt alle zwei bis drei Tage ernstzunehmende Hinweise auf einen bevorstehenden Raketenbeschuss. Ein tatsächlicher Raketenangriff und ein möglicher liegen in der Operationsplanung leider so eng beieinander, dass es im Grunde keinen Unterschied mehr macht, ob noch am Abend geschossen wird oder nicht. Die Truppen sind trotzdem draußen und suchen nach den Aufständischen und den BM-1-Raketen. Für den Feind ist dies ein riesiger Vorteil. Er kann den Rhythmus seiner Abschüsse auf alle drei bis vier Tage dosieren und damit denselben Effekt erzielen wie bei täglichen Angriffen. Er kann die Abstände sogar noch größer wählen, da auch gezielte Falschmeldungen zu den beschriebenen Maßnahmen führen.

Im Jahr 2008 wurden insgesamt mindestens zweiundsiebzig BM-1-Raketen auf das Feldlager in Kunduz abgefeuert. Im Vergleich zum Vorjahr war dies eine Steigerung um mehr als hundert Prozent, und diese Entwicklung hielt auch bis zur Jahresmitte 2009 zunächst unverändert an. Mein 18. Kontingent kam in den vier Monaten seines Einsatzes allein auf mehr als zwanzig abgefeuerte Raketen. Diese zwanzig simplen Katjuscha-Raketen, die in der Herstellung weniger kosten als den Staat meine Gefahrenzulage in den fünf Monaten Afghanistan, abgefeuert aus noch einfacheren Abschussvorrichtungen, sorgten dafür, dass die gesamten Kräfte des PRT fast ausschließlich damit beschäftigt waren, Gegenmaßnahmen zu ergreifen.

Über den Erfolg dieser Maßnahmen wird noch zu sprechen sein, nur steht die bittere Bilanz des Kräftemessens mit den Aufständischen schon jetzt fest: Sie haben es geschafft, siebenhundert Bundeswehrsoldaten über fünf Monate im Nah- und Nächstbereich des Feldlagers zu binden, und so jede Form einer möglichen Stabilisierung der Region verhindert. Aufgrund tatsächlicher oder befürchteter Raketenangriffe konnten keine ernsthaften Operationen außerhalb dieses engen Gebiets durchgeführt werden. Den Vorgängern ging es bereits genauso – und unseren Nachfolgern sollte es ähnlich ergehen, nur dass Letztere sich mit noch mehr Feindkräften und direkten Angriffen auf ihre Patrouillen konfrontiert sahen.

Die Raketenangriffe stellen nicht nur operativ, sondern auch psychisch eine extreme Belastung dar. Jeden Abend die gleichen Gedanken: Gehe ich noch vor der Dämmerung zum Essen, um beim Angriff schon einen gefüllten Magen zu haben? Wann rufe ich die Lieben zu Hause an, falls nachher wieder die Verbindungen unterbrochen sind? Liegt die Ausrüstung griffbereit, sind die Stiefel weit geöffnet und befindet sich die Schutzweste neben dem Bett, um keine einzige Sekunde zu verlieren? Und immer das konzentrierte Horchen nach einem eventuellen Abschussknall, der mich noch rechtzeitig in Deckung gehen lässt.

Über siebzig Raketen waren es 2008. Man mag es zugeben oder nicht, aber nach einer gewissen Zeit setzen bei jedem Soldaten eine Form der Zermürbung und der dringende Wunsch ein, sich endlich wehren zu können.

Am 27. Dezember desselben Jahres taten Soldaten an einem anderen Ort in einem anderen Krieg genau dies – sie wehrten sich. Wir in Kunduz verfolgten sehr genau, wie die Streitkräfte Israels an jenem Tag zu einem Schlag gegen die im Gaza-Streifen sitzenden Terroristen der Hamas und verschiedener anderer Organisationen ansetzten. Auslöser der Operation »Gegossenes Blei« war genau jener Raketenterror, den auch wir in Afghanistan täglich spürten. Nur im Unterschied zu uns wurden die in den Städten Sderot, Aschkelon und Aschdod beheimateten Israelis im Laufe des Jahres 2008 nicht mit zweiundsiebzig BM-1-Raketen, sondern mit 1730 teilweise doppelt so starken Qassam-Raketen angegriffen – zudem noch mit 1528 Mörsergranaten. Den Terror, den die Zivilbevölkerung in der Grenzregion zum Gaza-Streifen bis heute erleidet, kann man sich als deutscher Soldat in Afghanistan zumindest ungefähr vorstellen, nachdem man eine ähnliche Bedrohung über fünf Monate am eigenen Leib gespürt hat. Denjenigen, die Israel sofort nach dem Angriff auf die Stellungen der Terroristen der »Unverhältnismäßigkeit« in der Wahl der Mittel bezichtigten, möchte ich dringend empfehlen, sich nur eine Woche dieser permanenten psychischen Belastung und Bedrohung des eigenen Lebens auszusetzen. Vielleicht würden sie danach ihre stereotypen anti-israelischen Ausfälle unterlassen.

In Kunduz machte es die quantitative Schwäche der Bundeswehr den Aufständischen möglich, uns mit einem Minimum an eigenen Kräften und Material voll und ganz auszulasten. Für den eigentlichen Auftrag, Sicherheit für den Wiederaufbau und die Bevölkerung zu gewährleisten, blieb da wenig Zeit.

Dass der Feind die Bundeswehr jedoch nicht nur aus dem Großteil des AOR heraushalten will und sie deshalb mit Raketen in der Nähe des Feldlagers bindet, zeigt der zweite Teil seiner Taktik. Mit Sprengfallen, den sogenannten Improvised Explosive Devices (IED), ist er in der Lage, gezielte Angriffe auf die Streitkräfte durchzuführen und Soldaten zu töten. Das IED ist in der Kriegsführung unter anderen Namen bereits seit langem bekannt. In der Berichterstattung wird oft so getan, als ob diese »besonders heimtückische Waffe« eine Erfindung der Dschihadisten des 21. Jahrhunderts wäre. Im Prinzip ist sie aber nichts anderes als eine herkömmliche Mine, wie sie reguläre Streitkräfte bis heute noch verwenden. Ein paar alte Granaten, alternativ auch in Plastikkanister abgefüllter Sprengstoff, ein Zünder und ein Auslösemechanismus – und fertig ist der Sprengsatz. Die Aufständischen setzen diese »Ersatzminen« lediglich anders ein. Wurde die Mine im Taktikunterricht der Offiziersschule der Bundeswehr vor allem zur Sperrung von Geländeabschnitten empfohlen, will der Feind in

Afghanistan gezielt einzelne Fahrzeuge ausschalten. Doch selbst diese Vorgehensweise ist alt. Die Résistance im besetzten Frankreich sprengte mit versteckten Ladungen Eisenbahnen mit Wehrmachtsmaterial in die Luft, und russische Partisanen taten es ihnen gleich. Der Vietcong war ein wahrer Meister der *booby traps*, und auch in den Jugoslawien-Kriegen gehörten Handgranaten im Waschbeckenabfluss und verdrahtete Türen zum Repertoire der Kämpfer.

Der große Vorteil dieser Waffe liegt vor allem darin, dass derjenige, der sie einsetzt, stets die Initiative hat. Er bestimmt den Ort, die Zeit und das Opfer – und es gibt keinen hundertprozentigen Schutz. Die technische Entwicklung der Sprengfallen ist den Abwehrmaßnahmen immer einen Schritt voraus. Im Einsatzgebiet der Bundeswehr war dies sehr gut zu beobachten. Die IEDs der ersten Jahre waren stümperhaft gebaut. Zu wenig Sprengstoff, zu schlecht verdämmt und oft zu weit vom Ziel entfernt zur Detonation gebracht. Ich schrieb bereits darüber, dass die Analysten sich deshalb zu der Schlussfolgerung hinreißen ließen, es handele sich lediglich um Warnungen. Unsere Gegenmaßnahmen beschränkten sich damals auf eine Anpassung unserer Fahrweise und auf »noch mehr Vorsicht«.

Im September 2005 erwischte eine relativ harmlose Sprengfalle einen unserer Konvois auf dem Weg nach Taloqan. Die Vier-Kilo-Ladung war in einem Graben unter der großen Verbindungsstraße, der LOC Taurus, versteckt und ungefähr zwanzig Meter vor dem ersten Fahrzeug gezündet worden. Der Wolf, die militärische Variante des Mercedes-G-Modells, konnte ohne Schäden durchstoßen, und alle kamen mit dem Schrecken davon. Die Detonation hatte lediglich die Teerdecke ein wenig angehoben, da die Kraft der Explosion fast gänzlich zu den unverdämmten Seiten entwichen war. Rasch wurden die Sprengfallen aber professioneller. Der Feind baute sogar Fernzündungen ein, was ihm den Vorteil einbrachte, nicht mehr in unmittelbarer Nähe der Ladung sein zu müssen. Jetzt konnte er sich an einem sicheren Platz zur Beobachtung der Sprengfalle positionieren und musste nur noch die Wahlwiederholung seines Mobiltelefons drücken, um die Explosion auszulösen.

Die Rüstungsindustrie trug dieser Entwicklung Rechnung und entwickelte Frequenzstörer, Jammer genannt. Diese millionenteuren Systeme errichten eine Art Schutzglocke um einen fahrenden Konvoi, in der alle Funksignale unterdrückt werden. Will der *triggerman*, der Mann an der Auslösung, per Handy eine Ladung neben einem unserer Fahrzeuge zur Explosion bringen, dringt das Funksignal nicht mehr an den Auslöser – und die Bombe zündet nicht. Deutsche Patrouillen, die in Nordafghanistan unterwegs sind, verfügen mittlerweile über diesen Schutz, und trotzdem werden unsere Soldaten weiterhin angesprengt. Die Aufständischen sind nämlich technisch einfach wieder einen Schritt zurückgegangen und verwenden statt der Radio Controlled IED (RCIED) erneut eine Ladung mit Kabel, die Command Wire IED (CIED). Nun muss der Mann am Auslöser zwar wieder am anderen Ende des Kabels lauern, doch ist sein persönliches Risiko, wie gesagt, ohnehin überschaubar, weil er durch das Chaos nach einem gelungenen Angriff genug Zeit zum Verschwinden hat. Die Steigerung der IED-Angriffe von 2007 (siebenundzwanzig Zwischenfälle) zu 2008 (vierundvierzig Zwischenfälle) ist ähnlich besorgniserregend wie die der Raketenangriffe. In den fünf Monaten des 18. Kontingents kam es allein zu vierundzwanzig Zwischenfällen mit IED, ebenfalls mit steigender Tendenz im Jahr 2009.

Die IEDs sind zur Bedrohung Nummer eins auf dem Schlachtfeld des asymmetrischen Krieges geworden, eines Krieges ohne klare Front und ohne erkennbaren Feind. In Afghanistan wurde fast die Hälfte aller dort eingesetzten Soldaten durch diese Waffe getötet oder verwundet. Sowohl die Rüstungsindustrie als auch das Militär arbeiten weltweit fieberhaft an verbesserter Ausrüstung und neuen Techniken zum Schutz ihrer Truppen. Die teuren Jammer sind – wie bereits erläutert – nutzlos gegen Kabelzündung, und auch der verbesserte Panzerschutz der Fahrzeuge stößt an seine Grenzen.

Die Entwicklung des Patrouillenfahrzeugs Dingo durch den

deutschen Rüstungskonzern Krauss-Maffei Wegmann war eine direkte Folge der stärker werdenden Bedrohung durch Minen und Sprengfallen in den Einsatzgebieten der Bundeswehr. Der Schutz, den dieses Fahrzeug bietet, ist gut. Seine solide Panzerung und eine Innendruckanlage haben dies in Afghanistan schon mehrfach unter Beweis gestellt. Im März 2008 fuhr ein Dingo in der Nähe von Kunduz auf ein IED mit rund zehn Kilogramm Sprengstoff. Die Ladung warf das neun Tonnen schwere Vehikel auf die Seite, und zwei deutsche Soldaten wurden schwer verwundet – aber sie überlebten. Hätten sie das auch bei zwanzig Kilo oder bei fünfzig? Den Aufständischen im Irak ist es bereits gelungen, die siebzig Tonnen schweren Kampfpanzer der Amerikaner zu knacken.

Panzerschutz ist gut, aber er reicht nicht aus, denn der Feind wird sich immer wieder darauf einstellen, und es wird nur noch eine Frage der Zeit sein, bis er es schafft, auch einen Dingo zu sprengen, mitsamt seiner siebenköpfigen Besatzung. Und taktische Gegenmaßnahmen? Die Ausbilder in der Heimat bemühen sich ja durchaus, den Männern vor ihrem Einsatz zu zeigen, wie sie das Risiko, von einem IED zerfetzt zu werden, reduzieren können. Praxistauglich ist das alles nur bedingt. Wer tatsächlich behauptet, man könne auf auffällige Gegenstände oder parkende Autos am Straßenrand achten, der ist noch nie selbst in Afghanistan Patrouille gefahren. Wenn sich die militärischen Führer vor Ort jedes Mal zum Ausweichen oder Umkehren entscheiden würden, wenn sie an einer Straße einen »auffälligen Gegenstand« sichten, kämen sie nach Verlassen des Lagers keine fünfhundert Meter weit. Mehr als 1800 Mann im Irak und 430 in Afghanistan sind nicht bei IED-Angriffen gefallen, weil sie unachtsam waren, sondern weil es keinen zuverlässigen Schutz gegen diese Waffe gibt.

In Raum Kunduz sind die Aufständischen seit 2008 dazu übergegangen, Raketenangriffe und IED-Attacken zu verknüpfen. Der unpräzise Beschuss des Feldlagers diente nunmehr primär dazu, Truppen zur Suche nach den BM-1-Schießern herauszulocken und sie dann in die vorbereiteten Sprengfallen fahren zu lassen. Da es nur wenige Anmarschwege zu den Abschussstellungen der Raketen gibt, ist es für die Aufständischen nicht schwer, diese Angriffe zu koordinieren. Teilweise existiert sogar nur eine einzige mögliche Strecke, auf der ein bestimmtes Gebiet zu erreichen ist. Ohnehin ist davon auszugehen, dass der Feind über all unsere Bewegungsmuster im Bilde ist. Ein lockeres, aber effektives Netzwerk aus Unterstützern meldet den verschiedenen Aufständischengruppen jegliche Bewegungen unserer Patrouillen ab Verlassen des Lagers. Diese sogenannten *Spotter* gibt es überall. Sie stehen oder hocken an Straßenkreuzungen oder lehnen an Hauswänden, und sobald Fahrzeuge der Bundeswehr eine bestimmte Stelle passieren, greifen sie zum Mobiltelefon. Sie sind unauffällig, da zivil, und dennoch erkennt man sie überall. Nur vorgehen kann man gegen diese feindlichen Unterstützer nicht, denn schließlich ist es nicht verboten, herumzustehen und zu telefonieren.

Die Kombination aus Raketenangriff und Sprengfalle wurde von den Aufständischen schnell zu veritablen Hinterhalten ausgebaut. Grundprinzip dieser Gefechtsart ist der Angriff auf einen nicht vorbereiteten, sich bewegenden Gegner. Aus einer getarnten Deckung heraus wird das Feuer überraschend eröffnet, wobei der Ort eines Hinterhalts gleichzeitig so gewählt wird, dass der Angriffene keine Deckung und keine Ausweichmöglichkeiten hat. Am 14. Dezember 2008 kam es zum ersten Hinterhalt im 18. Kontingent. Ausgangslage war eine Patrouille im südlichen Chahar-Darreh-Distrikt, die bewegungsunfähig wurde. Ein Fuchs-Panzer war in einen Graben gerutscht und der Maschinengewehrschütze in der Dachluke eingeklemmt. Der Alarmzug und ein Bergetrupp mit Kranwagen wurden sofort in Bewegung gesetzt, um die Kameraden aus ihrer gefährlichen Lage zu befreien. Der Ort, an dem der Fuchs festsaß, war keine sechs Kilometer vom Lager entfernt, aber zwischen Camp und Panzer lag der Fluss. Um die ausgefallenen Kräfte zu bergen, kam also nur der Umweg von ungefähr fünfundvierzig Minuten über die alte Russenbrücke im Westen von Kunduz in Frage. Die Furten durch den Kunduz River waren vom Feind durch deponierte Sprengladungen unbefahrbar gemacht und mit dem schweren Bergekran ohnehin nicht zu durchqueren.

Eine Dreiviertelstunde also waren die Soldaten des festsitzenden Zuges auf sich allein gestellt – viel Zeit für den Feind. Die Operationszentrale stand in ständigem Funkkontakt mit den Abgeschnittenen und erhielt bald die Nachricht, dass der eingeklemmte Soldat per Hand befreit werden konnte und es keine ernsthaft Verletzten gab. Auch sonst war die Lage zunächst ruhig.

Der Bergetrupp und sein Begleitschutz befanden sich bereits seit einigen Minuten auf dem Weg, als wir im Lager plötzlich eine Explosion und Feuerstöße aus einem unserer Maschinengewehre hörten. Das Zwangsläufige war passiert. Die frisch ausgerückten Kräfte waren kurz hinter der Russenbrücke in einen Hinterhalt geraten. Die Stelle ist wie aus dem Lehrbuch. Der Weg führte dort in eine leichte Senke. Auf der rechten Seite boten alte Ruinen dem Angreifer hervorragende Deckung, und die Straße war schlecht. Sie ließ keine hohe Geschwindigkeit zu.

Die Explosion kam von der Panzerfaust, die den Kranwagen traf und ihn durchbohrte wie ein Stück Butter. Das erste Geschoss drang auf der Beifahrerseite ein, marschierte durch das Führerhaus und trat am Seitenfenster des Fahrers wieder aus. Ein zweites schlug am Hubarm des Fahrzeugs ein. Die Begleitkräfte erwiderten sofort das Feuer, und der Zugführer gab über Funk den Befehl zum Durchstoßen. Doch der Kran war dazu nicht mehr in der Lage. Beide Soldaten im Führerhaus wurden durch splitterndes Metall und Glas schwer verwundet, und wieder war es nur dem Glück geschuldet, dass das Projektil die Männer verfehlt hatte und sie überlebten.

Nun waren es zwei Züge, die dringend Hilfe brauchten, und einer davon lag bereits unter Beschuss. Während die OPZ einem dritten Zug den Befehl zur Marschbereitschaft erteilte, um die beiden Teile jenseits des Flusses zu entsetzen, erreichten meine Abteilung beunruhigende Meldungen aus dem kritischen Gebiet. Mehrere bewaffnete Gruppen bewegten sich von verschiedenen Seiten auf die ausgefallenen Kräfte zu. Die Nervosität in der PRT-Führung stieg von Minute zu Minute. Es durfte den Aufständischen unter keinen Umständen gelingen, ihren Angriff auszuweiten. Doch die eigenen Mittel waren bereits erschöpft. Außer einen dritten Zug auf exakt der gleichen Route zu den abgeschnittenen Kameraden zu führen, hatten wir im PRT keine Option, um Verstärkung zu liefern. Es wurde höchste Zeit, die Amerikaner zu rufen.

Der Tactical Air Controller, ein Luftwaffenoffizier, der auf Zielzuweisungen an die Kampfflieger spezialisiert ist, hatte bereits Kontakt zu zwei amerikanischen F-15-Bombern. Die US Air Force hält permanent Kampfflugzeuge und bewaffnete Drohnen im afghanischen Luftraum, die bei Bedarf von unter Druck geratenen NATO-Truppen nur noch gerufen werden müssen.

Zwanzig Minuten später trafen die beiden Bomber bei uns im Zielgebiet ein und begannen mit der *Show of Force*, der ersten in einer Reihe von Eskalationsstufen, deren letzte mit dem Abwurf einer 250-Kilo-Bombe endet. Dieses »Stärkezeigen« ist also nur eine Art Drohung. Der Jet geht in den Tiefflug und zündet am unteren Scheitelpunkt seiner Kurve, genau über den feindlichen Kräften, den Nachbrenner seiner Triebwerke. Der Lärm ist ohrenbetäubend und lässt bei zu geringer Höhe Fensterscheiben zerspringen.

Am 14. Dezember reichte die Drohung bereits aus. Die sich positionierenden Feindgruppen wichen aus und verzichteten auf weitere Angriffe gegen unsere ausgefallenen Teile. Es war beeindruckend, was schon die bloße Anwesenheit eines Waffensystems bewirken kann. Doch wie lange würde es genügen, nur zu drohen? Es dauerte letztlich noch mehrere Stunden, ehe alle Soldaten wieder im Feldlager waren. Ein Stabsgefreiter fuhr den zerschossenen Kran zurück. Da das Getriebe beschädigt war, musste der Mann das schwere Fahrzeug über fast achtzehn Kilometer rückwärts und im Blut seiner Kameraden sitzend durch die Nacht lenken. Keine Bedenken und keine Diskussionen. Die Männer machen es einfach.

Der Feind verlagerte den Schwerpunkt seiner Aktivitäten im Sommer 2009 schließlich auf direkte Angriffe. Der Hinterhalt, in dem der Hauptgefreite Sergej Motz am 29. April fiel, zog sich über zwei Kilometer. In unmittelbarer Nähe zum PRT griffen mehrere

Gruppen Aufständische den Foxtrott-Zug des 19. Kontingents an und setzten nach der Eröffnung des Feuerüberfalls mit Maschinengewehren und Panzerfäusten auch noch Selbstmordkommandos als taktisches Element ein. Die Soldaten der Infanteriekompanie erschossen drei *Suicider* auf Motor- und Fahrrädern, bevor diese ihre Sprengstoffwesten zünden konnten.

Die Nachrichten der folgenden Wochen und Monate berichteten nun regelmäßig über »die Bundeswehr in Afghanistan unter erneutem Beschuss«. Die vier Gefallenen vom Frühsommer sorgten für einen neuen Grad von Aufmerksamkeit, die für Presseverhältnisse extrem lange anhielt. Erst im Juli 2009 nahm das Interesse deutlich ab, um im Herbst erneut hochzukochen. An der grundsätzlichen Lage im Zuständigkeitsgebiet der Bundeswehr hat sich aber bis heute nichts geändert. Das Bemühen der Soldaten beschränkt sich nach wie vor insbesondere auf den Eigenschutz. Der Großteil der Fläche des AOR ist von der Bundeswehr in Fragen der Sicherheit und Stabilität weiterhin nicht einschätzbar.

Und der eigentliche Auftrag? Der ist vor Ort in so weite Ferne gerückt, dass sich kaum jemand noch an ihn erinnern mag. Die ISAF befindet sich im Jahr acht der Mission an einem Punkt, an dem zunächst die Sicherheit derer wiederhergestellt werden muss, die überhaupt für Sicherheit sorgen sollen. Allein mit Waffengewalt ist dies nicht zu erreichen, ohne aber erst recht nicht.

Selbstmordattentäter – ein Feind, gegen den es keine Waffen gibt

Es gibt keine Warnung vor einem Angriff. Keine gegnerischen Vorankündigungen oder eigene Späher, die einen sich positionierenden Feind melden. Es gibt nicht einmal untrügliche Details, auf die man achten könnte, wie leere Straßen oder zugezogene Fensterläden. Es gibt kein Zeichen, bevor es passiert.

Eine Patrouille fährt auf ihrer geplanten Route über Straßen und durch Dörfer. Am Rand stehen Menschen, mal winkend, mal desinteressiert. Unter ihnen viele Kinder. Sie lachen, rufen und freuen sich über kleine Geschenke, die wir verteilen. Mal gibt es Buntstifte, einen Fußball oder Schokolade. Viele haben noch nie in ihrem Leben Schokolade gegessen. Überhaupt sind es Afghanistans Kinder, die zu Hoffnung Anlass geben. Sie sind neutral, haben nie kämpfen müssen und stehen dafür, dass eine bessere Zukunft für das Land möglich ist, in dem ihre Eltern fast ununterbrochen Krieg führten.

Die Soldaten winken zurück – und dann passiert es. Ein Mann wirft sich vor eines unserer Fahrzeuge und zündet seine Sprengstoffweste. Die Detonation lässt Trommelfelle platzen, und die in die Weste eingenähten Nägel, Glasperlen oder Schraubenmuttern zerfetzen alle, die sich im Kegel der Druckwelle befinden, auch die Kinder. Schreie, Chaos und wimmernde Verletzte. Leichenteile, wohin das Auge reicht. Ein Unterschenkel liegt am Straßenrand, ein Stück weiter liegt das abgeschälte Rückgrat. Die Bilder sind grauenhaft und brennen sich in das Gedächtnis der Augenzeugen. Später wird man jeden dieser Fetzen einsammeln, um sie nach den Gesetzen Allahs vollständig zu begraben. Auch Bundeswehrsoldaten haben dies schon tun müssen. Stücke des Selbstmörders mussten bei einem Anschlag im Sommer 2006 sogar aus einem Baum entfernt werden. Wer der Schahid, der Märtyrer, war, ist fast immer unbekannt. Ebenso, woher er genau kam, wie er aufwuchs und warum er sich für den Weg ins Paradies entschied. Jetzt liegt er dort zerfetzt in seine Einzelteile. Sieht so jemand aus, der ins Paradies kommt?

Die Sprecher der Taliban und der Al-Qaida weisen regelmäßig darauf hin, dass ihnen ein unerschöpflicher Vorrat junger Männer zur Verfügung steht, die jederzeit bereit sind, für den Dschihad gegen die Ungläubigen ihr Leben zu geben. Sie hätten sogar Wartelisten für Selbstmordkommandos, und ihr größtes Problem sei, den unbändigen Drang der Männer, sich selbst und andere ins Verderben zu stürzen, zu bremsen. Im Frühjahr 2009 wurde meiner

Abteilung ein Video zugespielt, auf dem deutlich zu sehen war, was die Terrorführer meinen. Auf dem Band war ein junger Mann zu sehen, nicht älter als sechzehn Jahre. Eigentlich war es noch ein Kind. Er ist umgeben von einer Gruppe älterer Männer, die ein Auto mit Munition und Panzerabwehrminen beladen und diese dann mit einem Zünder verkabeln. Es ist die Vorbereitung auf den Einsatz des Jungen als lebende Bombe. Während seine Begleiter noch den Sprengstoff verpacken und mit ihm reden, lächelt er. Er ist völlig entspannt, und die Szene erinnerte irgendwie an einen Teenager, der sein erstes Mofa geschenkt bekommt. Er scheint stolz zu sein und gleichzeitig freudig erregt, endlich eine Runde auf ihm drehen zu dürfen. Schließlich fährt er ab. Er lacht dabei immer noch und winkt zum Abschied. Nach einem Schnitt steht er mit seinem Auto am Rande einer Gebirgsstraße. Zwei amerikanische Militärfahrzeuge kommen auf ihn zu. Als das erste seine Höhe erreicht hat, sprengt sich das Kind in die Luft. Keiner der Amerikaner dürfte überlebt haben. Der Motorblock rast als fliegender Feuerball noch auf das zweite amerikanische Fahrzeug zu und trifft es frontal.

Diese Propagandavideos gibt es mittlerweile überall im Internet zu sehen. Sowieso gehören Selbstmordanschläge heute zur weltweiten Normalität. Die Familien dieser Märtyrer sind wohl meist stolz auf sie. Manchmal gibt es Propagandavideos der Dschihadisten, in denen eine Mutter zeternd ihren toten Sohn anpreist, der für eine gerechte Sache im Namen Allahs sein Leben gab. Tod den Ungläubigen, Tod den Ungläubigen und so weiter. Vielleicht sollte man genau dort ansetzen und den Verwandten der Selbstmörder Fotos ihrer Lieben nach der Explosion zeigen. So ein Anblick kann keine Mutter kaltlassen. Vielleicht täusche ich mich aber auch. Der Junge aus dem Video geht mir bis heute nicht aus dem Gedächtnis. Es war diese Unbeschwertheit des kindlichen Selbstmörders, die ahnen lässt, mit welcher Art Feind wir es zu tun haben.

Ein Großteil der Selbstmordbomber in Afghanistan wird in den paschtunischen Stammesgebieten beiderseits der afghanisch-pakistanischen Grenze rekrutiert. Der zweite große Pool sind die

Madrassen, die Koranschulen, von Quetta und Peschawar, islamistische Erziehungsstätten in den urbanen Millionenmolochs außerhalb jedweder Kontrolle der pakistanischen Regierung. Die britische Armee hat eine Studie über Herkunft und Sozialisierung dieser Menschen in Auftrag gegeben. Oft seien es junge Männer mit begrenzter Intelligenz, teilweise am Rande zur geistigen Behinderung. Sie werden in Flüchtlingslagern und Armenvierteln angeworben, mit Essen, einer Unterkunft und der Chance auf eine Ausbildung an einer der Madrassen gelockt und dann zum Märtyrer erzogen.

Doch es gibt auch *Suicider* mit Intellekt und Bildung. Die Terroristen von Mumbai im November 2008 gehörten diesem Typus an. Während die erste Sorte in der deutschen Öffentlichkeit noch ein gewisses Verständnis auslöst, weil die zu ihr Gehörigen eben arm und ungebildet sind und schließlich, so ein gern bemühter Topos, vom Westen ausgebeutet und dadurch in die Rebellion gedrängt worden sind, fragt sich die Presse nach der Selbsttötung eines Akademikers immer besonders ratlos, wie es dazu hat kommen können.

Verstehen kann ich die Biografien solcher Selbstmordattentäter nicht, da ich ihr Handeln im Rahmen meines Wertesystems nicht unterzubringen vermag. Doch eines scheint diesen Menschen gemein zu sein: Im Unterschied zu uns stellen sie den Wert fremder Leben und vor allem den ihres eigenen nicht an allererste Stelle – und dies verschafft ihnen im Kampf einen uneinholbaren Vorteil. Sie können an fast jedem Ort zuschlagen, und ihr Kampfwert entfaltet sich nicht durch die Sprengkraft ihrer Westen und Kofferräume, sondern durch die psychologische Wirkung ihrer Anschläge auf Soldaten und Bevölkerung. Man hat das Gefühl, nirgendwo sicher sein zu können. Jeder wird irgendwann als potentieller Angreifer gesehen und angespannt beäugt. Warum steht der Mann mit seinem Auto da vorne? Ist er etwa frisch rasiert, wie es die Schahids üblicherweise sind?

Die Soldaten erkennen schnell, dass es kaum präventiven Schutz gegen sie gibt. In den fünf Monaten meines zweiten Einsatzes kam es in unserem Zuständigkeitsbereich zu keinem einzigen Angriff eines Selbstmörders auf unsere Truppen. Meldungen von Informanten über die Absicht des Feindes, solche gegen uns durchzuführen, waren indes beinahe an der Tagesordnung. *»Suicide bomber in white Toyota Corolla is waiting for targets alongside LOC Pluto within the next 48 hours.«* Niemand hat den Mann gesehen. Wann und wo er exakt angreifen wird, wissen wir nicht, und ebenfalls nicht, ob es ihn überhaupt gibt. Trotzdem sind die Auswirkungen auf unser eigenes Verhalten erheblich. Alle Patrouillen werden gewarnt. Routen werden so gelegt, dass der gefährdete Bereich gemieden wird, und dennoch bleibt die Unsicherheit, ob die getroffenen Gegenmaßnahmen ausreichend sind, da das »Waffensystem« Selbstmordattentäter hochmobil ist. Es kann genauso gut innerhalb von Stunden an einem ganz anderen Ort zum Einsatz gelangen. Patrouillen, die in eine Ortschaft einfahren und nur das Gefühl haben, dass etwas nicht stimmt, brechen ihren Auftrag ab. Zu wenige Menschen auf den Straßen, ein sich auffällig verhaltener Motorradfahrer oder der Hinweis eines Einheimischen – »fahren Sie besser nicht weiter« – reichen aus, um den gesamten Bereich zu sperren.

Es gibt keine Anzeichen vor einem Angriff, aber das Gefühl der Machtlosigkeit lässt die Soldaten dennoch nach ihnen suchen. Der Feind nutzt dieses unheimliche Potential sehr geschickt aus. Die Unberechenbarkeit der menschlichen Bomben versetzt ihn in die Lage, uns selbst durch gezielte Falschmeldungen aus Gegenden seiner Wahl herauszuhalten.

Der Selbstmörder ist darüber hinaus eine sehr ökonomische Waffe. Sie kostet den Gegner alle paar Monate ein altes Fahrzeug, einen Haufen Munitionsschrott und einen jungen Mann – »mehr nicht«. Die Zeit zwischen zwei Angriffen kann mit Meldungen über einen möglichen Einsatz effektiv gefüllt werden. Verblasst dann langsam die schreckliche Erinnerung an den letzten Anschlag, wird ein neuer durchgeführt, und wieder sind Monate der Einschüchterung gewonnen. Es ist die Todessehnsucht der Schahids, die jede Abschreckungswirkung unserer Waffen neutralisiert.

Würde er nur kämpfen und am Abend seine Familie wieder in die Arme nehmen wollen, wäre ein herkömmlicher Angriff auf eine Patrouille mit einem hohen Risiko verbunden, da er wahrscheinlich verlieren und sterben würde. Da es aber genau das ist, was er anstrebt, kann er es mit uns aufnehmen, mit seinem Körper als Waffe. Doch auch wenn der Feind nicht als Selbstmordkommando operiert und mit Sturmgewehren, Panzerfäusten und Raketen angreift, ist seine Bereitschaft, dabei zu sterben, so hoch, dass gängige Grundsätze des Schlachtfelds oft nicht mehr gelten.

Die Aufständischen in Afghanistan sind bei direkten Aufeinandertreffen mit ISAF-Truppen fast immer unterlegen. Es wäre auch verwunderlich, wenn es nicht so wäre. So ist die Aussage eines britischen Generals vom Frühjahr 2009 sehr einfallslos, als er zur nochmaligen Eskalation der Gewalt im Süden des Landes bemerkte, dass »seine Truppen zu jeder Zeit taktisch überlegen gewesen seien«. Selbstverständlich waren sie es, und die Bundeswehr war und ist es im Norden ebenfalls. Wir haben die wesentlich bessere Ausrüstung, unsere Soldaten sind besser geschult, und bei Bedarf bekommen wir innerhalb von Minuten Luftunterstützung, die eine Gruppe Aufständischer das Fürchten lehren müsste. Allein die Nachtkampffähigkeit unserer Truppen zwingt den Feind, bei Dunkelheit normalerweise das Weite zu suchen, weil er uns einfach nicht sieht. Wie gesagt – normalerweise. Zwei Komponenten neutralisieren nämlich diese Überlegenheit. Zum einen die beschriebene Inkaufnahme des eigenen Todes und zum anderen eine Art der Kriegsführung, die bereits viele Armeen auf vielen Schauplätzen zunächst in die Verzweiflung und dann in die Niederlage trieb – der Guerillakampf.

Wenn ein Gegner in heutiger Zeit mit Streitkräften wie denen der NATO seine Kräfte misst, muss er entweder über ein ähnlich starkes Militär verfügen oder aber den Einsatz von Massenvernichtungswaffen zur Disposition haben. Diese können genug Verhandlungsspielraum schaffen, um den Waffengang zu vermeiden. In dieser Logik argumentieren Staaten wie der Iran oder Nordkorea. Wenn beides nicht gegeben ist, bleibt dem Gegner nur die

Möglichkeit, den Krieg auf unkonventionelle – oder wie die Genfer Konvention sagt, auf irreguläre – Weise zu führen. Hält er sich an die von Diplomaten aufgeschriebenen Regeln des Krieges, verliert er ihn in atemberaubender Geschwindigkeit. Der Vorsprung, den Streitkräfte wie die US Army und in abgespeckter Form auch die Großbritanniens, Frankreichs oder Deutschlands haben, ist von der Mehrheit anderer Kampfverbände auf der Welt nicht mehr einzuholen. Die Rebellentruppe eines kongolesischen Obristen, die Reitermilizen im Sudan oder die Piraten im Golf von Aden sind rein militärisch gesehen leichte Beute. Sie haben im offenen Kampf keine Chance auf Sieg. Selbst Feldzüge gegen eine Armee, die noch vor wenigen Jahren zu den größten der Welt gehörte, werden heute eher in Wochen gezählt als in Monaten oder gar Jahren. Saddams Soldaten verbrachten den Krieg gegen den Nachbarn Iran meist in ihrem Panzer, wenn sie nachts Schutz suchten. Im zweiten Golfkrieg stellten sie schnell fest, dass es umso sicherer wurde, je weiter sie sich vom Fahrzeug entfernten. Einst kriegsentscheidende Waffensysteme wie Artillerie, Strahlenflugzeuge oder eben Kampfpanzer entfalten gegen einen Gegner wie die USA erst gar nicht mehr ihre Wirkung. Sie sind zu leicht zu findende und zu zerstörende Ziele. Die überlegene amerikanische Luftwaffe sorgt dafür, dass die meisten eigenen Bodentruppen nur zerschossene Wracks des Gegners zu sehen bekommen, wenn überhaupt.

Siebzig irakische Divisionen plus siebenhundert Kampfflugzeuge riskierten im Frühjahr 1991 die Kraftprobe gegen die US-geführte Koalition. In nur hundert Tagen wurde der Großteil des schweren Kriegsgeräts zerstört und die Armee Saddam Husseins zur Aufgabe gezwungen. Bush Senior verzichtete damals auf den Durchmarsch nach Bagdad, um das zu vermeiden, was danach zu erwarten war – die Hölle des Orts- und Häuserkampfs, wie ihn die Soldaten nach 2003 erlebten. Zwölf Jahre später war erneut nicht die irakische Armee das Problem des Krieges, sondern die Guerilla, die sich sofort nach der *Mission Accomplished* etablierte. Sie verursachte den Streitkräften der Willigen-Koalition weit mehr Verluste, als es Saddams Panzerregimenter und Infanteriebataillone im »offiziellen Krieg« zuvor getan hatten.

Die Konsequenz für unterlegene Gegner ist daher so schlicht, wie sie gleichsam bedrohlich ist: Kämpfe mit einer Armee und du verlierst. Die einzige Chance, die einem schwächeren Feind bleibt, besteht darin, den Krieg auf eine andere Ebene zu verlagern. Er wirft seine Uniform weg, versagt sich aller Technik und taucht ab in der Unkenntlichkeit der örtlichen Bevölkerung. Der Feind in Afghanistan hat exakt dies gemacht. Auch er wurde 2001 in Windeseile besiegt, genau wie die irakische Armee zwei Jahre später. Die Schläge waren hart, und die Taliban brauchten einige Zeit, um sich von ihnen zu erholen. Doch heute ist die Dschihad-Guerilla wieder da, ohne Panzer und ohne klar gegliederte Struktur, aber gefährlicher denn je.

Die Schwäche, die der Feind bei einem Selbstmordangriff auf eine deutsche Patrouille ausnutzt, ist nur vordergründig eine Schwäche der Bundeswehr vor Ort. Natürlich sehen die Soldaten den *suicider* in der Regel nicht kommen und können sich kaum verteidigen, doch die wahre Schwachstelle liegt bei uns zu Hause. Unsere Gesellschaft ist nicht bereit, Opfer in einer undefinierten Mission mit unsicherem Ausgang wie in Afghanistan zu akzeptieren. Eher diffuse Aussagen, wie einst die von Ex-Verteidigungsminister Peter Struck, dass »unsere Freiheit« jetzt auch »am Hindukusch verteidigt« werde, reichen nicht aus, um ein entsprechendes Bewusstsein zu schaffen. Diese Schwäche, eine Art mangelnde Leidensfähigkeit unserer Bevölkerung, nutzt der Feind in Afghanistan gezielt aus. Und er weiß ganz genau, mit wem er es zu tun hat. Er kennt unsere innenpolitischen Debatten über den Einsatz, und die Termine für die Mandatsverlängerung sind in seinem Kalender rot angestrichen. Der Feind muss uns also gar nicht militärisch schlagen, um sein Ziel zu erreichen. Er muss lediglich dafür sorgen, dass die Mission aus innenpolitischen Gründen nicht mehr verlängert wird. Wenn deutsche Politiker um ihre Wiederwahl bangen, weil sie sich offen zum ISAF-Einsatz bekennen, ist der Feind in Afghanistan auf dem Weg zum Sieg. Wenn die Opferzahlen unserer Soldaten eine gewisse Grenze überschreiten, wächst dadurch automatisch der Druck auf die Verantwortlichen in Regierung und Parlament, die Operation zu beenden. Die Höhe der erforderlichen Zahl an Gefallenen ist nicht genau definiert. Sie ist aber extrem viel niedriger als beim Feind.

Bereits 2005 gab die dänische Regierung ein Dossier zu den zu erwartenden Gefallenenzahlen in Afghanistan heraus, in dem Kopenhagen mit zehn Prozent Verlusten rechnete. Nun war das Kontingent unseres NATO-Partners damals nur zirka vierzig Mann stark. Es ist daher nicht direkt mit dem der Bundeswehr vergleichbar, da bereits ein vollbesetzter Jeep, der durch einen Sprengsatz zerstört worden wäre, die zehn Prozent vollgemacht hätte. Der Bericht war damals jedoch Anlass, die Schmerzgrenze Deutschlands beim Einsatz in Afghanistan im Offizierskreis zu diskutieren. Zehn Prozent Verluste, darüber waren sich alle einig, würden die Belastbarkeit der deutschen Öffentlichkeit bereits um Längen überschreiten. Bei der heutigen Kontingentstärke würde das nämlich die Ankunft von vierhundertfünfzig Särgen auf dem Luftwaffenstützpunkt Köln-Wahn bedeuten. Vierhundertfünfzigmal militärische Ehren und vierhundertfünfzig Kondolenzbesuche des Ministers. Es ist lächerlich anzunehmen, dass die Mission überhaupt so lange fortgeführt wird, dass eine derartige Zahl an im Kampf gefallenen Soldaten erreicht werden würde.

Der zweite große Schwachpunkt in der Auseinandersetzung gegen die Aufständischen ist unsere Moral. Während der Gegner jedes Mittel nutzt, um uns zu besiegen, haben wir uns selbst Beschränkungen auferlegt, die unsere Kriegsführung schwächen – und die abermals vom Feind ausgenutzt werden. Angreifer suchen oft bewusst die Nähe zur Zivilbevölkerung, weil sie wissen, dass die Vermeidung von Kollateralschäden bei uns, zu Recht, nicht nur oberste Priorität hat, sondern im Fall des Todes von Zivilisten einen kollektiven Aufschrei der deutschen Bevölkerung nach sich zieht – wie nach der Bombardierung der zwei Tanklaster am 4. September 2009 geschehen. Sie nutzen religiöse Gebäude wie Moscheen als Waffenversteck oder bereiten im Rahmen des Gottesdienstes Anschlagsplanungen vor. Für uns wäre das niemals ein Grund, eines ihrer Gotteshäuser zu stürmen. Nur um nicht falsch verstanden zu werden: Es wäre falsch, diese selbstauferlegten Regeln des Krieges aufzugeben. An einigen Stellen muss sicherlich über ein robusteres Vorgehen nachgedacht werden, aber der Schutz der Zivilbevölkerung muss so weit wie möglich sichergestellt bleiben. Nur darf der unglückselige Tod eines unbeteiligten Bauern nicht sofort die Abzugsdebatte neu entflammen.

Neben einer moralischen Pflicht ist es auch aus kriegstaktischen Gründen fatal, die unbeteiligte Bevölkerung durch Kampfhandlungen in Mitleidenschaft zu ziehen. Die Tötung von Unbeteiligten verschafft dem Feind stets neuen Zulauf. Ein Vater, dessen Kinder bei einem Bombenangriff getötet werden, betrachtet seinen Verlust nicht als gerechtfertigtes Opfer im Kampf gegen den Terrorismus. Selbst wenn er die islamistischen Kämpfer zuvor inbrünstig ablehnte, wird er jetzt die NATO zum Schuldigen erklären und nicht die Aufständischen, die sich in seinem Dorf versteckt hatten. Auch die Erfahrung aus vielen vergangenen Kriegen zeigt, dass leichtfertige Inkaufnahme von zivilen Opfern oder gar Repressalien gegen mutmaßliche Unterstützer die Sicherheitslage ausschließlich verschlechterten. Gerade die Sowjets gingen in Afghanistan mit aller Härte gegen Zivilisten vor, die in Verdacht standen, den Mudschaheddin Unterschlupf zu gewähren. Die Botschaft war stets klar und unmissverständlich: Werden die sowjetischen Truppen aus einer Ortschaft heraus angegriffen oder ziehen sich die Rebellen dorthin zurück, legt die Artillerie das ganze Dorf in Schutt und Asche. Noch heute kann man südlich des Bundeswehr-Camps in Kunduz die Ruinen solcher Dörfer besichtigen.

Der Gedanke hinter dem sowjetischen Vorgehen scheint zunächst logisch und vielversprechend. Die Zivilbevölkerung soll dem Feind die Unterstützung versagen, um so ihre eigenen Leben und Häuser zu schützen. Doch diese Rechnung ging noch nie auf. Die alliierten Luftangriffe auf deutsche Städte während des Zweiten Weltkriegs festigten die Bindung der Bevölkerung an das Nazi-Regime eher, anstatt sie zu lösen. Das massive Vorgehen der

Amerikaner gegen Städte in Nordvietnam füllte die Reihen des Vietcong nur umso mehr. Und auch die Sowjets sind in Afghanistan gescheitert, weil es ihnen nicht gelang, den Feind von der Bevölkerung zu isolieren. Vielmehr erreichten sie durch ihr kompromissloses Bomben das genaue Gegenteil. Zurück zum Feind und seiner Taktik. Die Abteilung, in der ich in zwei Einsätzen Dienst tat, ist einzig damit beschäftigt, den Gegner, seine Strukturen und seine Vorgehensweise aufzuklären und zu analysieren. Sie nimmt damit eine Schlüsselposition in der militärischen Organisationsstruktur ein und kann im Optimalfall die Absicht des Feindes vor dessen geplanten Aktionen erkennen und die entsprechenden Warnungen an die operativen Elemente weitergeben. Zur Aufklärung stehen uns elektronische, optische und informantengestützte Systeme zur Verfügung. Dieser Aufklärungsverbund bietet eine Vielzahl von Möglichkeiten, den Feind und seine Absichten zu erfassen und einzelne Informationsquellen zu verifizieren oder falsifizieren. Wir können Aufständische aus der Luft überwachen, wir können ihre Bewegungen auch nachts über weite Entfernungen verfolgen, können ihre Telefonate abhören und in manchen Fällen auch angeworbene Spitzel gezielt auf sie ansetzen. Doch der Feind hat sich auf unsere Überlegenheit eingestellt. Er kleidet sich im Gewand von einfachen Bauern und verschwindet so in der Bevölkerung. Für unsere Späher stellt sich jedes Mal die Frage, ob sie das Feuer auf einen feindlichen Raketenschießer beim Ausheben einer Abschussrampe eröffnen oder ob sie einen Feldarbeiter töten, der einen Bewässerungsgraben auf seinen Acker umleitet. Des Weiteren reduziert der Feind den Gebrauch moderner Kommunikationstechnik auf ein Minimum. Entscheidende Absprachen werden kaum noch über Handys oder Funk getroffen. Schließlich wäre es sehr naiv anzunehmen, die Aufständischen wüssten nicht, dass wir sie abhören können. Anweisungen werden oft nur mündlich übermittelt, Strategien in geheimen Treffen, den sogenannten Shuren, besprochen, und das Waffenarsenal besteht im Wesentlichen, wie schon gesagt, aus Sprengstoff, Katjuscha-Raketen und Handfeuerwaffen. Unser Feind in Afghanistan versetzt sich künstlich in die Vergangenheit zurück und kämpft und organisiert sich nicht viel anders, als es die Mudschaheddin vor 150 Jahren im Kampf gegen die britische Kolonialarmee taten und anschließend im Krieg gegen die Sowjetarmee.

Spione in diese Strukturen einzuschleusen ist so gut wie unmöglich, da Dialekt, Aussehen und Herkunft nicht zu erlernen sind. Trotz der räumlichen Nähe und unserer millionenschweren Technik verfügen wir über kein schlüssiges Gesamtbild der Feindkräfte im Raum. Die PowerPoint-Vorträge, die Vorgesetzte auf Inspektionsreisen regelmäßig gezeigt bekommen, sind reine Augenwischerei. Projiziert wird eine Karte, auf der mehrere Feindgruppen grob einem bestimmten Gebiet zugeordnet sind. Es tauchen viele Namen auf, und der Hinweis, dass diese Gruppen auch teilweise miteinander kooperieren. Dazu noch ein paar große Pfeile, die darauf hinweisen, dass der Waffennachschub aus Pakistan organisiert wird. Das ist alles. Es ist nichts Greifbares dabei. Das wiederum fällt den Vorgesetzten aber entweder nicht auf oder sie sind nicht interessiert daran. Nur selten wird nachgefragt. Die meisten der Besucher aus dem Einsatzführungskommando und den truppenstellenden Divisionen sind ohnehin schon viel zu sehr mit sich und dem anstrengenden Kurztrip an den Hindukusch beschäftigt. Es ist heiß, sie haben die letzte Nacht nur auf einem Feldbett verbracht, und in zwei Stunden ist eh schon Mittagszeit. Was soll's also. PowerPoints blinkende Effekte lullen so gut wie jeden ein, und die starke Präsentation täuscht über inhaltliche Mängel hinweg. Waffennachschub aus Pakistan? Na toll. Für diese Erkenntnis brauche ich keine J2-Abteilung in Afghanistan zu unterhalten. Die wirklich wichtigen Fragen bleiben alle unbeantwortet. Mit wie vielen Kämpfern wir es exakt zu tun haben, kann nur grob geschätzt werden. Der Sommer 2009 machte deutlich, dass wir dahingehend bisher ziemlich danebenlagen. Welcher feindliche Kommandeur über wie viel Macht verfügt, ist immer unklar. Folglich kann auch nicht abgeschätzt werden, was eine Festnahme oder Tötung bewirken würde.

In vielen Fällen gibt es sowieso nur einen einzigen Namen. Keinen Wohnort, kein Foto und keine genaue Funktion. Und ob es sich dabei um einen der Vornamen, den Familiennamen oder einen fiktiven Kampfnamen handelt, ist ebenfalls unbekannt. Das diffuse Namenssystem der Völker am Hindukusch kann es durchaus mit den ausgeklügelten Verschleierungsmaßnahmen vieler Armeen dieser Welt aufnehmen. Oft diskutierten wir stundenlang innerhalb der Abteilung, ob es sich bei ähnlich klingenden Namen in zwei verschiedenen Meldungen um dieselbe Person handelte oder nicht. Die fehlerhafte Transkription in vielen Kontingenten tat ein Übriges dazu.

Wann gibt's den nächsten Anschlag? Wer stellt das Geld für die Kämpfer zur Verfügung? Inwieweit unterstützen die lokalen Machthaber die Aufständischen? Auch das ist alles nur vage und in Einzelfällen bekannt. Doch daraus ein Versagen der militärischen Aufklärung der Bundeswehr abzuleiten, wäre grob falsch. Mit unseren derzeitigen Kapazitäten waren wir schon ganz gut am Feind und seiner Struktur dran. Die großen Unbekannten, mit denen wir es im Einsatz zu tun haben, sind die Tücken eines Guerillakrieges. Der Feind zeigt sich niemals offen, und was sich wirklich in unserem Zuständigkeitsgebiet abspielt, erfahren wir immer nur in Fragmenten.

Was uns an militärischen Optionen bleibt, ist die Unterwanderung der Aufständischen mit Hilfe ihrer eigenen Leute, also ein klassischer geheimdienstlicher Ansatz. Spitzel müssen angeworben werden, die dann gegen Bezahlung Fühlung zum Feind aufnehmen und Informationen an uns weitergeben. Gerade dem militärischen Nachrichtenwesen muss hierbei eine noch größere Aufmerksamkeit geschenkt werden, als es bis heute der Fall ist. Es bedarf einer massiven Aufstockung geschulten Personals, um mit Unterstützung örtlicher Kollaborateure die Strukturen des Feindes tiefgründig zu durchdringen. Geld darf dabei ebenso wenig eine Rolle spielen wie die bürokratischen Grenzen des Zuständigkeitsgebiets. Und noch eines ist wichtig: die Ausblendung gewisser moralischer Hindernisse. Aus welcher Motivation heraus ein afghanischer Informant mit uns zusammenarbeitet, muss grundsätzlich egal sein. Ganz gleich, ob Geld, Rache oder eigenes Machtstreben. Alles, was dem Feind schadet, nutzt in diesem Fall uns. Natürlich enthält auch dieses Prinzip eine Menge Fehlerquellen. Die Informanten können grundsätzlich ein doppeltes Spiel treiben, uns mit Falschinformationen versorgen oder ihre Ergebnisse noch an andere Interessenten weitergeben. Ein Großabnehmer für jedwede Informationen aus Afghanistan ist beispielsweise der Geheimdienst des Nachbarlandes Pakistan, der mächtige ISI (Inter-Services Intelligence). Als ein »Staat im Staate« wird diese Organisation seit Jahren beschuldigt, die Taliban zu unterstützen und auch in konkrete Anschläge verwickelt zu sein. Schon 2005 ging meine Abteilung davon aus, dass viele einheimische Hilfsarbeiter im Feldlager über afghanische Mittelsmänner den Auftrag bekamen, die Bundeswehr auszuspähen. Regelmäßig wurden Putzkräfte oder Bauarbeiter bei der Ausgangskontrolle dabei erwischt, wie sie versuchten, gestohlene Papiere aus dem Lager zu schmuggeln. Die Ertappten wurde stets umgehend entlassen.

Ein weiteres Problem mit unseren Informanten war das Erfinden »sicherheitsrelevanter Informationen«, um bezahlt zu werden und im Geschäft zu bleiben. Bereits 2005 fiel uns nach der Übergabe der Dienstgeschäfte durch unsere Vorgänger und einer gewissen Einarbeitungsphase ein erstaunliches Phänomen auf. Es hatte sich über die Jahre eine regelrechte kleine Informantenindustrie gebildet, die sich bezüglich des Rhythmus ihrer Meldungen exakt an die Stehzeiten der Kontingente angepasst hatte. Die Spitzel verkauften dieselben Informationen über Strukturen und Organisation der Aufständischen alle vier Monate erneut an uns. Durch den häufigen Personalwechsel fiel das nur bedingt auf.

Daher verlangt nachrichtendienstliche Arbeit ein höheres Maß an personeller Kontinuität. Die Entscheidung des Verteidigungsministeriums aus dem Jahr 2005, seine Soldaten statt wie bisher für sechs nur noch für vier Monate in die Auslandseinsätze zu schicken, verschlechterte nochmals unsere Position gegenüber dem Feind. Gerade für die Offiziere meiner Abteilung wäre eine Stehzeit von Minimum einem Jahr absolut angeraten, um den Wissensverlust beim Wechsel der Kontingente zu begrenzen. Darüber hinaus muss das Personal in der Aufklärung drastisch erhöht werden. Die Unterwanderung des Feindes ist ein sehr personalintensives Geschäft, jedoch das einzige mit Aussicht auf Erfolg.

Vertane Chancen

Die Aufgabe war von Beginn an gewaltig und nie genau definiert. Offiziell klingt sie sehr einfach: mit den afghanischen Sicherheitskräften und Behörden vor Ort ein stabiles und sicheres Umfeld schaffen. Das ist eine wohlgemeinte und auf den ersten Blick zu bewältigende Aufgabe, denn Stabilität und Sicherheit will schließlich jeder. Die Anschlussfrage ist allerdings auch ziemlich einfach: Wie macht die Bundeswehr das? Die Antwort des Verteidigungsministeriums, damals noch unter Jung: »Hierfür sind die Soldatinnen und Soldaten täglich außerhalb der Feldlager im Land präsent.« Zusammengefasst erklärte das Ministerium auf seiner betont unmilitärischen Homepage,[2] dass die bloße Anwesenheit von deutschen Soldaten die Sicherheit in Nordafghanistan gewährleistet. Ich frage mich, wer im BMVg solchen Mist verzapft, denn nichts anderes ist es, bei der geringen Truppenstärke von Präsenz im Raum zu faseln.

Das Regional Command North, für das die Bundesrepublik die Verantwortung übernahm, ist in fünf Provincial Reconstruction Teams gegliedert. Die PRTs in Kunduz und Feyzabad sind ebenfalls deutsch, das PRT Pol-e Khomri ist ungarisch, das in Mazare Sharif schwedisch und das in Maymaneh ist unter norwegischer Führung. Insgesamt stellen diese vier Nationen den Löwenanteil von 5400 Soldaten im Norden des Landes – exklusive der von den Amerikanern geführten Task Force mit ca. 300 Mann. Darüber hinaus beteiligen sich noch vierzehn andere Staaten mit kleineren Entsendungen. Von diesen 5400 Soldaten verlässt allerdings nur ein Bruchteil tatsächlich die Lager. Offiziell ist die genaue Zahl der »Staubfresser«, wie sich die Soldaten, die jeden Tag draußen sind, selbst nennen, nirgendwo zu finden, wohl auch, weil die Zahl beschämend gering wirken würde. Sie ist jedoch relativ leicht zu errechnen und von großer Bedeutung, um den offiziellen Auftrag der Schutztruppe in ein Verhältnis zum tatsächlich Leistbaren zu setzen. Der komplette Stab des RC North hat draußen sowieso nichts zu suchen. Er ist für die Koordinierung der oben erwähnten PRTs zuständig, stellt also die Führung und Verbindung zwischen dem ISAF-Hauptquartier in Kabul und den PRTs dar. Auch die in Mazar-e Sharif anwesende Luftwaffe, 250 Soldaten, sorgt mit wenigen Ausnahmen lediglich dafür, dass die sechs deutschen Tornado-Aufklärungsjets aufsteigen können. Des Weiteren ist die Bundeswehr für die logistische Versorgung aller im Norden stationierten NATO-Kräfte sowie für deren medizinische Evakuierung zuständig. Das gesamte hierfür benötigte Personal kann die eigentlichen Patrouillentätigkeiten bloß unterstützen. Übrig bleiben zunächst also zunächst nur die fünf PRTs. Dort geht das Wegstreichen allerdings weiter. Ein Blick in das Erinnerungsbuch meines 18. Kontingents zeigt das Verhältnis zwischen kämpfender und unterstützender Truppe sehr deutlich. Auf insgesamt 102 Seiten präsentieren sich die Soldaten in ihren jeweiligen Funktionen. Doch nur zwanzig Seiten zeigen Männer, die den Hauptteil ihres Dienstes auf den staubigen Pisten des Landes verrichteten. Auf rund siebenhundert Soldaten des 18. deutschen Einsatzkontingents Kunduz kommen lediglich sieben Schutzzüge der Infanterie mit je dreißig Mann zuzüglich einer abgespeckten Feldjägerkompanie, der Militärpolizei, mit ebenfalls dreißig Soldaten. Die Feldjäger unseres Kontingents, unter der Führung eines exzellenten Hauptmanns, der bei seinen Männern ein hohes Ansehen genoss, wurden nach wenigen Wochen scherzhaft »Feldjägerinfanterie« genannt, da sie größtenteils nur noch als Schutzkräfte eingesetzt wurden. Die Einsatzbereitschaft und ihr taktischer Wert waren beeindruckend.

Der militärischen Führung vor Ort bleiben damit ungefähr 240 Mann, die sie zur Realisierung des eigentlichen Auftrags einsetzen kann. Nur zur Erinnerung: Dieser Auftrag sieht vor, durch Präsenz in der Fläche die Sicherheit in der Region zu erhöhen. 240 Mann stehen dafür also im Bereich des PRT Kunduz zur Verfügung, bei fünf PRTs im RC North sind es demnach rund 1200 Soldaten, die tatsächlich in die Fläche gehen könnten, um das zu tun, was von der Bundeswehr erwartet wird. Doch selbst diese Zahl ist immer noch zu hoch. Kunduz, als Schwerpunkt des gesamten Nordens, ist personell wesentlich stärker besetzt als die vier übrigen PRTs. Das deutsche Regionale Wiederaufbauteam in Feyzabad, das schwedische in Mazar-e Sharif und das norwegische in Maymaneh sind nur mit rund vierhundert Soldaten besetzt. Die Ungarn in Pol-e Khomri bieten sogar nur ungefähr dreihundert auf. Auch bei ihnen liegt das Verhältnis zwischen in der Fläche operierender Truppe und Unterstützern innerhalb des Feldlagers bei höchstens eins zu drei. Insgesamt bedeutet dies, dass das deutsche Regionalkommando des RC North in Mazar-e Sharif für die Schaffung von Sicherheit alles in allem über nicht mehr als achthundert Soldaten verfügt, die tatsächlich im Sinne des Mandats wirken können. Kleine, spezialisierte Einheiten wie die Tactical Air Control Party (TACP), das Close Protection Team (CPT) des Kommandeurs und auch die Späher fallen erstens personell kaum ins Gewicht und dienen zweitens, auch wenn sie fast jeden Tag draußen sind, nur der Unterstützung und Sicherung der eigenen Teile. Gleiches gilt eigentlich für die sogenannte Quick Reaction Force, die schnelle Eingreiftruppe. Sie dient als taktische Reserve für unter Druck geratene Einheiten und dürfte daher nicht als reguläre Schutztruppe gerechnet werden, die dauerhaft an einem Ort eingesetzt werden kann. Seit dem Sommer 2009 jedoch ist sie bereits in Kunduz stationiert, um die dortigen Truppen zu entlasten. Die mobile Reserve ist damit zum Teil zwar aufgegeben worden, die Zahl der wirklich patrouillierenden Soldaten aber um rund 150 erhöht. Am Ende der Rechnung sind es ungefähr 950 Paar *Boots on the Ground*.

Das aufgezeigte Verhältnis von insgesamt fast eins zu sechs zwischen operierenden und unterstützenden Kräften mag manchen Laien dazu veranlassen, von Ineffektivität zu sprechen. Würde man noch alle in der Heimat stationierten Soldaten dazuzählen, die mit dem Einsatz in Afghanistan beschäftigt sind, wäre dieses Verhältnis sogar noch viel größer und würde bei ungefähr eins zu zehn und mehr landen. Einige Militärstrategen gehen davon aus, dass für einen Mann, der kämpft, vor Ort in der Regel sieben Unterstützer notwendig sind, und tatsächlich fällt mir beim Durchblättern des Erinnerungsbuchs kaum jemand auf, den ich als überflüssig bezeichnen möchte. Ein Kontingent braucht Soldaten in der Küche, in der Instandsetzung und im Feldlazarett. Aber auch auf die Männer und Frauen, die sich um die Hygiene im Lager, dessen Ausbau und die Truppenbetreuung kümmern, möchte niemand verzichten.

Ein einzelnes Foto im Buch gibt jedoch Anlass zum Grübeln. Es ist eine Aufnahme, auf der sich die meisten Personen drängeln und für die ein Weitwinkelobjektiv praktisch gewesen wäre – allein schon wegen der körperlichen Fülle einiger Personen: Auf ihm sind die zweiundvierzig »Soldaten« der sogenannten Einsatzwehrverwaltung zu sehen. In der Heimat sind sie Verwaltungsbeamte im zivilen Strang des BMVg und bekommen nur für den Einsatz Uniform und Dienstgrad verpasst. Ich will den Leser nicht mit Details langweilen, was diese Menschen tun, denn es ist wirklich sehr langweilig. Ich weiß es ehrlich gesagt auch gar nicht genau. Es handelt sich jedenfalls um eine Art Verwaltung des Feldlagers.

Bei meinem ersten Einsatz 2005 umfasste die ominöse Einsatzwehrverwaltung jedenfalls nur sieben Mitglieder, und merkwürdigerweise funktionierte es damals auch. Heute ist dieses Personal so aufgebläht, dass in Kunduz ein ganzes Stabsgebäude nötig ist, um alle unterzubringen. Dort setzen sie Bauvorschriften um, rechnen den Sold der Soldaten ab und kaufen auf Antrag Gemüse und Obst ein, wenn jemand eine Geburtstagsfeier organisieren will. Die Beschaffung des aus Tadschikistan geschmuggelten Wodkas lehnten sie stets ab.

Eine Art simple Truppenweisheit besagt, dass nur die ersten zwei bis drei Kontingente, also die ersten zwei aufeinanderfolgenden Phasen eines Einsatzes, Spaß machen, weil dann die Bürokratie noch nicht vor Ort ist. In Afghanistan hat sie sich allerdings schon ausgebreitet wie eine Krake. Doch lassen wir das, es ist im Grunde nicht der Rede wert. Denn selbst wenn die Führung sich mal ein Herz fassen und die Hälfte der Verwalter durch Infanteristen ersetzten würde, wäre in Kunduz nur ein halber Zug gewonnen. Der könnte auch so an den Hindukusch geschickt werden, um die Truppe zu verstärken. Doch würde es die Einsatzbereitschaft grundlegend verbessern? Wohl kaum.

Um die 950 deutsche, ungarische und skandinavische Soldaten patrouillieren also in Nordafghanistan im eigentlichen Sinn des Mandats. Der Rest leistet Unterstützung. Um aber das in Nordafghanistan für die Gewährleistung von Sicherheit zuständige Personal endgültig zum »Tropfen auf dem heißen Stein« werden zu lassen, fehlt noch die relevante Bezugsgröße, nämlich die Gesamtfläche des Zuständigkeitsgebiets.

Das RC North ist mit 160 000 Quadratkilometern fast so groß wie der deutsche Osten und Bayern zusammen. Allein der Schwerpunkt Kunduz hat die Fläche von Rheinland-Pfalz. Die Region umfasst neun Provinzen, die wiederum in 117 Distrikte unterteilt sind. Mit so wenigen Soldaten kann da keine Präsenz gezeigt werden. Man lässt sich höchstens in ausgewählten Gebieten ab und zu einmal blicken.

Die Landschaft Afghanistans ist beeindruckend. Der Hindukusch mit seinen schneebedeckten Gipfeln und dem leuchtenden Fels, den Flusstälern und Gebirgspässen trennt das deutsch geführte Mandatsgebiet vom zentralen Hochland und somit auch vom Süden des Landes. Seine Ausläufer fallen nach Norden hin ab und münden in eine Halbwüstenebene, die erst kurz vor dem Grenzfluss Amudar'ya, dem berühmten Oxus des Altertums, fruchtbar wird. Das Land lässt erahnen, dass ein Kampf hier schnell zur Hölle auf Erden werden kann. Überall liegen die Überreste von abgeschossenen Panzern herum. In den Kämpfen der achtziger Jahre verkehrte sich am Hindukusch für viele Soldaten der Sowjetarmee die Überlegenheit auf der militärisch-technologischen Ebene in ihr Gegenteil. Die engen Schluchten wurden zum Grab für viele sowjetische und afghanische Soldaten, da die überlegene Wirkung etwa von Panzern in ihnen nicht zur Geltung kam.

Die meisten Dörfer im Osten des Einsatzgebiets sind nur über kleine Gebirgsstraßen zu erreichen. Sie bestehen oft einzig aus fensterlosen Lehmbauten, umgeben von einer hohen Außenmauer. Abgelegene Weiler haben meist keinen Strom, und das Wasser muss aus einem Bach oder Fluss mit Eseln mühsam herangeschafft werden. Das Land ist karg, und ein strenger Winter oder eine missratene Ernte wirken sich umgehend auf die Kindersterblichkeit aus. In der nach Westen auslaufenden Tiefebene liegen die Ortschaften fast immer entlang der großen Zuflüsse des Amudar'ya; der Kunduz River ist einer davon. Dort ist einfacher Ackerbau möglich, meist in Eigenversorgungswirtschaft. Mit Hilfe eines simplen Bewässerungssystems trotzen die Menschen der Halbwüste ein paar Hektar mehr ab. Die Flüsse sind jedoch unterhalb der größeren Dörfer und Städte vergiftet, da das Abwasser ungeklärt in sie geleitet wird – es gibt nur kein anderes Wasser. Kinder baden im Sommer oft in der dreckig-stinkigen Brühe. So manches Mal sprach ich sie an, um auf die Gefahren durch Infektionen und Krankheitserreger hinzuweisen. Sie lachten nur und verwiesen auf Allah, der sie schon beschützen würde. Kein Wunder, dass Zähigkeit und Leidensfähigkeit der Afghanen legendär sind. Wer das Jugendalter erreicht, gehört automatisch zu den Kräftigsten. Kränklichkeit hat keine Chance.

75 Prozent der Bevölkerung Afghanistans leben in diesen Dörfern. Im Winter ist die Mehrzahl von ihnen über Land nicht zu erreichen. Auch im Sommer dauert es oft Stunden, bis sich eine Patrouille in abgelegene Gebiete des AOR, des Verantwortungsbereichs, gequält hat. So ist es nur logisch, dass viele Afghanen äußerst selten einen ISAF-Soldaten zu Gesicht bekommen. Einige hatten sogar noch nie Kontakt zu uns. Ein solch riesiges und rura-

les Gebiet mit effektiv nur 950 Mann zu kontrollieren ist schier unmöglich, und deshalb sollte man auch gar nicht erst den Anspruch darauf erheben.

Dennoch standen die Chancen, den Norden tatsächlich zu stabilisieren, zu Beginn der Mission gar nicht schlecht. Wie im ganzen Land waren die Menschen kriegsmüde und ersehnten ruhigere Zeiten mit bescheidenem wirtschaftlichem Aufschwung herbei. Auch die ethnische Vielfalt Afghanistans spielte der deutschen Aufgabe durchaus in die Hände. Die Taliban rekrutieren sich bis heute zum größten Teil aus dem Volksstamm der Paschtunen. Im Einsatzgebiet der Bundeswehr bilden diese jedoch nur eine Minderheit unter anderen Ethnien. Dominiert wird der Norden von Tadschiken und Usbeken, die auch während des afghanischen Bürgerkriegs eine fast geschlossene Front gegen die Koranschüler bildeten. Es wäre töricht, diese Volksgruppen in ihrer Kooperationsbereitschaft zu überschätzen, doch Unterstützer der Taliban finden sich in ihren Reihen nur sehr selten. Auch der »Paschtunengürtel« rund um Kunduz City, in dem die Nachfahren von im 19. Jahrhundert entsendeten paschtunischen Verwaltungsbeamten bis heute leben, konnte als befriedet betrachtet werden. Die Nordallianz, bestehend eben aus Tadschiken, Usbeken und Hazara, säuberte das Gebiet 2001 gründlich von Anhängern des untergehenden Regimes. Heute ist dieser paschtunische Siedlungsraum wieder erstes Zufluchtsgebiet für talibannahe Aufständische. Nachrichtendienste sprechen in diesem Fall von einem »*Safe Haven*«, einem sicheren Hafen der irregulären Kämpfer.

Doch bevor die Stimmung auch im Norden kippte, waren die ersten Jahre des deutschen Einsatzes geprägt von relativer Ruhe und hoffungsfrohem Abwarten seitens der Bevölkerung. Die Anschlagszahlen waren lächerlich gering, und selbst wenn es zu Angriffen kam, waren diese meist stümperhaft ausgeführt. Die militärische Nachrichtengewinnung, also meine Abteilung, ging fast immer davon aus, dass es sich bei den Bombenlegern und Raketenschießern um lokale Kriminelle handelte, die uns lediglich warnen wollten, wenn wir ihre Machenschaften zu stören drohten. Der Bundesnachrichtendienst, der als deutscher Auslandsgeheimdienst eng mit der Bundeswehr in Afghanistan kooperiert, stützte diese Annahme. Konzertierte Aktionen waren dies nie. Wenn überhaupt, dann verirrte sich mal eine Patrouille in irgendein Tal, in dem ein bestimmter Clan-Chef vielleicht ein Waffenversteck unterhielt. Als »nachdrücklicher Hinweis«, sich dort nicht wieder blicken zu lassen, wurde dann ein Schnellkochtopf mit Sprengstoff gefüllt und neben einem unserer Fahrzeuge gezündet. Kein großer Schaden, aber der Hinweis war angekommen. Auch im weiter östlich gelegenen Feyzabad passierte anfangs so etwas ab und zu. Die Reaktion der damaligen PRT-Führung war bedenklich, lag aber auf der politischen Linie Berlins: Man hielt sich aus den Gebieten der Drogenbarone und Waffenschmuggler heraus. So wurden bereits damals ganze Landstriche zu »Unknown Territories«.

Darüber hinaus betrachte ich es auch als Fehler, die vereinzelten Anschläge der ersten Jahre ausschließlich der organisierten Kriminalität zuzuschreiben. Das mag sich zwar beruhigender angehört haben, entsprach jedoch wahrscheinlich nicht der Realität. Ein gefährlicher Aufstand wie das derzeitige Comeback der Taliban entsteht nicht vom einen auf den anderen Tag. Er beginnt langsam und tastet sich vor. Der Selbstbetrug unserer militärischen Analyse trug auch dazu bei, wirksame Gegenmaßnahmen zu verhindern, als noch die Zeit dafür da war.

Im Jahr 2005 war es dennoch möglich, dass sich die ausfahrenden Patrouillen, sofern sie sich »neutral« verhielten, durchweg in ungeschützten Fahrzeugen bewegen und theoretisch jeden Winkel des Zuständigkeitsgebiets befahren konnten. Auch der Kontakt zur Bevölkerung war gut. Es stellte kein Problem dar, in einem ungeschützten Wolf mit offenem Verdeck und in Schrittgeschwindigkeit in eine Ortschaft zu fahren, dort abzusitzen und eine Runde zu drehen. Die Menschen kamen auf uns zu und waren neugierig. Meist brachten sie uns zum Dorfältesten oder einem religiösen Würdenträger, der dann mit uns sprach. Wir tauschten Freundlichkeiten aus und zeigten uns aneinander interessiert. Im Anschluss gab es meist ein gutes Essen, und bevor wir weiterfuhren, versicherte man sich gegenseitig nur das Beste. Wer damals allerdings glaubte, die Afghanen wären mit diesem unverbindlichen Smalltalk zufrieden gewesen, verkannte die Situation völlig.

Denn die vollmundigen Ankündigungen, die seit der Petersberger Konferenz 2001, auf der eine Art Fahrplan zur Demokratisierung Afghanistans beschlossen wurde, immer wieder gemacht worden waren, hatten sich bis in das letzte Bergdorf herumgesprochen. Nun erwarteten die Menschen konkrete Hilfe. Es ging um neue Straßen, Brücken, Kraftwerke und um Arbeit: alles Dinge, mit denen die Bundeswehr nicht aufwarten konnte und die sie auch gar nicht leisten sollte. Dennoch trug uns die Dorfbevölkerung bei jedem Aufeinandertreffen ihre Wünsche vor. In den meisten Fällen waren es gar keine großen Projekte, die wir für sie anstoßen sollten. Doch wir konnten und durften sie so gut wie nie realisieren. Dabei hätte schon die Erfüllung kleinster Wünsche für viel Zufriedenheit gesorgt. Unsere Hilflosigkeit lag in dem in Berlin ersonnenen System der vier Zuständigkeiten begründet, das man den Bauern vor Ort leider nicht erklärt hatte und das sie mit seinen Ressortgrenzen auch gar nicht interessiert hätte. So hatte der Patrouillenführer jedes Mal die undankbare Aufgabe, die mündlichen Ersuche von sich zu weisen und sich darauf zu beschränken, die Wünsche lediglich weiterzuleiten. Tagein, tagaus mussten unsere Übersetzer den enttäuschten Menschen »zu unserem Bedauern sagen, dass wir Ihnen an dieser Stelle nichts versprechen können, Ihre Wünsche aber selbstverständlich an die zuständigen Stellen weitergeben werden«.

Als es aber zur Routine wurde, dass nach unseren Beteuerungen nichts – oder nur in Ausnahmefällen etwas Konkretes – an Hilfe geleistet wurde, verlor auch der idealistischste Soldat irgendwann die Lust, der afghanischen Bevölkerung noch etwas vorzumachen. Ab dann kehrten Monotonie und Abgebrühtheit in den Ton der Gespräche. »Ihr wollt ein Bewässerungssystem? Dafür sind wir nicht zuständig. Baut euch selbst eins.« Und die Afghanen? Die stellten sich langsam, aber sicher die Frage, wozu wir überhaupt da waren, wenn wir ihnen keine Unterstützung zuteilwerden ließen oder zumindest organisieren konnten. Wurden wir nach dem Grund unserer Anwesenheit gefragt, war stets die lakonische Formulierung »um Sicherheit zu gewährleisten« die Antwort. Doch auch dieses Statement verlor schnell jegliche Glaubwürdigkeit. Denn Sicherheitsprobleme in den ersten Jahren des Einsatzes waren zumeist krimineller Natur. Leute wurden bedroht, erpresst oder ausgeraubt. Auch zu Morden kam es häufig. Und es gehörte nun mal auch nicht zu unseren Aufgaben, die afghanische Polizei zu ersetzen.

Das Mandat sah zu keiner Zeit vor, beispielsweise einen bewaffneten Konvoi unserer Feldjäger loszuschicken, um die Täter zu verhaften und der Justiz zuzuführen. Welcher Justiz auch? Bis heute liegt die Gerichtsbarkeit auf dem Land fast ausschließlich in den Händen geistlicher Würdenträger. Versuche, einen Verbrecher den neu implementierten Gerichten zuzuführen, enden nicht selten mit einer gewaltsamen Befreiung durch den Clan des Beschuldigten. Wie das geht? Ganz einfach: Mehrere Dutzend Männer schnappen sich ihre Gewehre und belagern das Gerichtsgebäude. Kurz vor der Erstürmung geben die wenigen Polizisten auf und lassen den Gefangenen frei. Sie schützen damit auch ihr eigenes Leben. Gerade persönlicher Schutz durch die internationale Schutztruppe war es aber nebst konkreter Hilfe, was den Afghanen vorschwebte, als sie die ausländischen Truppen mit den freundlichen Gesichtern zum ersten Mal sahen. Was blieb, war aber nur das Zeigen unserer bloßen Anwesenheit.

Vielleicht ist es hilfreich, sich einmal in die Welt eines afghanischen Bauern zu versetzen. Da kommen also nach Jahren des Tötens und der Entbehrung Soldaten aus Ländern, von denen dieser vorher noch nie gehört hat. Zunächst bomben sie die Taliban zusammen und vertreiben diese. Danach bauen die Fremden Feldlager auf und beginnen mit ihren Militärfahrzeugen in der Gegend herumzufahren. Sie winken oft, verteilen kleine Geschenke, wie Süßigkeiten, Fußbälle oder Malstifte, und reden von Partnerschaft und Hilfe. Diese großzügigen Angebote haben sie sogar mit islamgrünen Aufklebern auf ihre Autos geschrieben. Bittet dieser Bauer dann jedoch um konkrete Unterstützung, zum Beispiel um die Elektrifizierung seines Gehöfts, erhält er zur Antwort, dass dafür andere zuständig seien. Das mag dem Mann vielleicht noch einleuchten, zumal ja versprochen wurde, dass diese anderen sich sehr bald darum kümmern würden. Wird der Bauer jedoch nun Opfer eines Raubes oder wird seine Tochter vergewaltigt, fragt er die fremden Soldaten wieder, ob sie ihm nicht zur Seite stehen und das Verbrechen aufklären könnten. Das geht aber auch nicht. Die Soldaten betonen, nicht zuständig zu sein – und geben ihm lediglich den Ratschlag, sich an die örtliche Polizei zu wenden. Welchen Eindruck muss dieser Mann nun haben? Erstens, dass die fremden Soldaten keine Ahnung haben von den afghanischen Verhältnissen – dies zeigte ihm der absurde Verweis auf die örtliche Polizei, denn die ist lethargisch und korrupt –, und zweitens, dass die Männer in Uniform zu nichts zu gebrauchen sind. Praktische und unmittelbare Hilfe, egal welcher Art, können sie offenbar nicht leisten.

Die Konsequenzen, die aus einer solchen Enttäuschung entstehen, können fatal sein. Der Mensch ist nämlich auch in Afghanistan ohne ein Ordnungssystem nicht überlebensfähig. Wenn die einheimischen Behörden dabei versagen, ein solches zu errichten, und die fremden Truppen ebenfalls, dann bleibt nur die Suche nach einem anderen Schutzpatron.

Nicht allein im Süden des Landes kann man seit einiger Zeit wieder vermehrt Aussagen vernehmen, die äußerst alarmierend sind. Die Taliban, so gibt der ein oder andere zu bedenken, waren zwar brutal und haben ihre Gebote mit widerlicher Gewalt durchgesetzt, doch gab es wenigstens Regeln. Wenn man sich mit diesen arrangierte, hatte der Einzelne zumindest eine gewisse »Rechtssicherheit«. Diese Rechtssicherheit fehlte und fehlt nach dem Sturz der Tyrannen vollkommen. Die politische Neuordnung, die die internationale Gemeinschaft heute als erfolgreiche Umsetzung der Beschlüsse von Petersberg feiert – die demokratische Verfasstheit des Staates –, ist für die überwältigende Mehrheit der afghanischen Bevölkerung nur eine abstrakte Hülle geblieben.

Die neue afghanische Verfassung, die angeblich sogar eine Verbindung von Islam und demokratischen Grundwerten garantiert, wirkt sich de facto nur dort aus, wo die internationale Gemeinschaft sie mit aller Kraft stützt – und dann stets auf Kosten islamischer Vorschriften. Das politische System ist hohl: Die verschiedenen Parlamentskammern sind reine Versorgungsbetriebe für Familienangehörige, Günstlinge und alte Weggefährten. Eine riesige Schautafel, die irgendwelche Vorgänger unserer J2-Abeilung in mühevoller Kleinarbeit entworfen hatten, zeigte die gesamte politische Führungsschicht Afghanistans mit all ihren verwandtschaftlichen Verbindungen. Gouverneure und Minister der Zentralregierung versorgen ihre eigene Familie mit Posten und Pöstchen – Außenstehende haben so gut wie keine Chance. Besonders auffällig in diese Vetternwirtschaft verstrickt: Präsident Hamid Karzai. Und mehr noch sein Bruder Ahmed Wali Karzai. Er ist der militärischen Aufklärung schon seit langem als einflussreicher Plantagenbesitzer in der Provinz Kandahar bekannt. Wenn es der Präsident also mit der Bekämpfung von Korruption und Kriminalität ernst meinen würde, müsste er in der eigenen Familie anfangen, den eisernen Besen einzusetzen.

Hohe Regierungsämter sind am Hindukusch sehr nützlich, um politische Kontrahenten mit einem repräsentativen und lukrativen Posten ruhigzustellen. Einmal in eine dieser Kammern oder eines dieser Ämter gewählt, hören die Menschen von vielen ihrer Kandidaten nie wieder etwas. Gleiches gilt für nicht wenige Ministerämter oder Vize-Posten innerhalb der Regierung. Es geht nicht um Demokratie in diesem afghanischen Politbetrieb. Es geht um Geld, den Clan und Macht. Und was die Parlamentswahlen betrifft, so kann man weder die ersten noch die vom September 2005 oder vom August 2009 als fair und frei bezeichnen. Überall im Land kam es zu Gewaltandrohungen und Übergriffen. Wahlfälschung war eher die Regel denn eine Ausnahme. Und der Rückzug Abdullah Abdullahs im Oktober 2009 von der geplanten Stichwahl zwischen ihm und Amtsinhaber Karzai machte endgültig deutlich, was Wahlen in Afghanistan bedeuten: nichts als eine Farce.

Zum afghanischen Demokratieverständnis erinnere ich mich an ein Gespräch mit einem Großgrundbesitzer in der Nähe von Taloqan im September 2005. Der Mann, dem wir aufgrund seiner ausgeprägten Backenpartie den Decknamen »Hamster« gegeben hatten, war Clan-Chef einer Sippe, die rund zweitausend Angehörige umfasste. Einer der Schweizer HUMINT-Offiziere und ich verbrachten den ganzen Vormittag auf seinem Hof und aßen Ente mit Reis. Danach zeigte er uns stolz die ersten Früchte seiner Melonenernte. Das Gespräch war gut. Er gab uns wie immer einige recht zuverlässige Informationen über die kriminellen Nebentätigkeiten von Offiziellen der Region, und schließlich schweiften wir noch auf die kurz bevorstehenden Wahlen ab. Auf meine Frage, ob er denn einschätzen könne, welcher Kandidat der Region bei der Bevölkerung wohl die besten Chancen hätte, lächelte er milde. Er habe noch nicht entschieden, wen seine Leute zu wählen haben. Alles klar. Willkommen in der Wirklichkeit. Die Verfassung ist nicht die Tinte wert, mit der sie unterschrieben wurde. Wer in Afghanistan unterwegs ist und tatsächlich im vielbeschworenen Kontakt mit der Bevölkerung steht, der merkt schnell, dass die westlichen Errungenschaften wie Verfassung, Parlamente und auch ein gewählter Präsident nur Makulatur sind.

Die Afghanen erwarteten greifbare Verbesserungen ihrer Lebensbedingungen und waren weniger an der Modernisierung der gesellschaftlichen Institutionen interessiert. Die Politik kann nicht ernsthaft glauben, dass ein Patrouillenführer einen um Beistand flehenden Vater, dessen Tochter entführt wurde, damit beschwichtigen kann: »Tut mir leid, da können wir Ihnen nicht helfen, aber immerhin habt ihr jetzt eine Verfassung, die euch Gleichberechtigung garantiert.« Dem Staat Afghanistan mit implementierten Staatssymbolen eine leere Hülle zu geben war leicht. Auch eine Marionette als Präsidenten zu bestimmen, der im ganzen Land nur als »Bürgermeister von Kabul« verhöhnt wird und wegen seiner paschtunischen Stammeszugehörigkeit gerade im tadschikischusbekischen Norden kaum als integrative Figur akzeptiert wird, war keine tatsächliche Leistung. Wirklich wichtig wäre es gewesen, den Menschen auf schnellstem Wege erst Sicherheit zu verschaffen, um ihnen danach auch wirtschaftlich auf die Beine zu helfen. Szenarien wie das afghanische dulden es nicht, dass sich unentschlossene Zauderer erst einmal ausprobieren und langsam vortasten. Das als Problem erkannte Machtvakuum nach dem Sieg gegen die Taliban hätte von Beginn an mit aller Stärke auch in den Provinzen gefüllt werden müssen. Nur konnten das nicht 950 patrouillierende Soldaten leisten (so viele sind es auch erst im Jahr 2009). Um einen merklichen Effekt zu erzielen, braucht es Personal, Geld und vor allem Entschlusskraft. Viel zu wenige Patrouillen ohne zusammenhängendes Konzept in der Gegend herumfahren zu lassen brachte jedenfalls keine Lösung des Problems.

Da der Auftrag der Bundeswehr in Afghanistan nur vorsah, bei der Herstellung von Sicherheit zu unterstützen, kann den Soldaten vor Ort auch kein Vorwurf gemacht werden. Schon der Mandatsname »ISAF« zeigt deutlich die Grenzen des politisch Gewollten: *International* (wir und noch sechsundvierzig andere Nationen) *Security* (Sicherheit), *Assistance* (Unterstützung der afghanischen Sicherheitskräfte) sowie *Force* (Streitmacht). Nichts anderes! Wir bohren dort keine Brunnen, wir errichten keine Mädchenschulen und wir bauen keine Brücken. Für diese Aufgaben sind zivile Organisationen zuständig. Unser Auftrag beschränkt sich darauf, solche Projekte und deren Initiatoren zu schützen, indem wir gemeinsam mit der afghanischen Armee und Polizei ein sicheres Umfeld schaffen. Doch abgesehen von der viel zu tief angesetzten Personalstärke der Bundeswehr: Wie müsste dies in die Praxis umgesetzt werden, um wenigstens eine Chance auf Erfolg zu haben? Wie kann Präsenz im Raum Sicherheit schaffen?

Im Prinzip genauso wie in allen rechtssicheren Ländern auch – mit durchsetzungsfähiger Gewalt, die den gültigen Gesetzen Geltung verschafft. Wer Menschen ermordet, sie bedroht, Bomben am Straßenrand legt, Drogen schmuggelt oder mit Panzerfäusten auf Autos schießt, wird verhaftet und vor einen Richter gebracht.

Versteckt er sich, so wird er gesucht. Wehrt er sich, wird so lange Verstärkung angefordert, bis sein Widerstand bricht. Allein die Tatsache, dass eine Ordnungsmacht, in Kooperation mit der Justiz, zu all dem in der Lage ist und es notfalls auch umsetzt, schreckt vor Gesetzesübertritten ab. Falls es dann doch jemand darauf anlegt, bekommt er die Stärke des Staates zu spüren. Dies wiederum ist eine effektive Warnung für potentielle Nachahmer. Präsenz kann also durchaus Sicherheit schaffen. Doch ohne Abschreckung ist sie nichts wert. Glaubhafte Abschreckung ist das wesentliche Moment einer Exekutive. Sie bedroht zwar diejenigen, die wider das Gesetz handeln, aber klug eingesetzt, verhindert sie letztlich Gewalt und schafft Sicherheit.

Statt einer massiv geförderten afghanischen Polizei, glaubhaft unterstützt durch kampfstarke Bundeswehreinheiten, stießen ehemalige Kriegsfürsten in dieses Ordnungsvakuum und sicherten sich ihre regionale Macht. Es gelangten Männer an Positionen in der öffentlichen Verwaltung und eben auch bei der Polizei, die eigentlich vor ein internationales Strafgericht gehört hätten. Die Bandbreite der Verbrechen reichte von Folter über Grausamkeiten gegen die Zivilbevölkerung bis hin zur Exekution von Gefangenen – eine Praxis, die übrigens heute noch regelmäßig zur Anwendung kommt.

Die deutsche Politik feierte jahrelang symbolische Erfolge und freute sich über neu eröffnete Mädchenschulen, Internetcafés und Frauen, die wieder ohne Burka auf die Straße treten konnten. Zu einer nachhaltigen Sicherung der Region kam es aber nicht, da die Zeit der relativen Ruhe vertan wurde. Selbst als der Süden Afghanistans schon wieder in Flammen stand, hätte man im RC North immer noch Gelegenheit gehabt, das Tempo des Wiederaufbaus endlich anzuziehen, um der Bevölkerung eine deutliche Perspektive aufzuzeigen. Die Quadriga von Auswärtigem Amt, Bundesinnenministerium, Bundesministerium für wirtschaftliche Zusammenarbeit und Entwicklung und Bundesverteidigungsministerium zog es aber vor, in ihrer Konzeptlosigkeit zu verharren und offenbar zu hoffen, dass die wiedererstarkten Taliban nur Amerikaner angreifen wollten und uns die großen Aufkleber mit der Aufschrift »*Alman*« schützen würden.

Vor der Gewalteskalation im Norden machte in den Medien oft der Begriff des »bewaffneten THW«, des »bewaffneten Technischen Hilfswerks« die Runde. Der Pressestab des Verteidigungsministeriums tat stets sein Bestes, um diese Vorstellung in der Öffentlichkeit zu stärken. Auf Fotos und Broschüren zeigte man gern den leicht übergewichtigen, schnurrbärtigen Fachdienstoffizier, der irgendeinem Kind einen Teddybären schenkt. Der Soldat als Kämpfer passte so gar nicht in das selbstgerechte Bild der friedensvernarrten Meinungsmacher. Für die Soldaten war das eher diffamierend, und hilfreich erst recht nicht. Rückblickend bin ich mir sicher, dass es durchaus sinnvoll gewesen wäre, wenn die Bundesregierung auch dem Militär die Möglichkeit gegeben hätte, Schlüsselprojekte des zivilen Wiederaufbaus zu übernehmen. Bewaffnetes THW? Schön wär's gewesen. Dann wäre vor Ort wenigstens etwas passiert. Eine einzige Pionierkompanie hätte tatsächlich Straßen planieren, Brunnen bohren und Brücken bauen können, ganz so, wie es in Deutschland immer suggeriert wurde.

Die Aufständischen – »Gotteskrieger«, Taliban, radikale Islamisten

Der Feind, mit dem wir es in Afghanistan zu tun haben, ist keinesfalls homogen. Angriffen auf deutsche Soldaten liegen verschiedenste Interessen und Motivationen zugrunde. Der offizielle Sprachgebrauch der Bundeswehr ist dennoch bemüht, alle Gruppierungen unter einen Hut zu bringen, und fasst sie unter dem Begriff »Aufständische« zusammen. Mit diesem Allgemeinplatz umzugehen fällt schwer, da es in unserer Natur zu liegen scheint, die Dinge stets genau benennen und kategorisieren zu wollen. Während meines ersten Einsatzes arbeitete meine Abteilung auch noch mit einer Datenbank, die eine Vielzahl verschiedener Einteilungsmöglichkeiten für den Feind vorsah.

Ein Beispiel: Ein Afghane, von dem wir nur einen Namen hatten und dem nachgesagt wurde, ein halbes Dutzend Männer zu befehligen, um Anschläge gegen die Bundeswehr durchzuführen, sollte einer bestimmten Sorte Feind zugeordnet werden. Zur Auswahl standen Taliban, illegal bewaffneter Kämpfer, Krimineller, ausländischer Kämpfer, Kämpfer der islamischen Partei von Gulbuddin Hekmatyar, opponierende militante Kraft und zu guter Letzt sogar Al-Qaida-Mitglied. Ich weiß nicht, in welchem Stab die Genies saßen, die diese Datenbank entworfen hatten. Es muss auf jeden Fall von einem Dienstposten aus geschehen sein, der bestens geeignet ist, sich um Auslandseinsätze zu drücken. Wer tatsächlich glaubt, solch eine irrsinnige Einteilung des Feindes vornehmen zu können, beweist damit, dass er noch fest in den Kategorien des Kalten Krieges verhaftet ist. Dies ist ein personelles Problem, das durch eine Vielzahl von Offizieren reiferer Jahrgänge verursacht wird, die sich einfach nicht von den alten Schemata des »Großen Vaterländischen Krieges« lösen können. Diese Unflexibilität macht der Bundeswehr bis heute zu schaffen. Denn für den Einsatz in Afghanistan spielt eine detaillierte Unterteilung von feindlichen Gruppen in der aktuellen Situation keine Rolle mehr. Ob ein Taliban oder ein illegal bewaffneter Kämpfer die Panzerfaust auf ein Fahrzeug der Bundeswehr abfeuert, das bleibt sich gleich. Eine Unterscheidung ist darüber hinaus meist gar nicht möglich. Diese Erkenntnis hatte sich offenbar auch irgendwann zwischen meinen beiden Einsätzen durchgesetzt. Denn bei meinem zweiten Aufenthalt in Kunduz war dieser Unsinn abgeschafft.

Heute haben sich die Kontingente auf die NATO-Sprachformel »insurgent«, also: »Aufständischer«, festgelegt. Darunter fällt jeder, der die internationale Schutztruppe oder die afghanischen Sicherheitskräfte angreift. Es ist durchaus möglich, dass diese Aufständischen aus den Reihen der alten Taliban stammen. Vielleicht aber auch aus denen der sogenannten Neo-Taliban oder denen irgendeines anderen islamistischen Kampfbundes. Für die geheimdienstliche Analyse mag dieser Unterschied eine Bedeutung haben, wenn es darum geht, die Wurzeln dieser Bewegung ausfindig zu machen und langfristig zu zerstören. Für die unmittelbare Bekämpfung des Feindes in Afghanistan ist er unerheblich.

Dennoch gibt es einen gravierenden Unterschied in diesem Gemenge von Aufständischen, der sowohl Anlass zur Hoffnung gibt als auch eine unangenehme Wahrheit offenlegt: Der Großteil der Aufständischen in Afghanistan setzt sich nicht aus fanatischen Dschihadisten zusammen, deren einziger Lebenssinn darin besteht, zunächst in der muslimischen und mithin in einem zweiten Schritt in der gesamten Welt ein Kalifat zu errichten. Sondern vielmehr aus einem Haufen von armen Teufeln, die gegen Bezahlung die Waffe auf die Soldaten der internationalen Schutztruppe richten. Sie als schlichte Söldner zu bezeichnen wäre aber ebenso falsch, denn auch sie handeln meist mit dem Koran in der einen und der AK-47 in der anderen Hand. In einem stabilen Umfeld jedoch würden diese Menschen morgens zur Arbeit gehen, fünfmal am Tag beten und abends mit der Familie speisen – eben ein ganz normales Leben führen. In dieser außergewöhnlichen Situation allerdings nutzen sie die Präsenz der ISAF, um ihren kärglichen Lohn auf dem Feld oder in einer Ziegelei, so sie denn überhaupt ein tägliches Auskommen haben, durch Auftragsarbeiten aufzubessern. Dieses Zubrot kann für afghanische Verhältnisse erheblich sein. Für den Abschuss einer Raketensalve auf das deutsche Feldlager gibt es ungefähr 400 Dollar. Die Entlohnung für direkte Angriffe auf deutsche Patrouillen kann, je nach Schaden, den sie anrichten, in die Tausende gehen. Für den Hinterhalt auf den deutschen Bergetrupp am 14. Dezember 2008, bei dem das gepanzerte Führerhaus des Kranwagens von einer RPG-7 durchbohrt und zwei Soldaten verwundet wurden, sollen 12 000 Dollar geflossen sein. Über die Hälfte der Bevölkerung Afghanistans müsste dafür vierzig Jahre arbeiten. Viele erreichen dieses Alter erst gar nicht.

Zu jener Sparte der Aufständischen, die sich vorrangig aus finanziellen Gründen am Kampf gegen ISAF beteiligen, zählen sicher auch die unzähligen Gruppen der organisierten Kriminalität: Drogenhändler, Waffenschieber, Mädchen- und Alkohol-schmuggler wollen nicht, dass ihre Geschäfte durch herumfah-rende und häuserdurchsuchende ISAF-Soldaten gestört werden. Kommt man ihrem Einflussbereich zu nahe, setzen sie sich zur Wehr. Die afghanischen Sicherheitskräfte wissen meist genau, wo und wann sie sich blicken lassen können. Aus ihren Reihen legt sich kaum einer mit den Clans an. Schließlich beißt man nicht in die Hand, die einen füttert. (Zur Korruption der afghanischen Polizei später mehr.)

Eine weitere besonders perfide Art der Kriminalität ist das Geschäft mit Blutgeld. Auf dieses Phänomen bin ich erstmals 2004 im Jemen gestoßen, wo ich während meines Studiums an der Deutschen Botschaft in Sanaa gearbeitet habe. Auch dort wird die Tötung von Personen, sei sie vorsätzlich oder fahrlässig, selten vor einem staatlichen Gericht verhandelt. Vielmehr ist es Usus, dass der Verlust, den der Clan des Toten durch dessen Ableben erlitten hat, durch eine verhandelbare Summe Geld kompensiert wird.

Begibt man sich als Mitarbeiter einer ausländischen Firma oder Botschaft auf Reisen durch den Jemen, muss daher zuvor eine sogenannte Blutgeldversicherung abgeschlossen werden, die im Fall eines Unfalls, bei dem ein Jemenit Schaden davonträgt, die immensen Kosten für die Befriedung seines Clans aufbringt. Für ein einfaches männliches Mitglied eines bedeutenden Clans belaufen sich diese schnell auf bis zu 40 000 Dollar. Für Frauen und Kinder wird gemeinhin die Hälfte veranschlagt.

Ausdruck fand diese Praxis zum Beispiel auch darin, dass mir mein damaliger Arbeitgeber, die Deutsche Botschaft, kein Auto zur Verfügung stellte, als ich eine private Tour durch das Land unternehmen wollte. Ich verfügte über eine solche Versicherung nicht. Ein Botschaftsmitarbeiter gab mir, diplomatisch zurückhaltend, zu verstehen, dass einige Jemeniten sich vorsätzlich vor die Autos von westlich aussehenden Ausländern werfen, um für ihre Familien dieses Blutgeld zu kassieren. Ich schaffte es jedoch, auf anderem Wege ein Fahrzeug zu organisieren, und ließ mich nicht davon abhalten, das Land trotz dieser merkwürdigen Sitte im Jeep zu erkunden. Eine Sitte, die auch in Nordafghanistan Einzug gehalten hat.

So erscheint etwa der Zwischenfall vom August 2008, der in den deutschen Medien große Resonanz hervorgerufen hat, bei dem eine deutsche Feldjägerpatrouille eine afghanische Zivilistin sowie zwei Kinder tötete, nach heutiger Kenntnis in einem vollkommen anderen Licht – ohne dass die Medien diesem neuen Blick auf den tragischen Zwischenfall Rechnung getragen hätten. Denn hier handelte es sich um einen klassischen Angriff, man könnte auch sagen Scheinangriff, der gezielt und ausschließlich durchgeführt wurde, um Geld zu erpressen.

Der Vorfall spielte sich an einem Checkpoint bei Kunduz ab. Zwei Autos waren in hoher Geschwindigkeit auf die Straßensperre zugerast und reagierten nicht auf die Warnschüsse der Soldaten. In jener Sekunde, in der ein Soldat über Leben und Tod entscheiden muss, gab ein Unteroffizier mit dem Turm-MG eines Dingos die tödliche Salve auf eines der Fahrzeuge ab. Die Begebenheit wurde in Deutschland vor allem wegen der staatsanwaltschaftlichen Ermittlungen diskutiert, die gegen den achtundzwanzigjährigen MG-Schützen aufgenommen wurden, nachdem sich herausstellte, dass die drei Toten unbewaffnet waren. Natürlich ist die Tatsache, dass überhaupt solche Verfahren durch beliebige zivile Staatsanwaltschaften, in diesem Fall die von Potsdam, eingeleitet werden, ein rechtliches Unding, das damals jedoch nicht zum ersten Mal Anwendung fand. Deutlicher als durch die Inanspruchnahme der zivilen Gerichtsbarkeit kann das Grundmisstrauen, das Staat und Gesellschaft gegenüber unseren Soldaten hegen, nicht bekundet werden. Die neue Regierung äußerte sich immerhin bereits zu Plänen, eine zentrale »Militärgerichtsbarkeit« zu etablieren.

Doch das wirklich Erstaunliche an diesem Ereignis war das plötzliche Auftauchen eines Videobands, das die Geschehnisse jenes Tages dokumentierte. Seine Existenz deutet darauf hin, dass es sich bei dem Zurasen auf die Straßensperre um eine geplante Aktion gehandelt hatte. Clan-Mitglieder der Getöteten, die mit der Bundesregierung um eine Entschädigung feilschten, die Blutgeldsumme also, setzten das Bildmaterial, das den Zwischenfall dokumentierte, als Druckmittel ein. Wie viel damals tatsächlich gezahlt wurde, weiß ich nicht.

All jene, die nur aus finanziellen Gründen gegen die ISAF zu Felde ziehen, stellen ein noch überschaubares Risikopotential für die Truppen am Hindukusch dar. Sie führen Angriffe im Auftrag anderer aus, weil es sich materiell lohnt. Und weil das Risiko, getötet zu werden, im Rahmen bleibt, lohnt es sich noch mehr. Raketenabschüsse für 400 Dollar sind so gesehen ein Schnäppchen für die Auftraggeber. Ich würde mich sehr wundern, wenn diese etwa im Einsatzgebiet der Niederländer den gleichen niedrigen Preis zu entrichten hätten. Wer sich dort nachts auf ein Feld schleicht, eine provisorische Rampe gräbt und BM-1-Raketen abfeuert, riskiert innerhalb von Sekunden die kraftvolle Antwort einer Panzerhaubitze.

Je länger der Einsatz am Hindukusch dauert, desto länger wird auch die Liste der Angriffe, die sich gegen die internationale Schutztruppe richten. Dies ist ein grundsätzliches Problem in Kriegen, bei denen kein signifikanter Fortschritt mehr zu erkennen ist. Gerade Afghanistan ist historisch betrachtet ein Musterbeispiel für solch ein Dilemma. George Lawrence, politischer Berater eines königlich-britischen Gesandten im Afghanistan des 19. Jahrhunderts, formulierte dies so: »Der Afghane ist bereit, Armut und Unsicherheit für das eigene Leben zu ertragen, aber er wird niemals eine fremde Herrschaft akzeptieren. Im Moment, der eine Chance bietet, wird er rebellieren.«[3] Was der britische Kolonialbeamte als unbändigen Drang zur Selbstbestimmtheit definierte, kann im heutigen Afghanistan noch um eine Art Überlebensstrategie ergänzt werden: die des Opportunismus.

In der afghanischen Bevölkerung ist die abwartende Haltung der ersten Jahre des Einsatzes einer weitverbreiteten Skepsis gewichen, ob der Westen aus der Auseinandersetzung mit den Radikalen als Sieger hervorgeht. Wenn selbst bei uns in Europa schon erhebliche Zweifel daran geäußert werden, wie soll es dann erst bei den Menschen sein, denen die Misere täglich vor Augen geführt wird?

Sie beginnen folglich mehr und mehr, sich auf diejenige Seite zu schlagen, die ihrer Meinung nach am Ende siegen wird. Man könnte es als eine Art Gespür für den Ausgang des Krieges bezeichnen. Denn wenn der Westen seine Truppen eines Tages abzieht, was zweifelsohne passieren wird, wird sich das Blatt für die Afghanen, die zurückbleiben, erneut wenden.

Sind es heute noch die Unterstützer der Taliban, die gejagt werden, könnten es danach die Unterstützer der internationalen Schutztruppe sein, die als Kollaborateure verschrien sind. Afghanistans Geschichte ist eine endlose Reihung von wechselnden Bündnissen und Koalitionen. Dies ist jedoch keineswegs Resultat einer charakterlichen Schwäche. Es ist wahrscheinlich die einzige Möglichkeit, das eigene Überleben über die zahllosen Konflikte hinweg zu sichern. Diejenigen, die sich in dieser Phase des Krieges unseren Gegnern anschließen, sind weder Männer, die es nur für das Geld tun, noch sind es fanatische Muslime im Dschihad. Es sind schlicht Afghanen, die sich auf die Zeit nach uns vorbereiten.

So überraschend es auch klingen mag, aber all diese genannten Gruppen von Aufständischen, die uns vor Ort unter Beschuss setzen, bilden noch nicht das Kernproblem des Krieges am Hindukusch. Und zwar deshalb, weil ihre Motivation von uns zu beeinflussen wäre. Sie kämpfen aufgrund wirtschaftlicher Nöte, krimineller Energie und letztlich aus der Erfahrung heraus, dass alle fremden Mächte irgendwann wieder abziehen und man dann besser auf der Siegerseite aufgehoben ist. Mit einer erfolgreichen Afghanistan-Strategie ließen sie sich allesamt in einen Aufbauprozess integrieren. Ignoranten und Populisten in Deutschland argumentieren, dass man bei einem Rückzug der NATO denselben Effekt erreichte. Selbstverständlich würde man dies. Ein Mann, der für 400 Dollar das Feldlager der Bundeswehr mit Katjuschas beschießt, könnte dies nicht tun, wenn die Bundeswehr gar nicht da wäre. Nur blendet diese Kinderlogik, in der zum Beispiel die Schreihälse der Linken argumentieren, die letzte Kategorie von Feinden gänzlich aus:

Es geht um die Unbelehrbaren. Eine Kaste von radikal-islamistischen Kämpfern, die sich in Afghanistan festgesetzt hat und weit mehr bedroht als nur die Freiheit der Menschen vor Ort. Deren traditioneller Opportunismus und ein von westlichen Orient-experten oft verklärter Ehrenkodex bieten lediglich das Wirtshaus für ein Problem, das sich nach meiner festen Überzeugung nicht mit Hilfsmaßnahmen und Diplomatie lösen lässt.

Selbst ausgewiesene Kenner der Situation in Afghanistan werden in letzter Zeit nicht müde zu behaupten, dass die Taliban nicht zur Kategorie weltweiter Dschihadisten gehören, die den Westen angreifen wollten. Sie stoßen damit, wenn auch wahrscheinlich un-gewollt, in das gleiche Horn wie alle, die rasch nach der Irak-Inva-sion wussten, dass Saddam nicht mit Al-Qaida kooperiert hatte. Die implizite Schlussfolgerung, dass der Westen wieder einmal die Falschen ins Visier genommen habe, ist im Fall der Taliban aber aus zwei Gründen nicht richtig.

Zum einen bedrohten diese unter ihrem einäugigen Führer Mul-lah Omar sehr wohl mehr als nur Afghanistan. Sie sind bis heute ein ernstzunehmender Faktor für eine mögliche Destabilisierung Pakistans. Auch hier nimmt der Hinweis auf die Unterschiede zwi-schen pakistanischen und afghanischen Taliban-Gruppierungen nichts von der Notwendigkeit, die Radikalen in beiden Ländern zu bekämpfen. Trotz unterschiedlicher Führung und teilweise auch unterschiedlichen Zielen kooperieren die Koranschüler auf beiden Seiten der Durand-Linie – der Grenze zwischen Afghanistan und Pakistan, benannt nach dem früheren britisch-indischen Außen-minister Sir Henry Mortimer Durand. Und zwar tun sie es so intensiv, dass das militärische Vorgehen in Afghanistan auch zur Stabilisierung Pakistans gereicht. Seit Jahren kämpft die Armee dieser Atommacht in den Schluchten ihrer Westprovinzen gegen die radikalen Muslime. Sollte es diesen je gelingen, die Hand an die pakistanischen Nuklearsprengköpfe zu legen, wird die ganze Welt ein Problem haben, gegen das die heutigen Schwierigkeiten harm-los erscheinen.

Zum Zweiten ist es im Fall der Taliban unerheblich, ob sie je vor-hatten, die Welt mit ihrem »heiligen Krieg« zu überziehen. Denn sie haben denen, die dieses Ziel konsequent verfolgen und bereits bewiesen haben, wie ernst es ihnen ist, Unterschlupf gewährt. Und dabei ist es ebenso irrelevant, ob, wie vor kurzem aufgetauchte Dokumente angeblich belegen, die Anwesenheit Osama bin Ladens am Hindukusch dem Führer der Taliban, Mullah Omar, schon vor dem 11. September unangenehm war. Vielleicht ahnte er damals, dass die Pläne des Al-Qaida-Chefs, der freien Welt den Krieg zu erklären, auch ihn und seine Koranschüler ins Visier der Amerikaner rücken würden. Falls er so dachte, lag Omar mit seiner Analyse genau richtig. Daraus resultierte jedoch nicht, dass er den Saudi aus seinem Einflussgebiet verbannt hätte. Unter dem Strich ist angesichts einer solch existentiellen Bedrohung wie der durch Al-Qaida der Unterschied zwischen dem, der Anschläge im Westen verübt, und dem, der dem Terroristen ein sicheres Versteck bietet, nur marginal – so hart dies klingen mag.

Feinde zu haben ist anstrengend und macht auf Dauer müde. Dies gilt besonders, wenn man das Gefühl hat, sie nicht besiegen zu können. Viele Bürger der westlichen Welt haben ein solches Empfinden bei Taliban und Al-Qaida. Die menschliche Psyche neigt dazu, zu verdrängen, anstatt der unschönen Wahrheit ins Auge zu sehen: Die großen Terroranschläge sind schon lange her, und seit New York und Washington scheint obendrein die Intensität der Angriffe abzunehmen. Madrid und London waren im Vergleich zu 9/11 einzig eine kleinere Version des Schreckens. Die Toten wurden in wenigen Hundert gezählt statt in Tausend. Die Anschläge lagen nur noch ein Stück über dem üblichen »Tagesterror«, der mittlerweile so gewöhnlich geworden ist.

Wenn man ehrlich ist, regen einen die Bombenanschläge mit unter zehn Toten, wo immer sie auf der Welt geschehen, fast nicht mehr auf. Hauptsache, sie finden nicht bei uns statt. Auch die Nachrichtenredaktionen unterliegen dieser Abstumpfung. Gemeldet wird der Terror nur noch, wenn entweder die Zahl der Opfer hoch genug ist, der Ort außergewöhnlich scheint oder eigene Landsleute betroffen sind. Dass sich Jugendliche auf der ganzen Welt als Selbstmörder in die Luft sprengen und uns Islamisten fast täglich in Videobotschaften mit der Vernichtung drohen, ist heute völlig normal. Selbst wenn bei uns in Deutschland das Bundeskriminalamt die Vereitelung eines Anschlags meldet, der unter Umständen viele Menschen das Leben gekostet hätte, fährt einem längst kein Schauer mehr über den Rücken. Wer weiß schon, ob das alles wirklich so dramatisch ist, wie es die Herren vom BKA darstellen? Bei uns im Westen ist ja eigentlich seit langem nichts mehr passiert, und wenn der frühere Innenminister Wolfgang Schäuble immer wieder warnte, dass auch die Bundesrepublik im Fadenkreuz der Al-Qaida stehe, unkte eine linksintellektuelle Intelligenz, dass er dies vor allem zur Durchsetzung erweiterter Befugnisse seiner Sicherheitsbehörden behauptet.

War es das also vielleicht schon mit dem weltweiten Terror? Hat sich die Lage seit 2001 verbessert, als wir genau aus diesem Grund nach Afghanistan gezogen sind? Falls ja, stünde einem geordneten Abzug der ISAF nichts mehr im Wege. Denn selbst dort scheint sich die Möglichkeit diplomatischer Lösungen anzubahnen. Der neue NATO-Generalsekretär, der Däne Anders Fogh Rasmussen, gab gleich nach seiner Nominierung am 4. April 2009 bekannt, dass er mit den »gemäßigten Taliban« verhandeln möchte, um zu einem Friedensschluss zu gelangen. Und auch Verteidigungsminister zu Guttenberg erwog Ende 2009 ein solches Vorgehen. Scheinbar gibt es sie also: Taliban, die nicht mehr ganz so radikal sind. Ein chinesisches Sprichwort sagt: »Wenn du deinen Feind nicht besiegen kannst, umarme ihn.« Genau das scheint dem neuen Zeitgeist zu entsprechen, seitdem die sogenannten Hardliner der Regierung Bush abgelöst wurden. Verhandlungen statt Kampf, Integration statt Ausgrenzung. Freundlich klingende Schlagwörter ungeachtet der Realität am Hindukusch.

Diesen populistischen Wechsel in der außenpolitischen Strategie sehnten auch in Deutschland viele herbei und verbanden die Hoffnung darauf mit dem neuen Präsidenten der Vereinigten Staaten. Wer allerdings glaubte, dass die neue Administration unter Barack Obama den Kampf gegen den Terror sofort nach Amtsantritt einstellen würde, bewies nicht nur seine Unkenntnis bezüglich des

Feindes, sondern auch der tieferen Einsicht der Amerikaner in die Verhältnisse in Afghanistan. Zwar hat in den USA niemand von Verstand etwas dagegen und schon gar nicht das im Kampf stehende US-Militär vor Ort, wenn Verhandlungen Aussicht auf Erfolg hätten. Doch stehen die amerikanischen Soldaten eben täglich dem Feind gegenüber, der jetzt angeblich gemäßigte Angehörige in seinen Reihen hat. Wer in Afghanistan kämpft, dem müssen an dieser These starke Zweifel kommen. Und was macht die Dialog-Befürworter eigentlich so sicher, dass die Gegenseite auch wirklich an Gesprächen und Resultaten interessiert ist? Welchen Grund sollten die Islamisten haben, auf Forderungen des Westens einzugehen? Sind sie etwa genauso kriegsmüde wie wir? Haben sie aufgrund der Gewalt in den letzten Jahren ihre Ziele geändert?

Gerade in Afghanistan machen sie den gegenteiligen Eindruck. Warum auch sollten sie von ihren radikalen Positionen abrücken, wenn bei uns alle Zeichen darauf hindeuten, dass wir den Kampf bald beenden wollen? Und mit wem soll der Westen überhaupt verhandeln? Das müsste ja jemand sein, der die Macht hat, alle Anhänger dieses fanatischen Kampfes gegen die Freiheit zum Waffenstillstand zu bewegen. Wer hierzulande auf Dialog mit diesen Terroristen setzt, der soll auch erklären, mit wem er sprechen will. Es gibt diese Person oder Gruppe nämlich nicht. Dem Terror, den die Organisation um Osama bin Laden einst lostrat, könnte sie nicht einmal mehr selbst Einhalt gebieten. Soll Al-Qaida eine weltweite Botschaft senden, in der es heißt: »Kommando zurück, hört auf, die Ungläubigen zu schlagen, wo ihr sie findet«? Sollen die Taliban glaubhaft versichern, dass sie keinen Dschihadisten mehr Unterschlupf gewähren sowie die Staatsgewalten in Afghanistan und Pakistan respektieren?

Grund für solche utopischen Visionen ist, dass das Bewusstsein, vor allem in Deutschland, um was für Menschen mit welchen Zielen es sich handelt, die sich hinter den Begriffen »Taliban« und »Al-Qaida« verbergen, alles andere als ausgeprägt ist. Sonst würde sich mancher zweimal überlegen, ob und wen er da eigentlich an den Verhandlungstisch bitten möchte. Dieser Feind unterscheidet sich fundamental von allen Gegnern der Kriege der letzten hundert Jahre. Es geht ihm nicht um die Erweiterung des eigenen Territoriums oder die Durchsetzung einer bestimmten Wirtschafts- und Gesellschaftsordnung. Der Feind, den der Westen in Afghanistan bekämpft, führt einen Krieg, dessen Basis einzig die Religion ist. »Entweder leben wir unter dem Licht des Islam oder wir sterben in Würde«– eine solche Aussage, die Osama bin Laden zugerechnet wird und auch für nicht wenige Taliban Geltung hat, lässt an Deutlichkeit nichts zu wünschen übrig. Wie soll bei einer solchen Zielsetzung ein friedliches Zusammenleben verhandelt werden? Die Art von Islam, die den Radikalen vorschwebt, ist für uns keine Basis für Gespräche. Sie besteht aus Unterdrückung, Folter und Mord. Was das Taliban-Regime in Afghanistan vor 2001 auf Grundlage des islamischen Rechts, der Scharia, und des paschtunischen Stammesrechts durchsetzte, ist größtenteils dokumentiert. Stockhiebe für Männer, deren Bärte nicht lang genug waren. Säure in Gesichter von Frauen, die statt der afghanischen Burka mit Vergitterung nur die iranische trugen, die die Augen freiließen. Kreuzamputationen bei Dieben, bei denen dem Delinquenten ein Bein und ein Arm abgeschnitten werden, Exekutionen im Sportstadium von Kabul und viele Abartigkeiten mehr.

Wenn wenigstens sichergestellt wäre, dass ein solcher »Gottesstaat« auf das Territorium Afghanistans beschränkt bliebe, könnten wir uns heraushalten. Damit hätten wir zwar ein für alle Mal unseren moralischen Anspruch aufgegeben, wenn es wieder einmal zur Rettung von Unterdrückten in die Welt hinausgeht, aber möglich wäre es. Es gibt jedoch auch dahingehend keine Kompromissbereitschaft der Ultras. Die Al-Qaida-Fatwa, eine religiöse Weisung an alle Gläubigen, ausgegeben im Februar 1998, stellt nach wie vor den Kern der terroristischen Bemühungen dar: »Der Befehl, die Amerikaner und ihre Verbündeten zu töten, ist eine individuelle Verpflichtung für jeden Muslim, der dazu fähig ist, in jedem Land, in dem so etwas möglich ist, um die Al-Aqsa-Moschee in Jerusalem und die Heiligtümer in Mekka zu befreien und um ihre Armeen dazu zu zwingen, jeglichen muslimischen Boden zu verlassen, geschlagen und unfähig, weiterhin Muslime zu bedrohen.« Wer all diese Ziele verfolgt und als Alternative nur den »würdevollen Tod« sieht, der nimmt auch uns die Entscheidung ab, wie auf ihn zu reagieren ist. Und noch einmal: Es ist unerheblich, ob sich Taliban, Al-Qaida, andere islamistische Gruppen oder selbst kriminelle Banden in ihrer strategischen Ausrichtung unterscheiden. Im Moment der Partnerschaft und der Kooperation mit Terroristen, die das Leben der Menschen in unseren Heimatländern bedrohen, werden sie zu legitimen Zielen im Kampf gegen den Terror. Friedens- und Islamforscher werden nicht müde zu betonen, dass die große Mehrheit von Menschen dieser Religion nicht aus fanatischen Anhängern besteht. Natürlich ist das nicht der Fall. Wie aber sollen wir mit dieser Minderheit umgehen, wenn sie in der Lage und fest entschlossen ist, uns an jedem Ort der Welt mit Terror zu überziehen? Die Antwort darauf ist eigentlich klar, nur will sie niemand aussprechen. Einen solchen Feind muss ich mit allen zur Verfügung stehenden Mitteln stoppen, bevor er mich tötet. Es gibt in dieser Konstellation keine Zwischenlösung. Es gibt nur Null oder Eins.

Das Wesen dieses Feindes ist nicht geschaffen für einen Dialog, und de facto weiß das auch unsere Politik. Nicht nur die Vereinigten Staaten und Israel handeln schon seit vielen Jahren gemäß dieser bitteren Erkenntnis und schalten Terroristen aus der Führungsriege von Al-Qaida, Hisbollah, Hamas und vielen anderen islamistischen Organisationen, die gleichsam unversöhnlich und todesverliebt wie die Taliban in Afghanistan sind, gezielt aus, mit den *Targeting Killings*. Auf der sogenannten *Capture/Kill List* der NATO finden sich Dutzende Namen von Anführern der Aufständischen, die in der letzten Spalte entweder mit einem »C« oder einem »K« markiert wurden. In einem streng reglementierten Verfahren können die PRT und andere Einheiten des Bündnisses einen Antrag an die übergeordnete Führung stellen, Personen aus ihrem Zuständigkeitsbereich auf diese Liste zu setzen. Auch im Zuständigkeitsbereich des PRT Kunduz befinden sich lokale Anführer der Aufständischen auf dieser Liste. Oft wissen die Zielpersonen sogar, dass sie zum Abschuss freigegeben wurden. Ihre letzte Chance besteht dann darin, sich verhandlungsbereit zu zeigen, ihre radikalen Ziele, zumindest scheinbar, aufzugeben und zukünftig zu kooperieren. Tun sie dies, können ihre Namen wieder von der Liste gestrichen werden. Die meisten jedoch ziehen den wahrscheinlichen Tod vor.

Den Kampf gegen einen solchen Feind führen zu müssen ist keine angenehme Perspektive. Aber letztlich haben wir keine Wahl. Es gibt mit Sicherheit eine Vielzahl an Gründen, warum Menschen so fanatisch werden, dass nur der Tod sie aufhalten kann. Diejenigen, die stets über die Ursachen sprechen, warum Kinder zu fanatischen »Gotteskriegern« werden – fehlende Bildung und Chancenlosigkeit –, haben damit die Ursache durchaus erfasst. Nur sehe ich in diesen Gründen keine Entschuldigung für Anschläge auf das Leben anderer. Wer arm ist, hat nicht das Recht zu morden. Wer sich ausgebeutet fühlt, darf deshalb nicht zu Hass und Gewalt aufrufen. Darüber hinaus gibt es zahlreiche Dschihadisten, die wahrlich andere Lebensläufe vorweisen. Angefangen bei ihrem obersten Anführer.

Und die Allianz des Westens? Sie hat ihre Art der Kriegsführung leider anpassen müssen, um einer vollkommenen Ohnmacht zu entgehen: mit Tötungslisten, Gefangenenlagern in Guantánamo und Bagram, Foltergefängnissen in Drittländern, Drohnenangriffen in Pakistan und vielem mehr. All das entspricht nun wahrlich nicht dem Ideal eines ritterlichen Kampfes. Nur sind Ehre und Respekt für diesen Feind nicht umsetzbar, weil er sich jeder Regel zivilisierten Verhaltens verweigert.

Der Islam und seine Verantwortung

Die Sprache des Koran, das Arabische, baut auf sogenannten Wortstämmen auf. Ein solcher Stamm besteht in der Regel aus drei Buchstaben, die mit Prä- und Suffixen erweitert werden und ihre

Bedeutung verändern, meist aber ihren ursprünglichen Sinnbezug behalten. S – L – M ist so ein Grundstamm. Fügt man diesen drei Konsonanten zwei As hinzu, kommt »Salam« heraus – Frieden. Fügt man indes ein I und ein A hinzu, erhält man »*Islam*« – die Religion des Friedens. Diese Erkenntnis und jene, dass die radikalen Dschihadisten den Koran falsch interpretieren würden, sind die beiden Lieblingsargumente von Funktionären muslimischer Verbände und von Leuten, die sich – aus welchen Gründen auch immer – zu Anwälten dieser Religionsgemeinschaft machen. Diskussionen dieser Art werden in Deutschland in regelmäßigen Abständen öffentlich geführt. Die große Mehrzahl derer, die sich daran beteiligen, hat den Koran mit Sicherheit nie gelesen, redet also über etwas, was sie nicht kennt. Das hat sie übrigens mit der Mehrheit der Muslime gemeinsam. Aus irgendeinem Grund schwingt in solchen Debatten aber stets die unterschwellige Ansicht mit, dass es sich bei den Muslimen um eine missverstandene Minderheit handele und der Islam eine auch von uns größtenteils fehlinterpretierte Religion sei. In Bezug auf diesen Glauben wird daher eine besondere Rücksichtnahme eingefordert. Wir sollen keine Karikaturen mit dem Propheten Mohammed abdrucken, sollen Teile des gesellschaftlichen Lebens in Mitteleuropa zum Teil dem Ramadan anpassen, etwa während dieses Fastenmonats in Gegenwart von Muslimen nicht essen und trinken, und was ich hier schreibe, sollte ich nicht einmal denken. Die Tabus der offenen Auseinandersetzung über die Eigenheiten einer Religion, die in ihrer Entwicklung fünf Jahrhunderte hinter dem längst zum Überbleibsel in einer säkularisierten Welt gewordenen Christentum zurücksteht, sind stark.

Der Krieg, der in Afghanistan geführt wird, steht in direktem Bezug zur Religion des Islam. Wer dies abstreitet, macht sich der Wirklichkeitsverdrängung schuldig. Das transatlantische Bündnis kämpft gegen einen Feind, der sein ganzes Handeln einzig mit Aussagen des Koran und mit Handlungsanweisungen aus der Hadith begründet, den Überlieferung über das Leben des Propheten Mohammed.

Der Islam hat damit zu tun, dass unsere Truppen heute in Afghanistan kämpfen müssen. Der Krieg, den die Terrorgruppe Al-Qaida bereits in den frühen neunziger Jahren gegen den Westen lostrat, liegt in dieser Religion begründet. Ob die Argumente der Terroristen hier und da der Botschaft des Korans zuwiderlaufen oder nicht, spielt im Grunde überhaupt keine Rolle. Ein zu Unrecht, weil den Koran missbrauchender ausgerufener »heiliger Krieg« bleibt ein Krieg. Ist es nun Aufgabe des Westens, die fanatischen Kämpfer unter der grünen Flagge über ihr heiliges Buch aufzuklären? Wohl kaum, das könnten wir auch gar nicht. Und die, die es könnten, tun es nicht. Es gibt im Islam kein Oberhaupt, das eine Art Weisungsbefugnis an alle Gläubigen innehat. Es gibt nur viele religiöse Führer, die allenfalls über einen regionalen Einfluss verfügen, der teilweise jedoch erheblich ist. Wenn eine dänische Zeitung den Propheten Mohammed in wirklich harmloser Weise karikiert, haben diese Führer die Macht, von Marokko bis Indonesien Tausende zum Verbrennen dänischer Fahnen aufzurufen und vor Botschaften gegen den dämonischen Westen aufzuwiegeln. Über die Macht, den Mob zu mäßigen, sollen sie dann etwa nicht verfügen?

Der Islam ist keine Religion von Missverstandenen, und alles Gerede über Fehlinterpretationen der Radikalen ist seinerseits eine schwache und wirkungslose Antwort auf die Bedrohung. Wenn Terroristen im Namen Allahs zum »heiligen Krieg« aufrufen, ist die Antwort der friedlichen Muslime immer nur einen Bruchteil so laut. Es ist die zur Schau getragene Todesverachtung und unverhohlene Aggressivität, die wenige, aber dennoch nicht so wenige, um sie vernachlässigen zu können, aus den heiligen Schriften des Islam ziehen. Allein ihre Form der Kommunikation schüchtert viele bereits ein. Auf islamkritische Äußerungen wird mit Gewalt gedroht. Harmlose Bildchen führen zu Brandschatzungen an vielen Orten der Erde. Eine Religion des Friedens? Wenn ja, dann hat sich der Islam wirklich gut getarnt.

Wie an zahlreichen Orten der islamischen Welt, so ist auch im Einsatzgebiet der Bundeswehr in Kunduz kaum ein Wort der Mäßigung von religiösen Führern zu vernehmen – auch in den Freitagspredigten der großen Moscheen nicht. Als »friedlich« gilt die Predigt des jeweiligen Mullahs oder Imams aus unserer Sicht bereits, wenn sie nicht offen zur Gewalt auffordert. »Mäßigung« wird entdeckt, wenn ein Geistlicher die Kämpfer ermahnt, auf das Leben unbeteiligter Muslime mehr Rücksicht zu nehmen. Westliche Truppen, überhaupt alle ungläubigen Ausländer und Kollaborateure, sind weiterhin zum Abschuss freigegeben. Kein Wort, die Waffen niederzulegen, kein Wort, dem Terror abzuschwören – jedenfalls ist uns keines zu Ohren gekommen. Ein wirklicher Aufruf zum Frieden war bei keiner Predigt dabei. Doch einem kleinen Moscheevorsteher in Kunduz will ich daraus noch nicht einmal einen Vorwurf machen. Brächte er wirklich die Courage auf, sich gegen die Aufständischen zu stellen, würde er dies sehr wahrscheinlich mit seinem Leben bezahlen. In Nordafghanistan suchen sich nämlich die mächtigen Clans und Taliban-Unterstützer ihre Geistlichen selbst aus. Wer mit seinen Predigten nicht den Vorstellungen der islamistischen Kämpfer entspricht, wird unsanft ausgewechselt oder gelangt erst gar nicht in Amt und Würden.

Die religiösen islamischen Führer in Afghanistan sowie auf der ganzen Welt sind in die Pflicht zu nehmen, die Verblendung der Radikalen deutlich anzuprangern und sich dabei jeglichen Ton der Rechtfertigung zu verkneifen. Für uns darf der Islam in seiner scharfen Radikalität keine Grundlage für Verhandlungen sein. So sagte Angela Merkel vor einem Kongress im November 2009: »Null Toleranz für die, die die unveräußerlichen Werte des Menschen missachten und mit Füßen treten. Toleranz bedeutet nicht Beliebigkeit.« Freiheit und Selbstbestimmung sind nicht nur für uns im Westen Werte, die nicht zur Disposition stehen.

Lamm oder Wolf – die Ausrüstung
der Bundeswehr

Die Ausrüstung der deutschen Soldaten in Afghanistan ist im Großen und Ganzen gut. Einzelne Komponenten müssten zwar dringend verbessert werden, doch im Vergleich zu vielen anderen NATO-Partnern ist das Gerät vor Ort sogar hervorragend. Im Herbst 2005 konnte ich mich selbst davon überzeugen. Ich war für fünf Tage nach Kabul kommandiert, um einer Einladung des französischen Offizierkorps zu folgen. Ihre Aufklärer nahmen mich an zwei Tagen auf Patrouille in den Süden der afghanischen Hauptstadt mit. Der Zugführer, ein erfahrener Unteroffizier, wies mich zuvor in den leichten Spähwagen des Typs VBL (Véhicule Blindé Léger) ein, mit dem es am nächsten Morgen losgehen sollte. Das Ding war schnell erklärt. Außer vier Rädern, einer leichten Panzerung und einem langsamen Maschinengewehr auf dem Dach war da nicht viel zu entdecken. Am Ende des zweiten Tages fragten mich zwei der französischen Soldaten, ob es möglich sei, einmal einen Blick auf die deutsche Technik zu werfen. Ich lehnte mich weit aus dem Fenster, als ich ihnen eine Waffenschau für den nächsten Tag versprach, da ich am Kabul International Airport (KAIA), dem Stationierungsort der Franzosen, niemanden kannte, der so etwas ermöglichen konnte. Auf der Suche nach deutschen Soldaten führten mich zwei Hauptgefreite zu ihrem Zugführer, dem die dortige Quick Reaction Force (QRF) unterstand. Ich erklärte dem Oberleutnant kurz mein Anliegen, und er versprach, dass sich die Franzosen am nächsten Vormittag »ein bisschen was anschauen« könnten.

Aus den zwei Soldaten, die sich anfangs für das deutsche Equipment interessiert hatten, waren am nächsten Tag rund zwanzig geworden. Wie sich bald zeigte, hatte mein deutscher Kamerad stark untertrieben, denn als ich mit meinen Gästen am verabredeten Ort erschien, hatten seine Unteroffiziere eine Waffenpräsentation organisiert, die sich sehen lassen konnte. Alles verfügbare Gerät war dort. Wie Kinder an Weihnachten stürzten sich die Franzosen auf unsere Ausrüstung und kamen aus dem Staunen kaum wieder heraus. Unsere Nachtsichtgeräte, die Handwaffen und auch sonstige Teile der persönlichen Ausrüstung übertrafen die ihrigen um Längen. Besonders der aufgefahrene Dingo tat es ihnen an. Reifendruckregelanlage, Rückfahrkamera, Überdrucksystem, Klimaanlage, GPS und vieles mehr. Die meisten der französischen Soldaten wussten nicht einmal, dass es so etwas für Militärfahrzeuge überhaupt gibt. Die Qualitätsunterschiede waren eklatant, und zerknirscht beobachteten zwei hinzugekommene Offiziere der französischen Armee die aufgeregte Entdeckungstour ihrer Untergebenen. Dass die Soldaten übersahen, dass auch der Dingo einige bedeutende Einschränkungen aufweist, fiel mir damals selbst nicht auf.

Die bekundete Anerkennung erfüllte mich an diesem Tag mit einem gewissen Stolz, doch handelt es sich bei den ISAF-Truppen nicht um einen Rüstungsgüterwettbewerb im transatlantischen Rahmen. Es reicht nicht aus, im Vergleich einzelner Waffensysteme besser als andere zu sein und etwa in der Kategorie »geschütztes Transportfahrzeug« den ersten Rang zu belegen. Wir messen uns da unten nur mit einem – dem Feind. Seine Taktik und seine Wahl der Waffen sind das Maß aller Dinge; und mögen die Fahrzeuge, die der Bundeswehr in Nordafghanistan zur Verfügung gestellt werden, technisch noch so überlegen sein, so sind sie längst nicht geeignet, um den Kampf gegen die Aufständischen zu gewinnen. Das sagte ich ja schon.

Generalinspekteur a. D. Wolfgang Schneiderhan, bis zu seiner Entlassung am 26. November 2009 Deutschlands ranghöchster Soldat, äußerte sich im Juni 2009 auf einem Empfang des Wehrbeauftragten in Berlin zum Thema Ausrüstung. Es sei an ihn herangetragen worden, dass sich Soldaten, die 2006 an der Kongo-Mission teilnahmen, über ihre Schlafsäcke beschwert hätten. Die Sache, so der General, dürfe in Deutschland keine »parlamentarische Betroffenheit« auslösen. Des Weiteren gäbe es auch kein »Rundum-Wohlfühlangebot mit Erfolgserlebnis«, präzisierte

Schneiderhan. Auf den Punkt gebracht teilte der Generalinspekteur a. D. seinen Soldaten mit, sich gefälligst zusammenzureißen und dass sie das Gejammer über kleine Mängel unterlassen sollten. Zunächst einmal hat er damit grundsätzlich recht. Sich über einen ungeeigneten Schlafsack zu beschweren, entspricht auch nicht meinem Bild eines deutschen Soldaten, der über gewisse Entbehrungen erhaben sein sollte. Die Masse der Truppe sieht das wahrscheinlich ähnlich. Ein Unteroffizier der Infanterie oder ein Spähtruppführer schweigt einfach darüber und gleicht diese Kleinigkeiten eh schon seit langem mit eigenem Geld aus, zur Freude privater Militärausrüster. Was die Kritik des ehemaligen Generalinspekteurs jedoch ziemlich unfair und unsachlich erscheinen lässt, ist ausgerechnet die Wahl des Schlafsack-Beispiels. Warum erwähnte er bei dieser Gelegenheit nicht die Beschwerden über fehlende Ersatzteile, Unzulänglichkeiten an den Fahrzeugen oder den Mangel an Übungsgerät in der Heimat? Warum sprach er nicht über die Forderung nach durchsetzungsstärkerer Waffentechnik, die selbst Kommandeure schon mehrfach formulierten? Die Erfahrungsberichte der Truppe sind voll mit Beispielen, die Schneiderhan hätte aufgreifen können. Doch er zog es vor, seine Soldaten mit seiner Kritik der übertriebenen Jammerei zu bezichtigen, statt ihre Sorgen und seine Fürsorgepflicht ernst zu nehmen.

Es ist schade, dass der General an diesem Tag das wichtige Thema Ausrüstung der Lächerlichkeit preisgab, indem er es auf mangelhafte Schlafsäcke reduzierte. Besonders im Angesicht der negativen Entwicklung in Afghanistan wäre ein wenig mehr Sensibilität angebracht gewesen. Den Männern in Kunduz geht es nämlich nicht um Schlafsäcke. Sie wollen sich endlich angemessen gegen die wehren können, die mit ständigen Raketenangriffen, IED-Anschlägen und Hinterhalten immer mehr das Leben ihrer Kameraden nehmen.

Wie gesagt, die Ausrüstung der deutschen Soldaten in Afghanistan ist in dem, was vorhanden ist, tatsächlich sehr gut. Sie reicht aber bei weitem nicht aus, um in diesem Einsatz bestehen zu können. Das alleinige Heil in einem Guerillakrieg wie dem am Hindukusch liegt zwar nicht in durchsetzungsstarken Waffen zur Verbesserung des Schutzes der eigenen Truppen. Jedoch halte ich es aber trotzdem für unerlässlich.

Noch 1990 war die Bundeswehr ausschließlich darauf ausgerichtet, den Gegner wenige Kilometer von den Kasernen entfernt zu stellen und zu bekämpfen. Dementsprechend war auch das gesamte Kriegsgerät konzipiert. Die Waffensysteme waren vor allem schwer und auf den Kampf gegen russische Panzerdivisionen ausgelegt. Eine Anpassung der Ausrüstung an das neue Aufgabenspektrum der deutschen Armee braucht Zeit und vor allem den politischen Willen, die notwendigen finanziellen Mittel zur Verfügung zu stellen. Alle Parteien, die seit dem Ende des Kalten Krieges Regierungsverantwortung übernahmen, tolerierten jedoch die chronische Unterfinanzierung der Bundeswehr und sind damit für die heutige Ausrüstungslücke bei den Streitkräften verantwortlich. Das Verteidigungsministerium trifft dabei keine Schuld. Seine Beamten können zum einen nur den vorgegeben Etat verwalten, zum anderen nichts weiter tun, als regelmäßig auf die Missstände hinzuweisen.

Der Bundeswehrführung blieb also nur übrig, die strategisch-konzeptionelle Ausrichtung der deutschen Streitkräfte der knappen Materiallage anzupassen. Ein unglaubliches Prinzip. Hinter merkwürdigen Unterteilungen der Armee in »Einsatzkräfte« oder »Verstärkungskräfte« verbarg sich die unangenehme Tatsache, dass die wenigen neu gekauften Waffen und Fahrzeuge nicht für alle reichten. Das Resultat ist eine Zwei-Klassen-Armee mit der Folge, dass viele Verbände für Missionen wie in Afghanistan nicht einsetzbar sind. Dies hält bis heute an. Nachdem die bestellte zweite Produktionsserie des neuen Spähwagens Fennek aus Geldmangel nicht mehr gekauft wurde, gliederte man die Aufklärungsbataillone kurzerhand um. Jetzt gibt es nur noch eine Spähkompanie statt der vorgesehenen zwei. Gerade in Afghanistan sind aber die Fenneks zur Überwachung und damit zum Schutz der eigenen Kräfte unersetzlich.

Die wenigen neuen Militärfahrzeuge, die die Bundeswehr trotz des bescheidenen Etats in den letzten Jahren erwarb, waren vor allem zum Schutz der Soldaten konzipiert. Schon die Einsätze auf dem Balkan waren innenpolitisch sehr umstritten und alles andere als populär. Wenn man also Soldaten jenseits der eigenen Gemarkung zum Einsatz brachte, sollten die Verluste wenigstens so gering wie möglich bleiben. Die Risiken während der Konfliktnachsorge im ehemaligen Jugoslawien gingen damals weniger von direkten Kampfhandlungen aus als von vereinzelten Freischärleraktionen oder liegen gebliebener Munition aus dem Krieg. Die rüstungspolitische Antwort auf diese Bedrohungen waren ein verbesserter Minenschutz bei vielen der bereits in die Jahre gekommenen Gefechtsfahrzeuge und der Bau gänzlich neuer Schutzsysteme. Auch die ISAF sollte eigentlich eine reine Stabilisierungsmission werden, für die diese ausschließlich defensiv ausgerichteten Fahrzeuge auch angemessen gewesen wären. Fünf verschiedene Systeme sind es zurzeit, mit denen der Großteil der Operation in Afghanistan bestritten wird.

Eine kurze Beschreibung dieses Großgeräts bewirkt mehr als nur die Erweiterung des technischen Horizonts. Sie macht den Blick frei auf eine Rüstungspolitik, die sich seit dem Ende des Kalten Krieges ausschließlich auf Einsatzszenarien der Friedenserhaltung festlegte. Dem wiederum liegt die realitätsferne Ideologie einer Generation von Posteninhabern zugrunde, die noch angesichts heftigster Feuergefechte die Wirklichkeit am Hindukusch verleugnet.

Das bereits erwähnte Allschutz-Transportfahrzeug Dingo ist ein Musterbeispiel dieser neuen Generation von Militärfahrzeugen. Allein der erste optische Eindruck macht deutlich, dass dieses Gefährt nicht für den Kampf gebaut wurde. Der Dingo basiert auf dem Fahrgestell eines handelsüblichen Unimogs und sieht aus wie ein überdimensionierter Golf II, den Volkswagen vor vielen Jahren einmal in einer Offroad-Version anbot. Seine solide Panzerung und die Überdruckanlage im Innenraum des Fahrzeugs schützen die bis zu acht Soldaten gegen alle gängigen Panzerminen und gegen Beschuss durch Handwaffen. Mittlerweile hat der Dingo seine Schutzqualitäten auch bei mehreren Selbstmordangriffen unter Beweis gestellt. Mit etwas Glück kann das Fahrzeug dem Beschuss einer RPG-7, einer weltweit beliebten Panzerfaust russischer Bauart, widerstehen. Seine eigene Bewaffnung indes ist eher zurückhaltend. Auf das Dach des Dingos lässt sich lediglich ein Maschinengewehr vom Kaliber 7,62 Millimeter montieren, neuerdings können dort auch die langsamen Granatmaschinenwaffen im Kaliber 40 Millimeter angebracht werden. Die Waffen sind zwar aus dem Fahrzeuginneren zu bedienen, doch muss der Richtschütze zwei mechanische Handkurbeln mit sehr niedriger Übersetzung bewegen, um das MG in Seite und Höhe zu schwenken. Dass das BMVg bei der Beschaffung auf eine wesentlich schnellere hydraulische Anlage verzichtet hat, ist eine der vielen Auswirkungen der erwähnten Sparpolitik. Der Unterschied zwischen Handbetrieb und Automatik mag für den Laien vielleicht nur eine Frage der Bequemlichkeit sein, für die Soldaten, die in Afghanistan immer häufiger in Duellsituationen mit dem Feind geraten, können die paar Sekunden Kurbelei über Leben und Tod entscheiden. Alles in allem ist der Dingo mit seinem guten Schutz und seiner Notwehrbewaffnung ein Transportfahrzeug für Soldaten in der Krisennachbereitung.

In Afghanistan kann er Soldaten auf befestigten Wegen an ihren Einsatzort bringen. Nicht mehr und auch nicht weniger. Mit dem Dingo eine sogenannte aufgesessene Patrouille zu fahren ist taktisch höchst fragwürdig. Da es keine Möglichkeit gibt, außer mit dem auf dem Dach laffettierten Maschinengewehr zu wirken, sind bei sieben im Fahrzeug befindlichen Soldaten vier völlig überflüssig. Das Fahrzeug braucht einen Fahrer, einen Kommandanten und eben einen MG-Schützen. Alle anderen sitzen angeschnallt in ihren Sitzen und können einzig aus dem Fenster schauen, wenn sie angegriffen werden. Selbst ein schnelles und Deckung bietendes Absitzen, um den Feuerkampf aufzunehmen, ist bei der exponierten Lage der Seitentüren unter Beschuss kaum möglich. Der Dingo ist eben kein Gefechtsfahrzeug und eignet sich daher nicht für die zur Routine gewordenen Kampfpatrouillen in Nordafghanistan.

Auch der Großteil der übrigen Fahrzeuge, die in Afghanistan noch für Bewegungen außerhalb des Lagers eingesetzt werden, ist allenfalls geeignet, Soldaten unter angemessenem Schutz von Punkt A zu Punkt B zu transportieren. Der Radpanzer Fuchs beispielsweise kann in vielerlei Varianten verwendet werden, ob als Sanitätspanzer, Transportpanzer für die Infanterie oder als Jammer. Es ist ein Fahrzeug, um Soldaten ins Gefecht zu bringen oder Verwundete aus einem solchen herauszuholen. Der Radpanzer Fuchs ist nicht dafür geschaffen, selbst in Feuerkämpfen zu bestehen. Wie beim Dingo ist seine Bewaffnung einfach zu schwach und nur auf Selbstverteidigung ausgelegt.

Die gepanzerten Geländewagen vom Typ Wolf sind nichts weiter als verstärkte G-Modelle von Mercedes. Sie werden allein von den Diplomaten des Auswärtigen Amts und einigen Spezialisten der Bundeswehr benutzt. Vielleicht halten sie sogar das Geschoss einer Kalaschnikow aus. In ihm sitzen, wenn jemand eine Salve darauf abgibt, möchte ich nicht, zumal man zuerst eines der Fenster herunterkurbeln müsste, um zurückschießen zu können.

Dann ist da noch das sogenannte Einsatzfahrzeug »Spezialisierte Kräfte«, kurz Mungo genannt. Auch dieses Vehikel ist eine Neukonzeption und erst vor kurzem in den deutschen Streitkräften eingeführt. Der Mungo ist eine Weiterentwicklung des Multicars, das im Kommunalbereich als Kanalspüler, Müllpresscontainer oder Kombisauger Verwendung findet. Das Verteidigungsministerium gibt auf seiner Homepage bekannt, dass der Mungo Schutz gegen Handfeuerwaffen und Handgranaten biete und mit Wechselaufbauten auch zum Dreiseitenkipper, zur Kehrmaschine oder zum Erdbohrer umgewandelt werden könne. »Alles sei möglich«, so das BMVg. Der Mungo ist jedoch vor allem eines: ein Schuss in den Ofen. Selten hat sich die deutsche Rüstungsindustrie einen solchen Fehlschlag erlaubt wie bei diesem Fahrzeug. Zehn Infanteristen hätten Platz. Ja, aber ohne Gepäck. Geländegängig? Aber nur, wenn es trocken und flach ist. Seine kleinen Räder graben sich schneller in weichen Untergrund ein als ein Regenwurm. Er kann auch mit Hubschraubern und voller Besatzung an den jeweiligen Einsatzort verbracht werden. Jede Wette, dass so etwas während einer Operation nie passieren wird. Zum einen, weil die Hubschrauber nicht in ausreichender Zahl vorhanden sind, und zum anderen, weil eine Verlegung mit solchen taktisch nur Sinn macht, wenn schnell Truppen in eine Kampfzone verbracht werden müssen. Der Mungo jedoch ist ein Transport- und kein Kampffahrzeug. Warum also sollten Hubschrauber Soldaten an einen Ort fliegen, die von dort mit einem behäbigen und im Gelände langsamen Fahrzeug weiterfahren? Dann können sie auch direkt zum Zielort geflogen werden. Auch das ist alles nicht neu.

Und was den Schutz gegen Handfeuerwaffen und Handgranaten angeht: Mit zehn Soldaten an Bord gibt es für einen Panzerfaustschützen der Taliban kein lohnenderes Ziel als diese Fehlkonstruktion. Handgranaten können im Übrigen bequem in den häufig offen gefahrenen Wagen geworfen werden – ein Wunder, dass so etwas nicht schon im Kongo passiert ist, wo die Mungos ebenso eingesetzt wurden. Die Amerikaner jedenfalls haben es in Afghanistan in der Vergangenheit oft mit Taliban-Kämpfern zu tun gehabt, die Sprengladungen von oben in ihre Fahrzeuge warfen.

In die Kategorie »geschützte Fahrzeuge« fallen noch der Duro und der ebenfalls neu gekaufte Eagle IV. Beide Geräte folgen dem gleichen Prinzip: Sie bieten respektablen Schutz bei geringer Feuerkraft; sie sind ebenfalls nicht für den Kampf ausgelegt.

Es soll noch einmal ausdrücklich betont sein, dass der Schutz der oben genannten Fahrzeuge, lassen wir einmal den Mungo außen vor, im Verhältnis zu deren Gewicht sehr gut ist und bereits vielen unserer Soldaten das Leben gerettet hat. Der rein defensive Charakter dieses Schutzes jedoch kann im Afghanistan der Gegenwart allein nicht mehr ausreichen, denn selbst die beste Panzerung gibt irgendwann nach. Das einzige Mittel, die Sicherheit der Soldaten in dieser Situation wirklich zu erhöhen, ist der Einsatz von offensiven Waffensystemen, um die Aufständischen hart und nachhaltig zu bekämpfen. Der gute Defensivschutz von Dingo und Co.

wird dadurch nicht überflüssig. Die politische Führung in Berlin aber scheut den Einsatz schwerer Waffen bis heute wie der Teufel das Weihwasser. Es lässt sich eben schwer erklären, dass man jahrelang vom Stabilisierungseinsatz in Afghanistan schwadronierte und auf einmal Kampfpanzer und schwere Geschütze an den Hindukusch schickt.

Selbst der militärischen Führung scheint durchsetzungsstarkes Kriegsgerät zuweilen suspekt zu sein. Bis ins Jahr 2008 hinein sorgten sich noch einige Soldaten vor Ort, dass allein die Größe der Dingos die afghanische Bevölkerung in den Ortschaften erschrecken könnte. Zugführer wurden angewiesen, nicht zu »martialisch« aufzutreten und ihre Fahrzeuge lieber vor dem Ort abzustellen. Auch in diesem Fall wurde wieder mal diffuses Halbwissen über die afghanische Gefühlswelt dazu benutzt, um es sich in der geliebten Rolle des Teddybär-Verteilers bequem zu machen. Die Afghanen jedenfalls fragen uns schon seit langem, warum wir kein kräftigeres Gerät einsetzen. Spätestens ab dem Sommer 2009 dürfte sich die Sorge, Afghanen in Unruhe zu versetzen, ohnehin verflüchtigt haben. Ab diesem Zeitpunkt ging es bei den Kampfzügen nur noch um das eigene Überleben im Gefecht.

Der viel zu kleine Verteidigungshaushalt der letzten Jahrzehnte verhinderte die Beschaffung von neuen Waffensystemen, die für Kriegsschauplätze fern der Heimat geeignet wären. Zwar hat das Verteidigungsministerium bereits neue Kampffahrzeuge bestellt, doch befinden die sich zum großen Teil noch in der Erprobung oder ihre Entwicklung wurde wegen Geldmangel zeitlich nach hinten verschoben. Wenn das neue Gerät aber noch nicht da ist, muss ich mit dem auskommen, was ich habe. Viele Systeme der Bundeswehr sind zwar alt, wurden aber im Laufe der Zeit immer wieder modernisiert beziehungsweise »kampfwertgesteigert«. Einer angreifenden Taliban-Gruppe sind sie daher immer noch weit überlegen.

Im Juli 2009 kam die Bundeswehrführung dann nicht mehr umhin, der Eskalation in Raum Kunduz etwas entgegenzusetzen. In einem ersten Schritt in die richtige Richtung wurden die vier in

Mazar-e Sharif stationierten Marder-Schützenpanzer ins Kampfgebiet nach Kunduz verlegt. Sie sind Teil der deutschen Quick
Reaction Force und wurden auch schon bald nach ihrem Eintreffen eingesetzt. Zwar ist der Marder fast vierzig Jahre alt, ziemlich
schwer und im Vergleich zur Technik seines Nachfolgers Puma ein
echter Veteran. Doch mit seiner 20-Millimeter-Bordmaschinen-
kanone, die bis zu tausend Schuss pro Minute abfeuern kann, ist
er in der Lage, den Feind auf eine Entfernung bis achthundert Meter wirkungsvoll zu bekämpfen. Der Einsatz eines solchen Waffensystems hat damit drei Effekte: Schutz durch Feuerkraft,
Schutz durch Abstand und Schutz durch Abschreckung. Gerade
der Abschreckung sollte ein hohes Maß an Aufmerksamkeit
geschenkt werden, denn wer abgeschreckt wird, muss unter Umständen nicht mehr bekämpft werden. Und schon vor der Verlegung der Marder gab es mehrfach Situationen, in denen der Einsatz einer solch durchsetzungsstarken Waffe dringend notwendig
gewesen wäre.

Während des bereits beschriebenen Hinterhalts am 29. April
2009 wurde der Golf-Zug der Infanterie vom Feldlager abgeschnitten und konnte wegen zu starker Feindkräfte im Raum erst
am nächsten Morgen zurückgeholt werden. Die Männer mussten
sich zur Rundumverteidigung einrichten und die Nacht über ein-
geigelt ausharren. Wenn die Führung sich vorher dazu durchge-
rungen hätte, die vier Marder nach Kunduz zu verlegen, hätte man
diese noch während des laufenden Gefechts zur Unterstützung der
Infanterie einsetzen können. Sicher ist bei hypothetischen Kons-
truktionen nichts, doch vier kampfstarke 20-Millimeter-Kanonen
hätten eine gute Chance gehabt, den Abgeschnittenen den Weg
frei zu kämpfen.

Neben den vier Schützenpanzern verfügt die QRF noch über
120-Millimeter-Mörser. Es handelt sich dabei um eine Steilfeuer-
waffe, die ebenfalls zur Unterstützung der Infanterie verwendet
wird. Auch der Mörser kann in Bedrängnis geratenen Soldaten
schnell und wirksam Entlastung verschaffen. Seine Reichweite ist
allerdings auf sechs Kilometer beschränkt, was dazu führt, dass die

Waffe stets mit den kämpfenden Soldaten mitgeführt werden muss. Auch die mangelhafte Zielgenauigkeit birgt das Risiko von Kollateralschäden und Friendly Fire.

Vier Marder und ein Mörserzug sind also alles, was die Bundeswehr an kampfstarken Offensivwaffen in der Afghanistan-Mission zur Verfügung hat, und selbst zum Einsatz dieser Waffen konnte sich das Verteidigungsministerium erst nach Jahren von Raketenangriffen, Sprengfallen und Feuergefechten durchringen. Noch immer enthält es den Truppen in Nordafghanistan wichtiges Kriegsgerät vor, das vonnöten wäre, um die Lage wieder in den Griff zu bekommen.

Eines der wichtigsten Waffensysteme, das unseren Soldaten erneut Handlungsspielraum verschaffen würde, ist die schwere Artillerie. Die deutsche Presse verwechselte im Sommer 2009 oftmals die eingesetzten Mörser mit einer solchen. Das Prinzip ist zwar ähnlich, doch ist ein Artilleriegeschütz größer, kräftiger und hat die achtfache Reichweite. Mit der Panzerhaubitze 2000 verfügt die Bundeswehr weltweit über das modernste Waffensystem dieser Art. Die Niederländer haben es bereits gekauft und setzen es seit Jahren erfolgreich in Afghanistan ein. Die Modernität des Geschützes zeichnet sich nicht nur durch eine überragende Feuerkraft aus, sondern vor allem durch ein hohes Maß an Präzision. Dies hat nicht nur den Vorteil, den Feind punktgenau bekämpfen zu können, die Truppe hat darüber hinaus auch alle Chancen, mögliche Kollateralschäden zu vermeiden. Gerade in Kunduz könnte eine einzige Panzerhaubitze 2000 helfen, der Bundeswehr wieder die nötige Handlungsfreiheit zu geben, um die Erfüllung ihres eigentlichen Auftrags neu aufzunehmen.

Zuvor schilderte ich bereits die Auswirkungen der permanenten Raketenangriffe auf das Feldlager. Sie waren Teil der feindlichen Taktik, um die gesamten Kräfte des PRT im Nah- und Nächstbereich zu binden. Momentan plant das BMVg die Beschaffung eines Abwehrsystems namens Skyshield C-RAM der Schweizer Firma Oerlikon, eines Tochterunternehmens von Rheinmetall. C-RAM steht für »Counter Rocket, Artillery, Mortar«: Das System

Panzerhaubitze 2000 beim Schuss.

soll demnach in der Lage sein, sowohl Raketen als auch Artillerie- und Mörsergeschosse mittels einer zerstäubenden Munition im Anflug abzuschießen. Wie zuverlässig der Schutz gegen diese Gefahren tatsächlich ist, kann ich nicht beurteilen. Die Verkäufer sagen, dass er sehr gut sei. Die Bundeswehr ist offenbar auch davon überzeugt, weil sie für 50 Millionen Euro vier Systeme bestellt hat. Vielleicht hat das zuständige Amt für Wehrtechnik und Materialprüfung Skyshield ja auch getestet und sich hoffentlich besser ins Zeug gelegt als beim Mungo.

Ein Nachteil ist sicherlich, dass sich Fragmente von zerstörten Feindgeschossen immer noch in ihrer Flugbahn auf das Feldlager befinden und Soldaten in ungeschützten Bereichen direkt gefährden. Bunkeralarm bei Feindbeschuss muss folglich nach wie vor gegeben werden, allein für den Fall, dass eine Rakete doch mal durchkommen sollte. Der zweite Nachteil an diesem Gerät ist, dass die eigentliche Ursache der Gefahr, die Raketenangriffe mit billigen BM-1-Katjuschas, durch das millionenteure Waffensystem überhaupt nicht beseitigt ist. Niemand in der Operationsplanung des Einsatzführungskommandos kann ernsthaft glauben,

117

dass die Aufständischen wegen Skyshield die Lust am Angreifen verlieren, weil ihre Raketen vom Himmel geholt werden. Eine hundertprozentige Abschussquote würde sicherlich nicht erreicht werden können.

Erneut ein rein defensives Waffensystem anzuschaffen, kommt in der derzeitigen Situation einer Kapitulation vor den Aufständischen gleich. Angesichts des Scherbenhaufens, der mit der Bezeichnung »angespannte Sicherheitslage« immer noch verharmlost wird, muss sich die Politik in Berlin endlich entscheiden, ob sie den bisherigen Weg der Defensive weitergehen will oder der Bundeswehr die Instrumente in die Hand gibt, um sich am Hindukusch durchsetzen zu können. Die Truppe wartet schon lange auf das passende Kriegsgerät. Die Panzerhaubitze 2000 wäre ein guter Anfang. Sie würde dafür sorgen, dass sich jeder Angreifer in einem Umkreis von vierzig Kilometern reiflich überlegen muss, ob er wirklich bereit ist, ins Paradies einzutreten. Seine Chancen darauf würden sich nämlich beim Abfeuern einer BM-1 potenzieren. Um die Risiken von Kollateralschäden zu minimieren, könnte die Truppe vor Ort auch ganz offen mit der Gefahr für die Bevölkerung umgehen. Es könnten Laufzettel mit Warnhinweisen verteilt werden, die vom Aufenthalt in den bekannten Raketenabschussräumen zu gewissen Uhrzeiten abraten. Sogar Karten wären denkbar, in denen die gefährdeten Bereiche rot markiert werden. Natürlich lässt sich die grundsätzliche Gefahr, auch Unschuldige zu treffen, niemals ausschließen. Doch letztlich hängt auch das Wohl der afghanischen Bevölkerung davon ab, ob es uns gelingt, die Aufständischen zur Aufgabe zu bringen.

Eine weitere inakzeptable Materiallücke ist der Mangel an Transporthubschraubern. Die Bundeswehr verfügt im ihrem nordafghanischen Verantwortungsgebiet insgesamt über sechs mittelgroße Transporthubschrauber vom Typ CH-53. Von diesen sind in der Regel maximal vier einsatzbereit, da sich die anderen zwei in der Wartung befinden oder auf Ersatzteile gewartet werden muss. Und selbst die können wegen der mangelhaften Ausstattung und der Sicherheitsvorschriften für den Friedensbetrieb, die paradoxerweise auch in Afghanistan gelten, nur bei Helligkeit fliegen – außer im Notfall. Darüber hinaus werden Landeplätze auch stets im Voraus erkundet. Leider halten sich die Aufständischen bei Ort und Tageszeit nicht immer an unsere Regeln. Ferner sind die Hubschrauber in Mazar-e Sharif stationiert und müssen vor jedem Einsatz immer erst angefordert werden. Die Bundeswehr verfügt damit über höchst eingeschränkte Möglichkeiten, schnell Zugriffsoperationen gegen bekannte Zellen des Feindes durchzuführen. Wenn Truppenteile, die dazu befähigt sind, mit Dingos, Wölfen oder Füchsen losfahren, werden die Zielpersonen von ihren Unterstützern, den *Spottern* am Straßenrand, bereits gewarnt, bevor unsere Jungs überhaupt ansatzweise in ihre Nähe kommen.

Ein Großteil der Arbeit meiner Abteilung war somit regelmäßig für den Papierkorb, da auf mühsam gewonnene Informationen über den Aufenthaltsort von örtlichen Taliban-Führern keine schnellen »Cordon-and-Search«-Operationen folgen konnten. Bei »Cordon and Search« handelt es sich um eine Zugriffsoperation, bei der ein Gebäudekomplex mit Truppen doppelt umstellt wird, dem sogenannten äußeren und inneren Ring, und schließlich mit einem Sturmtrupp nach Terroristen durchsucht wird. Auch die Evakuierung von Schwerverwundeten im AOR Kunduz oder AOR Feyzabad dauert länger, da die Rettungshubschrauber vom westlichen Mazar-e Sharif aus starten müssen. Wenn die politische Führung Zugriffe auf bekannte Terroristen weitgehend unterlässt, dann ist das eine Sache. Im Zweifel machen das sowieso andere, meist die Amerikaner. Aber verletzten Soldaten, die irgendwo hingeschickt wurden, um Präsenz zu zeigen, sollte die schnellste Rettung garantiert werden, die möglich ist. Die kleineren Bell UH-1 D, die von der Bundeswehr bis jetzt nicht in Afghanistan eingesetzt werden und mit denen die Amerikaner schon in Vietnam geflogen sind, müssten erst mit einigermaßen akzeptablen Schutzvorrichtungen nachgerüstet werden. Aber da die Bundeswehr über keine alternativen Modelle verfügt, bliebe zunächst keine andere Wahl. Das Verteidigungsministerium prüft daher auch den Einsatz der »Hueys« (amerikanischer Spitzname der Bell). Und ein neuer Transporthubschrauber, der NH-90, ist zwar bestellt, die Lieferung verzögert sich aber. Wer Kunde bei EADS ist, dürfte dies jedoch einkalkuliert haben.

Zur schnellen und wirkungsvollen Unterstützung der Männer im Gefecht bewährt sich bei vielen anderen NATO-Armeen in Afghanistan ebenso die Verwendung von Kampfhubschraubern. Die Briten verlassen sich auf sie, die Amerikaner sowieso, und auch die kleine niederländische Streitmacht kann im Fall der Fälle auf eigene Erdkampfunterstützung durch sechs AH-64-Apache zurückgreifen. Die Bundeswehr verfügt über keine eigenen Kampfhubschrauber, die für den Einsatz in Afghanistan geeignet wären. Die Gründe dafür decken sich weitgehend mit denen, die auch den Einsatz der anderen sinnvollen Waffensysteme verhindern. Jedoch gerade bei der Beschaffung geeigneter Kampfhubschrauber hat sich das Verteidigungsministerium eine Kette von Fehlentscheidungen erlaubt, die einer Posse gleichen. 1991 absolvierte das deutsch-französische Rüstungsprojekt Tiger seinen Jungfernflug. Fast zwanzig Jahre später steht er den Streitkräften nach wie vor nicht zur Verfügung, jedenfalls nicht den deutschen. Während die französische Armee ihn seit einigen Jahren bereits sehr erfolgreich am Hindukusch verwendet, befindet sich die deutsche Variante noch immer in der Truppenerprobung.

Doch abgesehen davon ist erneut die Unterfinanzierung der Bundeswehr dafür verantwortlich, dass die deutschen Tiger auch nach ihrer Einführung in die Truppe nicht für Afghanistan tauglich sein werden. Statt bei EADS einen richtigen Kampfhubschrauber zu bestellen, wie es die Franzosen taten, verzichteten die Konzeptionierer des BMVg auf wichtige Bestandteile in der Ausstattung des Tiger. Der schwerwiegendste Mangel ist das Fehlen einer Bordkanone. Die Bundeswehr wird also auch in Zukunft nur über einen »Unterstützungshubschrauber« Tiger verfügen, der im Wesentlichen auf die Bekämpfung von Panzern beschränkt sein wird. In der aktuellen Lage am Hindukusch völlig überflüssig.

Die Panzerhaubitze, mehr Transporthubschrauber und auch

Französischer Kampfhubschrauber Tiger bei einer Übung.

mehr Schützenpanzer wären das Mindeste an Gerät, was Berlin
der Truppe vor Ort zur Verfügung stellen müsste, damit diese die
Lage zumindest insofern wieder in den Griff bekommen könnte,
um nicht jede Nacht dem Beschuss der Aufständischen wehrlos
ausgesetzt zu sein. Zusätzlich sollte das Verteidigungsministerium
dringend darüber nachdenken, auch Kampfpanzer vom Typ Leopard II A 6 in das Einsatzgebiet zu entsenden. Die alten Bedenken,
die teilweise auch in der Truppe gegen den Einsatz der Siebzig-
Tonnen-Kolosse gehegt werden, haben angesichts der katastro-
phalen Lage endgültig ihre Berechtigung verloren. Witterung und
Gelände lassen deren Einsatz größtenteils zu, und ob die Leoparden eventuell Straßenbeläge ruinieren oder der afghanischen Bevölkerung einen Schrecken einjagen, ist unerheblich. Im Kosovo
spielte dies ebenfalls keine Rolle. Eine zu enge Gasse in einem
Dorf, in dem sich Taliban verschanzt haben, wird dann kein ernst-
zunehmendes Problem mehr darstellen. Bei einem Leoparden
gibt immer die Wand nach, nie der Panzer. Den entstandenen
Schaden im Nachhinein zu reparieren, wird in den meisten Fällen
weniger kosten, als eine Stunde den Motor laufen zu lassen. Im

Notfall aber, und nur dann, müssten die Leoparden tatsächlich aus dem Feldlager ausrücken, könnten in Bedrängnis geratene Truppen mit dem feuerstärksten und bestgeschützten Gefechtsfahrzeug der Welt zuverlässig entsetzt und der Feind effektiv auf eine Entfernung von bis zu viertausend Metern bekämpft werden. Die kanadische Armee hat den Leopard II A6 bereits seit Jahren in Südafghanistan im Einsatz und erzielt mit ihm beachtliche Erfolge. Die Panzer wurden übrigens in Deutschland geleast.

Kritiker eines offensiven Vorgehens bemühen stets die Logik, dass man mit Artilleriegeschützen keinen Wiederaufbau betreiben könne. In Bezug auf die Situation in Afghanistan ist das grober Unsinn. Ein Wiederaufbau kann nur gelingen, wenn das Land endlich von der Guerilla befreit wird, die einer friedlichen Entwicklung mehr als alles andere im Wege steht. Doch von einem möglichen Wiederaufbau ist die Bundesregierung in Nordafghanistan weit entfernt. Sie muss jetzt sicherstellen, dass sich ihre Soldaten angemessen verteidigen und der Ausbreitung der Taliban Einhalt gebieten können. Dazu braucht die Bundeswehr stärkere Waffen. Erst wenn die fast viertausend Mann sich selbst sichern können, sind sie in der Lage, anderen zu helfen.

Es ist Krieg

Der verweigerte Krieg

Am Abend des 23. Juni 2009 meldete sich Verteidigungsminister Jung, damals noch im Amt, mal wieder zu Wort. Sichtlich bedrückt und bestimmt nicht aus freien Stücken. Denn am Mittag desselben Tages war es sechs Kilometer südwestlich des Feldlagers Kunduz erneut zu einem Feuergefecht mit Aufständischen gekommen. Standardsituation: Patrouille verlässt Camp, Angriff aus dem Hinterhalt mit Panzerfäusten und Schnellfeuergewehren. Und wieder ist es der Problemdistrikt Chahar Darreh. Bei einem Ausweichmanöver verlor hier der Fahrer eines Transportpanzers vom Typ Fuchs die Kontrolle und überschlug sich. Das Fahrzeug fiel in einen Wassergraben und blieb mit dem Dach nach unten liegen. Massives Feindfeuer machte eine schnelle Rettung der Männer unmöglich. Drei Soldaten waren im Inneren des Fahrzeugs eingeklemmt und ertranken.

Steffen Seibert, der Moderator des *heute journal*, fragte den Minister gleich zu Beginn, warum er bis zum Herbst 2008 immer von Getöteten sprach und jetzt plötzlich von Gefallenen. »Was soll uns das sagen, dass Sie das jetzt so ausdrücken?«, wollte Seibert wissen und fügte hinzu, ob »es nicht auch richtig wäre, es dann auch Krieg zu nennen?« Nein, das wollte Jung nicht tun, und er sah dabei so aus, als ob er dies von seiner Chefin verboten bekommen hätte. Insofern nichts Neues. Die Begründung, die der Verteidigungsminister an diesem Abend bemühte, war jedoch so dümmlich, dass es dem Fass den Boden ausschlug. Es sei deshalb kein Krieg, so Jung, weil »wir allein militärisch in Afghanistan nicht erfolgreich sein können«.

Herr Ex-Minister, bei allem Respekt: In welchem Krieg war man das je? Die Erkenntnis, dass militärische Erfolge erst durch zivile Aufbaumaßnahmen gesichert werden können, ist so alt wie der Krieg selbst. In Nordafghanistan allerdings, und das macht diese Platituden so ärgerlich, findet weder das eine noch das andere statt. Im selben Interview war Jung dann noch der Meinung, dass »die Gefallenen im Nachhinein deutlich erkennen müssten, dass wir weiter unseren Beitrag zur Stabilisierung in Afghanistan leisten«. Es waren immer die gleichen Sätze, die der Mann von sich gab, und nicht einmal in Angesicht von drei toten Soldaten wollte er sich bemühen, einen sinnvollen Satz zu sprechen. Einfach weiter wie bisher, das war seine Devise.

Es ist Zeitverschwendung, sich näher mit den Äußerungen des ehemaligen Verteidigungsministers zu beschäftigen. Bei den Männern im Einsatz riefen derartige Bekundungen ihres obersten Dienstherrn nur noch Ärger und Enttäuschung hervor. Sein Nachfolger, Karl-Theodor zu Guttenberg, hat bereits kurz nach seinem Amtsantritt die Chance auf einen sprachlichen Neuanfang genutzt und der lächerlichen Verdrängungsrhetorik den Rücken gekehrt. Er sollte auch gleich seinen Generälen befehlen, sich einer klareren Wortwahl zu bedienen. Beim ehemaligen Generalinspekteur Wolfgang Schneiderhan erledigte sich dieses Problem durch seine Entlassung in den Ruhestand am 26. November 2009 überraschend frühzeitig. Nach über sieben Jahren Dienst als ranghöchstes Hasenherz im BMVg wäre eine Umerziehung zu einer klaren, militärischen Sprache auch nicht mehr möglich gewesen.

Soldaten, die fast täglich angesprengt oder beschossen werden, Verwundungen erleiden und Kameraden verlieren, gehen zum Glück auch ihrer anerzogenen Unterwürfigkeit verlustig. Offen äußern sie sich über ihre Sicht der Dinge. In diesen Zeiten sind die Presseoffiziere stets besonders nervös. Sie sind dafür zuständig, den Vertretern der Medien die offizielle, politisch abgesegnete Version des Einsatzes zu verkaufen. Die Worte sind wohlbedacht, und auf allzu kritische Nachfragen wird permanent ausweichend geantwortet. Die Sorge, welche die Führung im Umgang mit der Presse nämlich umtreibt, ist die Gefahr, dass ein einfacher Soldat etwas äußert, was nachher in den Medien ein schlechtes Licht auf die Truppe wirft oder auf das, was die politische Führung ihr befohlen hat.

Mir ist auch klar, dass ein zwanzigjähriger Obergefreiter nicht immer den alten militärischen Grundsatz aus der Fernmelderei: »Denken – Drücken – Sprechen« beherzigt, bevor er loslegt, und auch nicht ständig den gesamten Umfang einer Sache überblickt, die er beurteilt. Aber diese Schwäche scheint schließlich bei der politischen Führung ebenfalls verbreitet zu sein. Darüber hinaus warten Journalisten oft nur auf die Gelegenheit, die unbedachte Äußerung eines jungen Soldaten in Uniform zum »Fanal gegen den Krieg in Afghanistan« aufzubauschen und Widersprüche zur offiziellen Linie des Ministeriums zu entdecken. »Bei Minute 1: 46 haben wir einen echt starken O-Ton«, heißt das dann später im Schneideraum einer Redaktion. Am Kern des schwierigen Themas sind in dieser Branche nur wenige interessiert. Für mich ist die Antwort auf das »Dilemma« der zuspitzenden und vereinfachenden Medien aber dennoch ziemlich simpel: All das muss die Bundeswehr verkraften.

Wenn ein junger Obergefreiter und sein Patrouillenführer, ein Oberfeldwebel, wie im August 2009 geschehen, davon reden, dass sie nach dem Tod eines ihrer Kameraden den »Punkteausgleich« erzielen und »dann in Führung gehen« wollen, dann ist das so. Das ist die Sprache der Männer, die sich auf Befehl der Bundesregierung und mit Mandat des Bundestags Gefechte mit Aufständischen in Nordafghanistan liefern. Wenn die Wortwahl der Führung im Verteidigungsministerium nicht passt, schlage ich vor, sich schleunigst auf die Suche nach Akademikern zu begeben, die eine Karriere als Maschinengewehrschütze in Kunduz einschlagen wollen. Alternativ könnten sich die Herren auch selbst aus ihren klimatisierten Büros bewegen und diesen Auftrag übernehmen. Es bliebe abzuwarten, welche Rhetorik dies bei ihnen hervorbrächte. Zur besseren Beurteilung der Lage wäre es allemal sehr hilfreich.

Für die Soldaten ist der Einsatz in Afghanistan schon lange ein Krieg. Wer das Feldlager verlässt, begibt sich in feindliches Gebiet und muss zu jeder Zeit mit einem Angriff rechnen: Panzerfäuste gegen Panzerstahl, IEDs gegen Minenschutz. Und jedes Mal die Frage, ob das Glück ausreicht, das Feuer auf den Feind überhaupt noch erwidern zu können. Wie bereits erwähnt, hat das Verteidigungsministerium das Wort »Feind« durch »Gegner« ersetzt; klingt das doch humaner und weicher.

Die Patrouillenführer interessiert die Vorgabe des BMVg allerdings auch hier nicht. Sie sprechen sehr wohl vom Feind, wenn sie ihre Männer vor der Fahrt ins Risiko einweisen, denn all die hässlichen Attribute, die einem Feind gemeinhin zugeschrieben werden, treffen auf die Aufständischen in Afghanistan zu. Einen Gegner hat man, wenn dieser ein Mindestmaß an Humanität auch im Kampfe wahrt. Wenn er Gefangene ordentlich behandelt, die Zivilbevölkerung aus den Gefechten heraushält, eben die Regeln des Krieges achtet, die in den Genfer Konventionen festgeschrieben wurden. Der Gemeinsame Artikel 3, der sich in allen vier Hauptteilen des Genfer Abkommens wiederholt, ist im Prinzip der zentrale Regelkatalog für den Krieg in Afghanistan. Dort heißt es:

Im Falle eines bewaffneten Konflikts, der keinen internationalen Charakter aufweist … ist jede der am Konflikt beteiligten Parteien gehalten, wenigstens die folgenden Bestimmungen anzuwenden: Personen, die nicht direkt an den Feindseligkeiten teilnehmen, einschließlich der Mitglieder der bewaffneten Streitkräfte, welche die Waffen gestreckt haben, und der Personen, die infolge Krankheit, Verwundung, Gefangennahme oder irgendeiner anderen Ursache außer Kampf gesetzt wurden, sollen unter allen Umständen mit Menschlichkeit behandelt werden, ohne jede Benachteiligung aus Gründen der Rasse, der Farbe, der Religion oder des Glaubens, des Geschlechts, der Geburt oder des Vermögens oder aus irgendeinem ähnlichen Grunde. Zu diesem Zwecke sind und bleiben in Bezug auf die oben erwähnten Personen jederzeit und jedenorts verboten: Angriffe auf Leib und Leben, namentlich Mord jeglicher Art, Verstümmelung, grausame Behandlung und Folterung, Gefangennahme von Geiseln, Beeinträchtigung der persönlichen Würde, namentlich erniedrigende und entwürdigende Behandlung, Verurteilungen und Hinrich-

tungen ohne vorhergehendes Urteil eines ordnungsmäßig bestellten Gerichtes, das die von den zivilisierten Völkern als unerlässlich anerkannten Rechtsgarantien bietet. Die Verwundeten und Kranken sollen geborgen und gepflegt werden. Eine unparteiische humanitäre Organisation, wie das Internationale Komitee vom Roten Kreuz, kann den am Konflikt beteiligten Parteien ihre Dienste anbieten. Die am Konflikt beteiligten Parteien werden sich andererseits bemühen, durch besondere Vereinbarungen auch die anderen Bestimmungen des vorliegenden Abkommens ganz oder teilweise in Kraft zu setzen.

Und ebenfalls von entscheidender Bedeutung ist die Aussage: »Die Anwendung der vorstehenden Bestimmungen hat auf die Rechtsstellung der am Konflikt beteiligten Parteien keinen Einfluss.«

Für mich – und übrigens auch für die Verfasser der Genfer Konventionen – ist es dabei unerheblich, ob der Gegner diese je unterschrieben hat. Denn in ihr sind nur Grundsätze formuliert, die den Menschen erst zum Menschen werden lassen und eigentlich instinktiv von jedem angewendet werden sollten. Wer dieses Mindestmaß an Anstand und zivilisatorischen Regeln nicht einhalten kann, verdient in meinen Augen auch die ehrbare Bezeichnung »Gegner« nicht.

Die Diskussion, ob sich die Bundeswehr in Afghanistan im Krieg befindet oder nicht, wird spätestens seit dem Frühjahr 2009 auch in der deutschen Öffentlichkeit geführt. Der Begriff an sich ändert aber nichts an der Lage am Hindukusch. Man könnte das Ganze auch »*Tea Party*« nennen, und die Aufständischen würden trotzdem weiter angreifen und unsere Soldaten würden weiterhin sterben. Dennoch ist die Wahl der richtigen Worte für das, was unsere Soldaten da unten erleben, von enormer Bedeutung. Es ist ein Beweis des Respekts und der Anerkennung für die Leistung der Männer in diesem Einsatz. Niemand will in einen Krieg ziehen, am allerwenigsten die Soldaten selbst. Sie wissen noch am ehesten um die verheerenden Auswirkungen, die ein solcher Waffengang auf die Beteiligten haben kann. Aber wenn es dennoch notwendig sein sollte, einen Krieg zu führen, dann muss er auch so genannt werden. Die Monate eines Kontingents in Afghanistan sind entbehrungsreich. Hitze, Staub, Gefahr für das eigene Leben, Verwundung und Tod. Wer all dies erfährt, dem tut es nicht gut, wenn die Gesellschaft denkt, dass er nur Kinderspielzeuge verteilt hat. Das ist herabwürdigend. Doch genau so ein merkwürdig verqueres Bild herrscht in Deutschland. Aus meiner eigenen Erfahrung kann ich unzählige Beispiele nennen, die belegen, dass die große Mehrheit unserer Bevölkerung überhaupt nicht weiß, was unsere Soldaten leisten.

Der Ausdruck des »bewaffneten Entwicklungshelfers« etwa ist für Soldaten, die schwere Gefechte mit Taliban führen mussten, diffamierend, ja, ehrabschneidend. Die Verantwortung dafür liegt wiederum bei der Politik. Sie hat dafür zu sorgen, dass die Öffentlichkeit erfährt, welche Leistungen in den Auslandseinsätzen erbracht werden, und sie muss selbst vorangehen, den Männern Respekt und Anerkennung zu zollen. Wer davor Angst hat, die Dinge beim Namen zu nennen, weil er die öffentliche Empörung unserer Gesellschaft fürchtet, darf seine Soldaten auch nicht entsenden.

Leider stellt die Sensibilisierung der Öffentlichkeit eine immense Herausforderung dar. Denn unabhängig von der Einschätzung des Afghanistan-Einsatzes durch die meisten Deutschen kann wohl niemand ernsthaft bestreiten, dass das Interesse an Politik, zumindest wenn es um Sachthemen geht und Nuancen wahrgenommen werden müssten, in den letzten Jahren merklich abgeflaut ist. Jedermann kennt die Blitzumfragen, die bei politischen Magazinen oder Talkshows als Einspieler dienen: Ein Kamerateam drückt sich zwei Stunden vor einem Berliner Einkaufszentrum herum und befragt Passanten nach ihrer Meinung, so auch zum Krieg am Hindukusch. Irgendein frühverrenteter Passant sagt dann etwas, das mit: »Ja, ich weiß eigentlich auch nicht, aber …« anfängt und mit: »… im Grunde haben wir da nichts zu suchen, denn Krieg ist nie eine Lösung« aufhört. Wenn in solchen Kurzinterviews das Wort »wir« benutzt und damit ja ebenfalls für die deutsche Außenpolitik sowie die Bundeswehr gesprochen wird, so empfinde ich dies als sehr problematisch. Um deutlich und unbequem zu werden: Ich spreche der Mehrheit der deutschen Bevölkerung eindeutig eine Identifizierung mit den bündnispolitischen Aufgaben unseres Landes und erst recht mit der Bundeswehr ab. Im Fall des Afghanistan-Engagements gibt es kein »Wir«.

In den Augen einer überragenden Mehrheit kämpft eine kleine Gruppe von Freiwilligen (was unterschwellig impliziert, dass diese sich das selbst eingebrockt hat und sich daher auch nicht beschweren darf) einen unverständlichen Kampf in einem Haufen Geröll namens Afghanistan. Was sich dort, Tausende Kilometer entfernt, zuträgt, interessiert deutsche Staatsbürger grundsätzlich so gut wie überhaupt nicht. Werden diese dann interviewt oder nehmen an einer Umfrage teil und fällt das Wort »Krieg«, sind alle dagegen und geben sich empört. Vierzig Jahre gesellschaftliche Erziehung zum Pazifismus im Zeichen des Kalten Krieges haben ihre Spuren hinterlassen. Man weiß, was man in Bezug auf Krieg zu sagen hat. Wird in den Fragen der Meinungsforscher jedoch suggeriert, dass die Bundeswehr Schulen baut und Essensrationen verteilt, so finden das alle richtig und sehr verantwortungsvoll.

Gäste von Talkshows, die es eigentlich besser wissen, sind, mit solchen Meinungen aus dem Volk konfrontiert, immer in Verlegenheit, weil sie sie nicht als das bezeichnen dürfen, was sie sind: nämlich unqualifiziertes Geschwätz. Die meisten Deutschen sind nicht ausreichend informiert und somit nicht in der Lage, die sicherheits- und bündnispolitischen Zusammenhänge zu verstehen, und können daher kein differenziertes Urteil fällen. Leider reicht es zu dieser Selbsterkenntnis aber nie, sonst würden viele aus Ehrlichkeit zu sich selbst auf ihre verkürzten Bewertungen verzichten. Die Mehrheit der Deutschen ist und war nie an der Bundeswehr interessiert. Gut, dann soll sie es aber auch in einer Situation wie dieser nicht vorheucheln.

Als besonders dramatisch empfinde ich dabei die Tatsache, dass sich das Desinteresse gegenüber der Bundeswehr nicht nur auf die bildungsfernen Schichten erstreckt, sondern auch vor formal gebildeten Menschen nicht haltmacht. Viele meiner guten Freunde haben sich nie wirklich mit dem Thema »Bundeswehr und Auslandseinsätze« auseinandergesetzt – trotz Abitur und Hochschulabschluss. Oft wurde ich gefragt, warum ich überhaupt zur Bundeswehr gegangen bin. Was mir das bringen würde? Warum ich mich des Risikos eines Auslandseinsatzes freiwillig aussetze? Anfangs habe ich mir noch die Mühe gemacht und Antworten gegeben. Mittlerweile bin ich es leid. Selbstverständliche staatsbürgerliche Pflichten werden als dämlich bewertet. Was mich an dieser Stelle nur noch interessieren würde: Wann hat dieser gesellschaftliche Verfall eigentlich angefangen? Wie er enden wird, ist ziemlich klar: mit einer Schwächung aller betroffenen staatlichen Organe. Nicht wenige unserer Bürger begreifen nicht einmal den Zusammenhang zwischen ihrem Wahlkreuz, einer Parlamentszusammensetzung und einer darauffolgenden Mehrheitsentscheidung. Dass deutsche Soldaten in Afghanistan fallen, entspringt einer solchen Mehrheitsentscheidung. Unsere Armee steht schon lange nicht mehr in der »Mitte der Gesellschaft«. Sie steht ganz weit abseits.

Die neue Koalition aus Union und FDP hat gleich zu Beginn der Legislaturperiode die nochmalige Verkürzung der Wehrpflicht auf sechs Monate beschlossen. Ein Kompromiss zwischen einer Berufsarmee, wie sie die Liberalen bevorzugen, und der Beibehaltung der Wehrpflicht, die die CDU/CSU bis jetzt noch vertritt. Abgesehen von der absurden Kürze, die es unmöglich macht, Schüler zu einsatzfähigen Soldaten auszubilden (und ich spreche hier nicht von »einsatzfähig« im Sinne von Auslandseinsätzen), ist der vorgegebene Grund für die Beibehaltung der Wehrpflicht reine Augenwischerei. Die vielbeschworene Verknüpfung der Bundeswehr mit der deutschen Gesellschaft kann dieses »Wehrpraktikum« nicht sicherstellen – sie existiert ohnehin schon lange nicht mehr. Nur noch 17 Prozent eines männlichen Jahrgangs werden überhaupt noch zum Wehrdienst herangezogen. Hätten sich die Koalitionäre gleich zu einer Berufsarmee bekannt, wäre uns diese leidige Diskussion um Wehrpflichtigen- oder Berufsarmee, die noch über Jahre geführt werden wird, erspart geblieben.

Sicher, keine Gesellschaft auf der Welt setzt sich aus einer Mehrheit von gebildeten und aufgeklärten Individuen zusammen. An dieser Stelle ist jedoch die Politik in der Pflicht. Bei solch komplexen Sachverhalten wie einem Kriegseinsatz der Bundeswehr im Rahmen der NATO in Afghanistan sollten die verantwortlichen Politiker dringend drei Grundsätze beachten: Erstens müssen sie die Zusammenhänge und Notwendigkeiten einer solchen Mission immer wieder erklären und verständlich machen. Eine klare Sprache würde dabei helfen. Da das nicht ausreicht, müssen sie zweitens Vertrauen in der Bevölkerung schaffen, dass sie in dieser Sache das Richtige tun. Dazu ist Ehrlichkeit unabdingbar, und diese fängt bei der Wahrheit über das Wesen des Einsatzes an. Wer so tut, als ob in Nordafghanistan alles in bester Ordnung sei, der ist im Jahr 2010 unglaubwürdig. Der dritte Grundsatz schließlich dürfte am schwierigsten umzusetzen sein. Unabhängig von Volkes Meinung und Stimmung müssen die richtigen Entscheidungen getroffen und die zwingend notwendigen Maßnahmen konsequent eingeleitet werden. Ein Krieg wie der in Afghanistan hat im Fall einer Niederlage einfach zu schwerwiegende Konsequenzen, als dass seine Führung durch die Angst vor der nächsten Wahl beeinträchtigt werden dürfte. Unsere Regierung hat einen Eid geleistet, Schaden vom deutschen Volke abzuwenden. Wenn die NATO diesen Krieg verliert, wird der Schaden für Deutschland immens sein. Die Folgen einer Niederlage sind wahrscheinlich gar nicht zu berechnen.

Neue Kriege?

Der Begriff »Krieg« war in der Geschichte der Menschheit nie einheitlich definiert, und der Krieg an sich entwickelte im Laufe der Jahrhunderte so viele Formen, dass eine exakte Bestimmung auch heute nicht möglich ist. Mit dem Völkerrecht, das vornehmlich auf der Charta der Vereinten Nationen basiert, haben dessen

Unterzeichner den bisher letzten Versuch unternommen, sich auf eine einheitliche Definition festzulegen. Damit einhergehend kam es auch zu einem normativen Regelwerk, und zwar das Verhalten der kriegsführenden Parteien betreffend. Die Wirksamkeit des *ius in bello*, des Rechts im Krieg, soll hier nicht Gegenstand der Diskussion sein. Nur so viel: Jedem ist es möglich, auch im Krieg ein Mindestmaß an Anstand und Zivilisation zu wahren. Abgesehen davon führte die Nichtbeachtung dieser Kriegsregeln und damit eine rohe, instinktgeleitete Kriegsführung noch nie zu einem Sieg, sondern schloss vielmehr stets die Intelligenz aus der Führung des Kampfes aus.

Ein »Krieg« im engeren Sinn jedenfalls kann gemäß Kriegsvölkerrecht nur dann festgestellt werden, wenn Staaten sich mit Waffengewalt bekämpfen oder eine Unabhängigkeitsbewegung gegen eine Kolonialmacht gewaltsam aufbegehrt. Auf diese Definition berufen sich auch einige derer, die den Einsatz der Bundeswehr in Afghanistan nicht als Krieg bezeichnen mögen. Al-Qaida und Taliban seien erstens kein Staat, sondern nur Organisationen, und darüber hinaus seien wir zweitens ja auf Einladung der Regierung von Präsident Hamid Karzai im Land und kämpften damit nicht gegen den Staat Afghanistan. Diese beiden Feststellungen sind eindeutig nicht zu bestreiten. Im formaljuristischen Sinn ist die Afghanistan-Mission wahrhaftig kein Krieg, und zwar weder im Norden noch im Süden des Landes. Nach diesen Kriterien ist allerdings auch der Einsatz der US-Armee im Irak nicht als Krieg zu bezeichnen, nachdem die regulären Streitkräfte Saddam Husseins im April 2003 kapituliert hatten und die neu eingesetzte Regierung eine offizielle Kooperationserklärung aussprach. Überhaupt ließen sich nur noch wenige militärische Auseinandersetzungen nach 1945 als »Krieg« titulieren, legte man die Definition des Völkerrechts zugrunde.

Auch die Bundeszentrale für politische Bildung orientiert sich bei ihrer Auslegung des Wortes »Krieg« eng an der obigen Definition. Als nachgeordnete Behörde des Bundesinnenministeriums spricht sie von Krieg als »organisiertem, mit Waffengewalt ausgetragenen Konflikt zwischen Staaten beziehungsweise zwischen sozialen Gruppen der Bevölkerung eines Staates«.[4] Danach ist ein Krieg am Hindukusch nicht gegeben, denn schließlich stellen wir Deutschen keine soziale Gruppe Afghanistans dar. Merkwürdigerweise hat dieselbe Behörde aber überhaupt kein Problem damit, den Kampf der USA gegen sunnitische Aufständische im Irak oder die Intervention Israels im Gaza-Streifen zur Jahreswende 2008/2009 in ihren eigenen Publikationen sehr wohl als Krieg zu bezeichnen. Ihrer eigenen Definition zufolge träfe dies zwar auf diese beiden Beispiele nicht zu, aber so genau nimmt man es dort dann nicht. Scheinbar ist dieses ungeliebte K-Wort etwas, was immer nur die anderen tun, aber nie man selbst. Woher der Wind bei dieser Argumentation weht, ist mehr als offensichtlich. Diese Form des Rechtspositivismus dient den verantwortlichen deutschen Politikern dazu, die dramatische Lage am Hindukusch, in der sich die Bundeswehr befindet, herunterzuspielen. Das Kriegsvölkerrecht in allen Ehren, es wurde jedoch zum größten Teil unter dem Eindruck zweier Weltkriege verfasst und scheint in der Frage »Was ist Krieg?« nicht mehr auf der Höhe der Zeit zu sein.

Im 19. Jahrhundert war man da schon wesentlich weiter. Der bekannte deutsche Militärtheoretiker und preußische General Carl von Clausewitz definierte in seinem Standardwerk *Vom Kriege* selbigen als »ein Akt der Gewalt, um den Gegner zur Erfüllung unseres Willens zu zwingen«.[5] So wenig eingrenzend diese Definition ist, so vortrefflich passt sie auch heute noch auf das breite Spektrum denkbarer Konflikte, die damit als »Krieg« beschrieben werden können. Sie sind, wieder Clausewitz, »Politik mit anderen Mitteln«,[6] zu denen man freilich nicht fahrlässig greifen darf.

Die Wissenschaft arbeitet derweil an einer Aktualisierung der überlebten Definition des Kriegsvölkerrechts. Der Berliner Politikprofessor Herfried Münkler hat dafür den Begriff »neue Kriege« geprägt. Diese »neuen Kriege« umfassen Konflikte, in denen sich Rebellengruppen, Milizen, Söldner und andere irreguläre Kämpfer gegenüberstehen. Einmal abgesehen davon, dass der Begriff »neue Kriege« sicherlich keinen Innovationspreis gewinnen wird, ist er auch schlicht irreführend. Denn all die von Münkler genannten Facetten des sogenannten neuen Krieges sind überhaupt nicht neu. Milizen verjagten einst die Soldaten Seiner Majestät aus den britischen Kolonien in Amerika. Ihr Anführer wurde kurz darauf der erste Präsident der USA. Knappe hundert Jahre danach, 1861, versuchte sich ein Teil dieser jungen Nation von ihr zu lösen, bis die »Rebellen« der Konföderierten vier Jahre und über eine halbe Million Gefallene später aufgaben. Und Söldner existieren bereits seit den Tagen König Davids. Sie ließen sich auch danach noch fast in allen je geführten Kriegen finden. Selbst das spezielle moderne Söldnergeschäft ist nicht so neu, wie man denkt. Sogenannte Sicherheitsfirmen oder *Private Contractors*, wie sich die Akteure dieser Branche nennen, haben in den Jahrzehnten des Ost-West-Konflikts vor allem in Afrika hervorragende Geschäfte gemacht. In den Kriegen im Kongo, in Angola oder im damaligen Biafra mischten die Supermächte und oft auch Frankreich in Person von Söldnern kräftig mit, nicht so professionell wie heute, aber strukturell sehr ähnlich. Darüber hinaus scheinen mir die Begrifflichkeiten »Rebellen«, »Milizen«, »Söldner« und vor allem »irreguläre Kämpfer« sehr von der Betrachtungsweise abzuhängen.

Ein Krieg ist immer auch ein Kampf um Worte. Afghanistan im Jahr 2010 bildet da keine Ausnahme. Der Rebell kann hier im Fall eines Sieges zum Freiheitskämpfer werden, der Söldner zum Personenschützer Hamid Karzais. Und der Ausdruck »irregulärer Kämpfer« wird sehr stark an das Kriegsvölkerrecht gebunden, das unserem Maßstab gerecht wird, nicht dem vieler anderer. Einen Kämpfer als »irregulär« zu bezeichnen bedeutet, dass wir ihm das Recht absprechen, überhaupt kämpfen zu dürfen. Über die Wirksamkeit eines solchen Verbots brauche ich wohl kein Wort zu verlieren. Jeder, der nicht Angehöriger von offiziellen Streitkräften beziehungsweise von eingegliederten Milizen und Polizeiverbänden ist, zählt laut Völkerrecht zu den Irregulären und soll sich aus dem Kampf heraushalten. Tut er es nicht, verwähren wir ihm den sogenannten Kombattantenstatus. Dieser wiederum garantiert in einem

134

Krieg gewisse Rechte. Insbesondere nach der Gefangennahme dürfen Kombattanten nicht für ihre Teilnahme am Krieg bestraft werden, sie sind menschenwürdig zu behandeln, müssen verpflegt und medizinisch versorgt werden. Gott schütze die Theorie. In Afghanistan werden die Aufständischen, welchen Namen man ihnen auch immer gibt, offiziell als irreguläre Kämpfer betrachtet. Sie tragen keine Uniformen, keine Hoheitsabzeichen und treten die völkerrechtlichen Regeln des Kampfes mit Füßen. Doch was bedeutet das für uns? Sollen wir allen Taliban-Kämpfern nach einem eventuellen Sieg den Prozess vor dem Internationalen Strafgerichtshof machen? Wohl kaum, denn abgesehen davon, dass dies praktisch nicht umsetzbar ist, wäre eine Generalamnestie – auch für die Anführer – die einzige Chance auf Frieden und Versöhnung. Werden denn Söldner, die zu Zehntausenden in den Unruheherden der Welt aktiv sind, für die Teilnahme an Kampfhandlungen oder für etwaige Kriegsverbrechen bestraft? Nein, denn ohne eine zugesicherte Straffreiheit schicken die *Private Contractors* ihre Mitarbeiter erst gar nicht los. Und zu guter Letzt: Welchen Selbstmordbomber oder Dschihadisten soll ein potentieller Prozess gegen ihn nach Beendigung der Kampfhandlungen eigentlich beeindrucken? Dies ist ja gerade ein großer Teil unseres Dilemmas, dass wir gegen Menschen kämpfen, die kein irdisches Recht anerkennen.

Das Kriegsvölkerrecht gerät in heutigen Konflikten schnell an seine Grenzen. Sich ausschließlich auf eben dieses zu beziehen, wenn es um die Definition von »Krieg« geht, greift wesentlich zu kurz und stellt Soldaten und Öffentlichkeit nicht zufrieden. Kritik am Völkerrecht darf trotzdem nur vorsichtig geäußert werden, da die normative Strahlkraft des »gut Gemeinten« die Sammlung von Konventionen, die das Völkerrecht darstellt, zu einer Art heiligen Kuh macht. Doch einmal abgesehen davon, dass sich die meisten kriegsführenden Parteien nur sehr selten an alle seine Regeln halten, hat das Kriegsvölkerrecht auch nie sein größtes Problem überwinden können – es existiert kein von allen anerkanntes Weltgericht, das seine Missachtung abstrafen könnte.

Der Internationale Strafgerichtshof in Den Haag erfüllt diese

Funktion ausdrücklich nicht. Er ist weder von den USA noch der großen Mehrheit der muslimischen Länder noch – bis auf wenige Ausnahmen – von ganz Asien, inklusive Russland und China, anerkannt. Ich kann die diesbezügliche Politik der Vereinigten Staaten gut nachvollziehen. Kein US-Bürger soll vor einem nicht-amerikanischen Gericht abgeurteilt werden können. Es ist eine Frage des Prinzips, das die eigene Überzeugung von der Richtigkeit der Außenpolitik eines Staates widerspiegelt. Der Handlungsspielraum der exekutiven Organe der USA wird dadurch immens erhöht. Auf der anderen Seite stellen die anderen Nicht-Unterzeichner die berechtigte Frage, warum sie die eigene Souveränität einschränken sollten, wenn es Amerika auch nicht tut. Letztlich bleibt jeder Versuch, eine supranationale Institution zu etablieren, die in der elementaren Frage von Krieg und Frieden entscheidet, das, was er immer schon war: die Justiz der Stärkeren.

Es gibt noch ein anderes Kriterium, welches die Wissenschaft heranzieht, um die Frage »Krieg oder nicht Krieg?« zu beantworten: den Umfang der Verluste. Eine gängige Größenordnung, bei der man die Grenze zum Krieg überschreitet, beläuft sich nach der Ansicht von Konfliktforschern auf tausend Tote pro Jahr. Um den Zynismus nicht auf die Spitze treiben zu müssen, wird die Zahl einfach so stehen gelassen, ohne näher zu beschreiben, wer genau dabei stirbt. Dabei geht man hier von persönlichen Verlusten aus, nicht von denen des Gegners oder gar von zivilen Opfern. Tausend eigene Gefallene in 365 Tagen. Eine solche Quote würden demokratische Staaten nur noch im Fall sehr schneller Interventionen und klar definierter Interessen verkraften.

Der Falkland-Krieg wäre da eines der historischen Beispiele. Argentinien überfiel damals in einer Stimmung des nationalen Übermuts das britische Überseeterritorium im Südatlantik. Margaret Thatcher setzte die Streitkräfte von Königin Elizabeth II. 1982 in Marsch und beendete die Okkupation innerhalb weniger Tage. Auf ein Jahr umgelegt, reichten die Verluste des Königreichs aus, um die Bezeichnung »Falkland-Krieg« nach der »Eintausender-Regel« zu rechtfertigen. Auch der Irak-Krieg 1991 verdient demnach seinen Namen, weil er mit 227 Gefallenen der alliierten Koalition in hundert Stunden die Quote locker erfüllte. Doch schon der Luftwaffeneinsatz der NATO, der die serbische Armee 1999 aus dem Kosovo vertrieb, die immer noch anhaltende Irak-Mission der USA und ihrer Verbündeter und selbstverständlich die Afghanistan-Mission fallen bereits aus dem Raster. All diese Militäreinsätze verursach(t)en zu wenig Tote, um für die Verfechter dieser Definition Kriege sein zu können.

Bereits intuitiv schreckt man vor dieser willkürlich gewählten Gefallenen-Grenze zurück. Die Festlegung auf die Zahl Tausend ist darüber hinaus auch deshalb sehr fragwürdig, weil sie die Höhe der Verwundeten völlig unberücksichtigt lässt. Gerade dies wird aber den Gefechten der heutigen Zeit wenig gerecht, da dank des sehr leistungsfähigen Sanitätswesens die Zahl der Toten immer weiter abnimmt. Lag das Verhältnis von Gefallenen zu Verwundeten im Zweiten Weltkrieg noch bei ungefähr eins zu drei, konnte es während des Vietnam-Krieges bereits auf rund eins zu sechs gesenkt werden. In den Irak- und Afghanistan-Kriegen unserer Tage gelang es den westlichen Streitkräften, noch einmal eine merkliche Qualitätssteigerung in der Verwundetenversorgung zu erreichen, so dass heute ungefähr von einem Verhältnis von eins zu acht ausgegangen werden kann. Selbst schwerste Verwundungen wie Bauchschüsse, Verbrennungen von mehr als 50 Prozent der Haut oder der Abriss von Gliedmaßen führen auf dem Schlachtfeld der Gegenwart nicht mehr zwangsläufig zum Tod. Die Verwundetenversorgung ist heute in der Regel so schnell und effizient, dass ein schwer verletzter Soldat innerhalb von Minuten erstversorgt und stabilisiert werden kann und oft in weniger als einer Stunde die Versorgung auf dem Niveau eines deutschen Kreiskrankenhauses erhält. Wenn nötig, kann die Rettungskette um eine weitere Versorgung in Spezialkliniken wie dem amerikanischen Regional Medical Center im deutschen Landstuhl oder dem Bundeswehrkrankenhaus in Koblenz innerhalb von vierundzwanzig Stunden verlängert werden. Für die Statistiken einer Politik, die zur Verschleierung von Tatsachen neigt, hat diese an sich erfreuliche Entwicklung noch einen angenehmen Nebeneffekt. Da die Presse fast nur am neusten Stand der *death toll*, der Zahl der Todesopfer, interessiert ist, kommt das wahre Ausmaß eines Militäreinsatzes nie wirklich an die Oberfläche. Zwar ist es nicht so, dass sich Verwundetenzahlen verheimlichen ließen, doch werden sie derart beiläufig erwähnt, dass es sich anhört, als habe jemand »gerade noch einmal Glück gehabt«. Kaum einer schaut genauer hin, denn schließlich leben die Betroffenen ja noch. Doch in Afghanistan verletzt zu werden kann vieles bedeuten. Der leichte Streifschuss oder das Schrapnell im Oberschenkel gehören eher zur Ausnahme. Soldaten, die IED-Angriffe, Selbstmordattacken oder den Beschuss mit Panzerfäusten überleben, werden oft zu Schwerstversehrten. Ihnen werden Gliedmaßen oder die Geschlechtsteile abgerissen, sie verlieren ihr Augenlicht oder sind durch Verbrennungen bis zur Unkenntlichkeit entstellt. Diese Opfer in einer Statistik zur Ermittlung des »Kriegszustands« unberücksichtigt zu lassen ist nicht nur pietätlos, sondern widerspricht auch einer vom Verstand geleiteten Bewertung dessen, was die Soldaten im »Nicht-Krieg« erleiden.

Eine überragende Mehrheit der Deutschen lehnt den Einsatz der Bundeswehr in Afghanistan mittlerweile ab. Wie könnte man ihr das verdenken! Jahrelang berichteten Politiker vom »Friedenseinsatz«, vom »Wiederaufbau« und vom »guten Vorangehen«. Plötzlich aber kommen Särge nach Hause, und Nachrichtensprecher erklären den Zuschauern Begriffe wie »Hinterhalt« und »Luftnahunterstützung«. Das passt für den Bürger einfach nicht zusammen.

Als Wiederaufbaumission wurde der Einsatz gestartet. Die Ziele steckte man hoch, die Absichten waren gut. Begeistert war der überwiegende Teil der Deutschen sicherlich auch davon nicht, aber entrechteten Menschen irgendwo auf diesem Planeten mit friedlichen Mitteln beizustehen kann man schlecht ablehnen. Darüber hinaus waren die Bürger in den davor liegenden zehn Jahren auch schrittweise an Auslandseinsätze der Bundeswehr gewöhnt worden. Sie arrangierten sich mit ihnen, weil es eben nie um das Führen eines Krieges, sondern immer um die Wiederherstellung eines zerstörten Landes ging. Innerlich fühlte sich das in etwa so an, wie Spendengelder für die Opfer einer Naturkatastrophe zu sammeln. Der islamistische Terror, der 2001 über uns hereinbrach, kam für alle, auch für die Politik, überraschend. Niemandem ist dafür ein Vorwurf zu machen. Auf einen 11. September kann man sich nicht vorbereiten, wenn man ihn vorher noch nie erlebt hat. Der Vorwurf, den man insbesondere aber der deutschen Politik machen muss, ist, dass sie versäumt hat, den Deutschen zu erklären, was sie zu erwarten haben. Die amerikanische Administration hatte damals den Mut. Sie sprach von einem langen, teuren und Verluste bringenden Krieg gegen den Terror. Die Bekenntnisse, in diesem historischen Extremfall an der Seite der Angegriffenen zu stehen, die unter dem Eindruck der einstürzenden Türme des World Trade Centers auch im Bundestag getätigt wurden, waren dagegen nur von kurzer Dauer. Schnell fielen Regierung und Meinungsmacher wieder zurück in ihre traditionelle Friedensrhetorik der letzten Jahrzehnte. Hätten Politiker von Beginn an eine deutlichere Sprache gewählt, wäre die deutsche Öffentlichkeit zum Zeitpunkt der Eskalation besser vorbereitet gewesen. So aber wurden Bundesregierung und alle Parteien, die den Afghanistan-Einsatz befürworteten, spätestens ab dem Sommer 2009 zu Getriebenen der öffentlichen Meinung.

Es ist leicht zu erkennen: Sowohl eine Definition nach dem Völkerrecht als auch ein willkürlich gesetztes Verhältnis von Gefallenen zur Einsatzzeit dienen vor allem dazu, die Wahrheit über das Engagement der Bundeswehr in Afghanistan zu vertuschen. Die verantwortlichen Politiker ziehen sich dabei zumeist auf die juristische Definition zurück. Wen wundert es? Die Kaste der Berufsabgeordneten besteht ja schließlich zu einem großen Teil aus Rechtsanwälten. Mit dem Völkerrecht als einem schwer zu kritisierenden Dogma im Rücken, verweigern sie den kämpfenden Soldaten die ihnen zustehende Anerkennung – und der Bevölkerung die Wahrheit über die Lage im Einsatzgebiet.

Selbstverständlich ist das Wort »Krieg« bei uns Deutschen mit einer besonders grausamen Semantik belegt. Bei Krieg denken wir sofort an Heeresgruppen, die nach Russland drängen, Bombennächte in deutschen Großstädten, die Verwüstung ganzer Landstriche und millionenfachen Tod. So wie es Gott sei Dank ausschaut, gehören aber Kriege dieser Art ein für alle Mal der Vergangenheit an. Übriggeblieben ist nur noch das Wort, welches die schlimmsten Emotionen auszulösen scheint. Auch ich habe nicht das Gefühl, dass sich die Bundesrepublik im Krieg befindet – und doch tut sie es. Die Auswirkungen in der Heimat sind bisher einfach zu gering, um ein »Kriegsgefühl« zu schaffen. Im Grunde beschränkt sich der Krieg in Afghanistan nur auf Meldungen und Diskussionen in den Medien. Das private Leben der Bürger aber bleibt äußerlich von Afghanistan unberührt.

Der Einsatz der Bundeswehr am Hindukusch ist nicht mit den erfahrenen Leiden im Zweiten Weltkrieg zu vergleichen. Es wird dort niemals zu vergleichbaren Gefechten und Verlusten kommen. Allein zwischen den Größenordnungen der eingesetzten Truppen liegen Welten. Mehr als viertausend deutsche Soldaten befinden sich in Nordafghanistan im Einsatz. Wenn die Wehrmacht innerhalb von sieben Tagen besagte viertausend Männer verlor, galt dies als eine ruhige Woche. Doch auch wenn es vielen Deutschen noch durch eigenes Erleben oder die Erzählungen ihrer Eltern und Großeltern beim Wort »Krieg« kalt den Rücken hinunterläuft, müssen sie sich daran gewöhnen, dass sich die Genese des Krieges verändert hat. Sie ist diffuser. Der normale Krieg von heute ist eben der asymmetrische Krieg. Auch Clausewitz kannte bereits dieses Phänomen. Er gab ihm die Bezeichnung »kleiner Krieg«, ohne näher darauf einzugehen, weil er ihn als unehrenhaft empfand. Das war er zweifelsohne auch – und ist es heute erst recht. Denn jener »kleine Krieg«, den die Armeen in früherer Zeit erlitten, war der von Partisanen gegen reguläre Streitkräfte. Napoleons Grand Armée wurde im besetzten Spanien und wenig später in Russland in einen solchen hineingezogen. Die deutschen Soldaten, die fast einanderthalb Jahrhunderte später weite Teile Europas unterwarfen, erlitten ebenfalls empfindliche Verluste durch die Irregulären in den okkupierten Gebieten. Im Unterschied zu heute setzten diese aber einen »kleinen Krieg« gegen Streitkräfte in Gang, um sich von der fremden Besatzung zu befreien. Heute jedoch, und das ist das wirklich Neue am Krieg, haben irreguläre Kämpfer den »kleinen Krieg« ausgedehnt. Sie führen ihn nun gegen die freie Welt an sich und bedrohen damit unsere Gesellschaften in ihrer Substanz. Dieser Krieg, den wir nie wollten, aber dennoch führen müssen, kann überall stattfinden – und vor allem von überall aus geplant werden. Die Totalität des Zweiten Weltkriegs erreicht er dabei lange nicht, aber dennoch bekommt jeder Einzelne die Auswirkungen zu spüren.

Wer kurz nachdenkt, der erinnert sich noch an gewöhnliche Flugreisen vor dem 11. September 2001. Unkompliziert war es. Man durfte bei der Gepäckkontrolle die Schuhe anbehalten und Getränke mit in die Terminals nehmen. Wer lieber mit der Bahn unterwegs war und seinen Koffer kurz unbeaufsichtigt stehen ließ, riskierte nur, dass dieser geklaut wurde, aber keinen Bombenalarm und sofortige Evakuierung des ganzen Gebäudes. Auch die innenpolitischen Debatten unserer Tage gab es vor dem »neuen kleinen Krieg« nicht: Einsatz der Luftwaffe, um Passagiermaschinen abzuschießen, Ausweise mit Fingerabdrücken, Straftatbestände bereits bei Mitgliedschaft in einer terroristischen Vereinigung – all dies zeichnet den modernen Krieg aus, der zum globalen Krebsgeschwür geworden ist.

Was die Bundeswehr in Afghanistan macht, ist selbstverständlich die Führung eines Krieges. Und unter Berücksichtigung der Ziele ist es sogar nur ein Teil eines Krieges, den die Bundesrepublik Deutschland und ihre NATO-Partner führen. Unsere Soldaten befinden sich an einem Kriegsschauplatz von vielen und kämpfen nur einen der vielen Feldzüge in einem Krieg mit globalem Ausmaß. Andere werden zur See vor der Küste Somalias ausgetragen, und schon morgen kann der Krieg Feldzüge im Iran, in Indonesien oder in Afrika notwendig machen. Sie sind damit nur Teil eines größeren Geschehens in einem, so seltsam das klingen mag, Krieg gegen den Krieg.

Das Versagen der Volksvertreter

Dieses ständige Verprellen der kämpfenden Soldaten in Afghanistan tut der Truppe nicht gut. Doch um die Stimmung in der Bundeswehr scheint sich kaum jemand Gedanken machen zu wollen. Die Teilnahme an einem Krieg wird heute als persönliches Pech betrachtet: aufgrund einer eigenen Fehlentscheidung, der Armee beigetreten zu sein. Natürlich geht es nicht darum, einer pathetischen Sicht auf den ehrenvollen Krieg wie etwa der Ernst Jüngers das Wort zu reden. Die Realität eines Schlachtfelds hat nichts Romantisches. Sie ist dreckig, leidvoll und oft jämmerlich. Das Bild des stolzen Kriegers, der hoch zu Ross und heldenhaft kämpfend für das Vaterland in den Tod geht, existiert nicht mehr und hat es auch nie. Dennoch sind der Respekt und die Ehrung der erbrachten Leistungen von elementarer Bedeutung für die Soldaten. Wer Krieg führen will oder muss, der braucht auch Menschen, die das Unschöne tun und ertragen, was zu Hause niemand sehen möchte. Das Wort »Krieg« drückt in einer Art Ambivalenz all dies aus. Steht es als Synonym für das Zufügen von Verwundung, Tod und Leid, so steht es in gleicher Weise für das Ertragen all dessen. Wer im Krieg war, der hat Dinge gesehen, die anderen erspart blieben, und der hat Dinge getan, die andere schützen sollen. Genau dies gilt es anzuerkennen.

Die heute politisch Verantwortlichen stecken in einem tiefen Dilemma. Wie soll man den Wählern und sich selbst erklären, dass man jahrelang auf Friedensdemonstrationen herumsaß, sich dann einer sogenannten Friedenspolitik verschrieb und die Meinung vertrat, dass Krieg nie eine Lösung ist – und ihn jetzt selbst führt? Nun, die meisten Leute tun und sagen in ihrer Jugend dumme Sachen und müssen oder wollen sich später von diesen Ansichten lösen. Der derzeitigen Generation von Politikern scheint dies aber nicht zu gelingen, denn sie windet sich nach wie vor und vermeidet eine klare Sprache, um der Bevölkerung endlich zu erklären, um was es sich in Afghanistan handelt. Darüber hinaus haben Sozialisierung und politisches Umfeld den meisten von ihnen ein tiefsitzendes Misstrauen eingepflanzt. Als Soldat spürt man diese Abneigung vieler Volksvertreter gegen alles Militärische und gegen die Bundeswehr an sich. Man sieht es ihnen förmlich an, dass sie sich in Gegenwart militärischer Ehrenformationen und bei notwendigen Truppenbesuchen im eigenen Wahlkreis unwohl fühlen.

Besonders das linke Spektrum der Politik bekannte sich bis zur Übernahme eigener Regierungsverantwortung im Jahr 1998 ganz offen zu dieser Haltung. Erst ein Jahr zuvor, wahrscheinlich im Hinblick auf die angestrebte Koalition mit der SPD, strichen beispielsweise die Grünen die Forderung nach einem einseitigen Austritt aus der NATO aus ihrem Wahlprogramm. Der alte Grundsatz, dass Regierungspolitik auch immer zu Realpolitik zwingt, offenbarte seine Geltung niemals deutlicher als zu Beginn der rotgrünen Regierungszeit. Bereits ein Jahr nach der Machtübernahme 1998 setzten SPD und Grüne den Einsatz der Bundeswehr im Kosovo durch. Dennoch tat dieselbe Regierung alles, um die Einsicht in die Notwendigkeit des Einsatzes durch moralische Worthülsen zu verschleiern. Die innere Zerrissenheit dieser Generation von Politikern löst bei mir aber nur begrenzt Mitleid aus. Die versagte Anerkennung der soldatischen Leistungen in Afghanistan ist auch nur eine ihrer negativen Auswirkungen. Nach jahrelangen Diskussionen gibt es jetzt immerhin eine Tapferkeitsmedaille. Die vier Fallschirmjäger, die im September 2008 zwei ihrer Kameraden aus dem brennenden Mungo zogen und vier afghanische Kinder versorgten, wurden als erste Soldaten damit ausgezeichnet. Bundeskanzlerin Angela Merkel übernahm persönlich die Verleihung im Kanzleramt.

Viel schwerwiegender ist jedoch die Tatsache, dass durch das jahrelange Verleugnen der Realität Maßnahmen verhindert wurden, die die Chancen auf eine Stabilisierung der Lage in Nordafghanistan merklich erhöht hätten. Sowohl der Auftrag als auch die Ausrüstung der Bundeswehr wurden stets den Darstellungen an der Heimatfront angepasst – und damit dieser untergeordnet. Die

Innenpolitik nahm von Anfang an einen viel zu großen Einfluss auf den Einsatz der deutschen Soldaten am Hindukusch.

Nicht nur, dass von offizieller Seite bis heute nie von »Krieg« gesprochen werden durfte – zu Guttenberg sprach bislang auch nur von »kriegsähnlichen Zuständen« und vom Verständnis für Soldaten, die von »Krieg« sprechen –, es durfte auch nie wie einer aussehen. Die Forderungen nach anderen Waffensystemen kamen nicht erst mit der letzten Eskalation im Sommer 2009 zur Sprache. Kommandeure verschiedener Kontingente fordern bereits seit Jahren stärkere Waffen, um auf eine jederzeit mögliche Notsituation entsprechend reagieren zu können. Auch wenn der Einsatz der Panzerhaubitze 2000 wie der von Hubschraubern des Typs Bell UH-1D und sogar des Kampfpanzers Leopard II geprüft wird, die Antwort auf die Frage, warum diese Waffen nicht schon längst im Einsatz sind, ist eindeutig: Artillerie und Panzer sehen nach Krieg aus, und darauf muss die Bevölkerung erst langsam vorbereitet werden. Bis das so weit ist, müssen die Soldaten noch ohne diese Waffensysteme auskommen. Eine derartige Begründung ist ebenso einleuchtend wie schockierend. Weil die Politik es versäumte, der deutschen Bevölkerung von Anfang an die Wahrheit zu sagen, erhalten die im Kampf stehenden Truppen der Bundeswehr nicht die Waffen, die sie bräuchten, um gut gerüstet gegen die Aufständischen vorzugehen.

Ein anderer Grund für das Versäumnis ist ein latenter Verdacht, der von nicht wenigen Politikern und Journalisten geäußert wird: Deutsche Soldaten würden sofort alles in Schutt und Asche legen, würde man ihnen nur die Möglichkeiten dazu geben. Diese Sorge kann ich beim besten Willen nicht teilen. Ganz im Gegenteil: Die Wirksamkeit feuerstarker Waffensysteme ist auch innerhalb der Truppe durchaus umstritten und würde sicherlich nur sehr restriktiv gehandhabt werden. In der Bundeswehr hat sich nämlich ebenfalls eine Haltung ausgebreitet, die man nicht ohne weiteres bei Soldaten erwarten würde. Besonders bei den älteren Jahrgängen des Offizier- und Unteroffizierkorps überbieten sich manche, ostentativ Friedfertigkeit zur Schau zu stellen. Bei jedem Rake-

Die Dörfer des Landes – wie mittelalterliche Wehrburgen.

Überall Panzerwracks. Eherne Särge der Vergangenheit.

Die Mehrheit der Afghanen hofft noch immer auf Hilfe.
Eine Minderheit verhindert sie.

Übergabe requirierter Waffen. Mörsergranaten, Minen und zwei russische
Maschinenpistolen aus dem Zweiten Weltkrieg.

Der Wolf – kein Kampffahrzeug.

Herbst 2005: Gespräch mit Angestellten von HALO Trust.
Minen, wohin man tritt.

Gruppenbild mit skeptischer Miene. Nach Monaten die ersten deutschen
Soldaten in Baharak.

Am Ziel einer Aufklärungsmission. In der Mitte der Polizeichef des Distriks Farkhar. »Alles ruhig bei uns, keine Probleme!«

Herbst 2005: eine Patrouille nur mit Wölfen. Heute undenkbar.

Ein kleines Bergdorf. Kein Strom, und Wasser nur aus dem Fluss. Die Idylle trügt.

Eines von tausenden Relikten aus den vergangenen Kriegen.
Seit einiger Zeit kommen neue Wracks hinzu.

Kinder in Kunduz. Überleben nach dem Prinzip des Stärkeren.

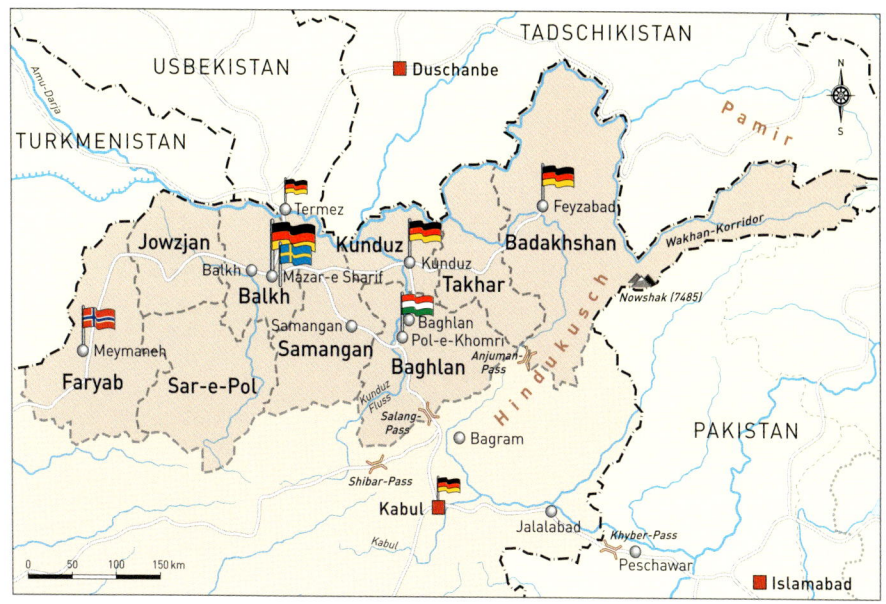

Das Regional Command North. So groß wie der deutsche Osten und Bayern zusammen.

Eine beeindruckende Landschaft. Im Hintergrund die schneebedeckten Ausläufer des mächtigen Hindukusch.

Die Gehöfte werden von hohen Lehmmauern geschützt.

Dingo mit Warntafel: »Abstand halten!« Selbstmörder lässt dies unbeeindruckt.

Das afghanische Buskaschi. Ein Spiel so rau wie das Land.

Aufgesprengter russischer Panzer in Farkhar. Wie ein düsterer Wilkommensgruß.

Birkenkreuze für die gefallenen Fallschirmjäger des Jahres 2008.

»Gestiftet von Deutschland«. Es braucht mehr als ein paar Autos für den Aufbau der afghanischen Sicherheitskräfte.

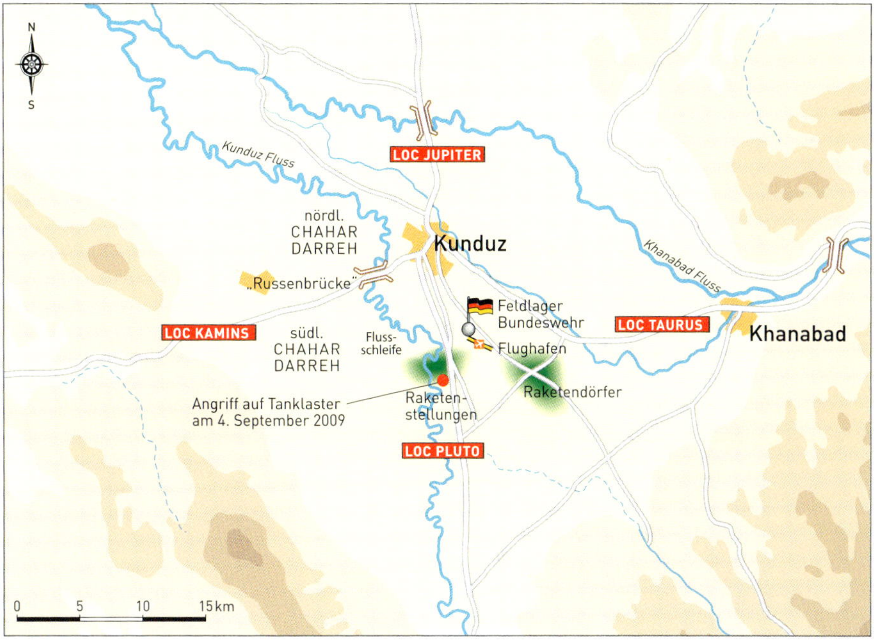

Nur fünf Kilometer vom Feldlager entfernt. Untragbares Risiko für die deutschen Soldaten.

Das Flussbett nach dem Angriff.

Am Rande der Berge ist bescheidene Landwirtschaft möglich.

Die Flaggen der NATO-Staaten am deutschen Ehrenmal: fast immer auf Halbmast.

Das neue Feldlager der Bundeswehr in Kunduz. Raketenalarm fast jede dritte Nacht.

tenbeschuss, den ich jedoch erlebte, wurde überall im Lager der Wunsch geäußert, sich mit einer feuerbereiten Panzerhaubitze endlich der Angriffe erwehren zu können. Auch ich war stets ein Befürworter dessen. Irgendwer war aber immer anwesend, der sich als besonders aufgeklärt und weitsichtig empfand und uns zur Mäßigung aufforderte. »Die einzige Möglichkeit ist es«, so war sich diese gefühlte Avantgarde des Soldatenstands sicher, »die wirtschaftlichen Bedingungen für die Raketenschießer zu verbessern.« Dies ist im Kern zwar völlig richtig, in der beschriebenen Situation aber wirkungslos. Von Männern, die im täglichen Patrouillendienst eingesetzt waren, habe ich solch verunsicherte Äußerungen allerdings nie gehört.

Der Krieg, der nie einer sein durfte, wurde aus den gleichen Gründen auch nie konsequent geführt. Damit wurde eine elementare Regel für den Einsatz von Militär nicht eingehalten. Clausewitz beschrieb ein energisches und kraftvolles Vorgehen aller zur Verfügung stehenden Mittel zur gleichen Zeit als »Urgesetz des Krieges«.[7]

Ich will an dieser Stelle noch einmal deutlich machen, dass auch ich das Militär nicht als ausreichendes Mittel betrachte, diesen Krieg zu gewinnen. Was Clausewitz also ausschließlich auf die Streitkräfte bezog, muss heute für den Verbund von zivilen, polizeilichen und militärischen Mitteln gelten, die gleichsam gebündelt zum Einsatz gebracht werden müssen, wenn die Situation es erfordert und es gilt, die Aktivitäten des Feindes einzudämmen. Im Fall Afghanistans ist genau dies nie geschehen. Zu jeder Zeit lief die Politik der Lageentwicklung hinterher, statt sie auch nur ein einziges Mal selbst zu bestimmen. Die Truppenstärke wurde dann erhöht, wenn die Sicherheitslage vollends zu kippen drohte. Das eingesetzte Gerät wurde erst verstärkt oder zur Verfügung gestellt, wenn hohe Verluste drohten. Und am meisten Unheil richtete – wie gesagt – die öffentliche Kommunikation der Bundesregierung an.

Energisch hätte die Bundeswehr bereits ab 2003 gegen die übriggebliebenen Kräfte des Bürgerkriegs vorgehen müssen. Ohne

Einschränkungen hätten ehemalige Warlords entwaffnet und ihre Macht gebrochen werden müssen. Auch ein konsequentes Vorgehen gegen Kriminalität und Drogenökonomie wäre notwendig gewesen, um die Schwächung des Gegners nach den amerikanischen Luftschlägen und dem Feldzug der Nordallianz auszunutzen. Was für eine Politik ist das, sich beim Kampf gegen den Drogenanbau formal auf die Zuständigkeit der afghanischen Polizei zu berufen, wenn diese nicht einmal annähernd dazu in der Lage ist, ein Mindestmaß an Sicherheit zu garantieren? Das praktizierte zögerliche Herantasten und allzu behutsame Vorbereiten der deutschen Öffentlichkeit bedeutete im Fall des Afghanistan-Einsatzes, Chancen zu verspielen und unnötig Menschenleben zu riskieren. Beim ersten Anzeichen eines wiederaufkeimenden Widerstands wäre ein dominantes und unerbittliches Zurückschlagen der Bundeswehr das Mittel der Wahl gewesen. Die Losung des noch alten Verteidigungsministers Jung vom Herbst 2009, dass jeder, der die deutschen Soldaten angreift, damit zu rechnen hat, bekämpft zu werden, kam viel zu spät. Mehr Truppen von Beginn an hätten das verhindern können, was heute an der Tagesordnung ist: ein selbstbewusster und starker Feind, der die Bundeswehr und damit auch die Bundesregierung vor sich hertreibt.

Ein schnelles Ende des Einsatzes ist durch das nun etwas konsequenter gewordene Vorgehen jedoch nicht zu erwarten. Zwar wird es im Jahr 2010 eine Verstärkung in Form von Waffen geben, und vielleicht wird sogar noch einmal Personal entsendet werden. Dies jedoch hätte die Bundesregierung auch schon 2003 tun können und die Möglichkeiten auf Erfolg damit signifikant erhöht. Sie zog es aber vor, so zu tun, als ob Afghanistan sich quasi als Selbstgänger auf dem Weg zum Frieden befinde.

Die Politik hat von der negativen Entwicklung frühzeitig gewusst. Sowohl verschiedene Stellen des militärischen Nachrichtenwesens als auch der Bundesnachrichtendienst haben in regelmäßigem Abstand Dossiers zur Lageentwicklung verfasst. Empfänger waren das Bundeskanzleramt, das Verteidigungsministerium und alle übrigen Ressorts, die Personalverantwortung trugen. Vorausschauend ist nur in den seltensten Fälle reagiert worden. Vor afghanischen Wahlen beispielsweise wurden die Kontingente kurzfristig verstärkt, danach jedoch in der Regel wieder umgehend ausgedünnt.

Die jahrelange Verharmlosung der Lage in Afghanistan bedroht spätestens ab Sommer 2009 auch die Aufrechterhaltung des gesamten Einsatzes. Wie ein Bumerang holte ihre Schönfärberei die deutsche Regierung ein, die sich jetzt einer dauerhaften innenpolitischen Kritik erwehren muss. Auf einmal steht sogar ein möglicher Abzugstermin im Raum. 2013 soll jetzt plötzlich sukzessive mit der Übergabe an die afghanischen Sicherheitskräfte begonnen werden, die dann unsere eigenen Truppen mehr und mehr aus der Verantwortung lösen sollen. Dieser Termin, den die Bundeskanzlerin in ihrer Regierungserklärung vom 8. September 2009, also noch vor der Bundestagswahl, bekanntgab, ist weder mit den NATO-Partnern vereinbart worden noch steht er in Einklang mit der Realität in Afghanistan. Dort ist im Jahr 2010 ein verantwortungsvoller Übergabetermin in weitere Ferne gerückt als je zuvor. Warum sollte die Bundesregierung auch ausgerechnet jetzt die Kraft für eine Wende in der Afghanistan-Politik aufbringen, besteht sie doch im Wesentlichen aus denselben Personen, die den schnellen Erfolg schon vor fünf Jahren versprachen? Und warum wurden die jetzt versprochenen Lösungen zudem nicht schon ab 2003 angewendet?

Der Termin 2013 hat nicht das Geringste mit einer neuen Strategie zu tun. Er wurde einzig durch die nächste Bundestagswahl bestimmt. Sollte es der Koalition aus Union und FDP dann nicht gelungen sein, zumindest eine Perspektive für den Abzug aufzuzeigen, könnte das Thema Afghanistan-Mission zur Bedrohung für die Wiederwahl werden. In vier Jahren wird sich nämlich die SPD wieder zur Anti-Kriegspartei rückentwickelt haben und gemeinsam mit dem Rest der Opposition hemmungslos und ohne Rücksicht auf außen- und sicherheitspolitische Notwendigkeiten den sofortigen Abzug fordern. 2009 schwang sich nur die Linkspartei, die ihr politisches Konzept in nicht geringem Ausmaß auf verantwortungsloser Demagogie aufbaut, zur Vorreiterin einer

»Raus aus Afghanistan!«-Kampagne empor. Sie betätigte sich damit als Trittbrettfahrerin einer breiten öffentlichen Meinung, die von der plötzlichen Verschlechterung der Lage und den Meldungen über die Explosion der Gewalt einfach überrascht wurde. Die Kampagne der Linken zündete jedoch nicht.

Eine offene und schonungslose Berichterstattung über Schwierigkeiten und Risiken des zu führenden Krieges hätte den Rot-Roten schon damals viel Wind aus den Segeln nehmen können. So aber musste ein Großteil der Wähler zu Recht den Eindruck haben, dass die Regierung die Wahrheit kaschiert und zudem nicht in der Lage ist, die Mission am Hindukusch zu einem erfolgreichen und absehbaren Ende zu führen.

Die Wahrheit ist, dass es nach wie vor keine ausgereifte Konzeption zur Stabilisierung Afghanistans gibt. Die vielpropagierte »vernetzte Sicherheit«, also das konzertierte Zusammenspiel aller verfügbaren zivilen und militärischen Einsatzmittel, ist zwar richtig, aber doch nicht mehr als eine vage Erklärung, eben all diese Mittel einsetzen zu wollen. Ein detaillierter Plan muss klare Vorgaben an die jeweiligen Kräfte der Mission machen. Eben die fünf Ws beantworten. Vernetzte Sicherheit – oder *comprehensive approach*, wie es offiziell in der NATO heißt – bedarf konkreter Maßnahmen, um aus einem solchen Ansatz eine Strategie werden zu lassen. Doch die Entscheidungsträger haben Angst vor den passenden Vokabeln, Angst vor den notwendigen Beschlüssen und Angst vor den innenpolitischen Auseinandersetzungen. Wer aber noch nicht einmal zugibt, dass Krieg herrscht, der kann ihn bestimmt auch nicht führen.

Die Soldaten der Bundeswehr, die seit mehr als acht Jahren ihren Dienst in Afghanistan versehen, kamen bislang mit der Situation vor Ort zurecht. Es gelang ihnen zwar nie, einen entscheidenden und nachhaltigen Einfluss auf die Lageentwicklung zu nehmen, aber die Truppe hangelte sich irgendwie von Kontingent zu Kontingent, ohne dass größere Probleme auftraten, die auch in der Heimat aufgefallen wären. Dabei waren die Rahmenbedingungen, die die Politik den Soldaten setzte, oft denkbar schwierig. Sie waren es von Beginn der Mission an und verschlechterten sich sogar noch zunehmend, je länger der Einsatz dauerte. Als sich dann im Sommer 2009 die Lage derart zuspitzte, dass es selbst den geübten Pressestellen des BMVg nicht mehr gelang zu beschwichtigen, fragte eine erstaunte deutsche Öffentlichkeit zum ersten Mal, was da unten überhaupt los sei.

Als die Mission noch so vor sich hinplätscherte, verirrte sich nur ab und zu einmal ein Kamerateam in die Feldlager und dokumentierte stets freundliche Soldaten beim Verteilen von Kinderspielzeug oder bei der Eröffnung einer Schule. Das Bild der leichtbewaffneten Entwicklungshilfsorganisation war geboren, und allen, sowohl den Medien als auch dem Verteidigungsministerium selbst, war das nur recht. Es war daher weniger ein Kommunikationsfehler des BMVg, dass solch ein Eindruck entstand, als eine beabsichtigte Kampagne, um eine möglichst zivile Darstellung der Truppe im Einsatz zu erreichen. Heute, da die Bundeswehr aus der blanken Not heraus gezwungen ist, hart gegen die Aufständischen vorzugehen, ist es offenbar sehr schwer, die eigentliche Aufgabenverteilung im Einsatzgebiet korrekt darzustellen.

Kaum jemand registrierte, dass die Bundeswehr und damit das Bundesverteidigungsministerium nur eines von vier zuständigen Ressorts im Norden Afghanistans ist. Die Provincial Reconstruction Teams bestehen aus den schon erwähnten vier gleichstarken Säulen, die ein gemeinsames Dach tragen: die Bundeswehr, das

Auswärtige Amt (AA), das Bundesministerium des Innern (BMI) sowie das Bundesministerium für wirtschaftliche Zusammenarbeit und Entwicklung (BMZ). Irgendwie haben es die Verantwortlichen der anderen drei Ministerien jedoch geschafft, sich elegant aus der Diskussion um Fehler und Versäumnisse des Einsatzes herauszuhalten.

Das Auswärtige Amt tritt im Fall des deutschen Afghanistan-Einsatzes medial so gut wie nie in Erscheinung. Der sogenannte zivile Leiter des PRT Kunduz, dem Oberst und Kontingentführer in Rang und Besoldungsgruppe gleichgestellt, ist aber immerhin der nationale Repräsentant vor Ort und im Prinzip nichts anderes als ein Generalkonsul. Er ist für die Leitung und Koordinierung des gesamten zivilen Wiederaufbaus zuständig. Alle Maßnahmen, die eine realistische Chance auf eine dauerhafte Stabilisierung der Region bieten, laufen bei diesem »Leiter des zivilen Teils des PRT« zusammen, also beim Auswärtigen Amt. Warum wendet sich eigentlich nie jemand an ihn, um eine Erklärung für den desaströsen Zustand des Wiederaufbaus zu erhalten?

Ähnlich sieht es beim Innenministerium aus. Die Förderung der afghanischen Polizei ist bisher in lächerlich kleinen Schritten vorangegangen. Berücksichtigt man die Anzahl der im Dienst getöteten frisch ausgebildeten Polizisten, dürfte der Effekt gegen null tendieren. Hätte das BMI auch nur einen Teil dessen erfüllt, was immer angekündigt wurde, könnte sich die Bundeswehr tatsächlich Schritt für Schritt herausnehmen und an die Afghanen übergeben. Mit dem jämmerlichen Häuflein deutscher Polizeibeamter, die das Bundesinnenministerium nach Afghanistan geschickt hat, ist daran nicht zu denken. Kritik oder Schuldzuweisungen landen nie an der Adresse der eigentlich Verantwortlichen.

Warum das Verteidigungsministerium dies so einfach akzeptiert, ist mir ein Rätsel. Normalerweise gehört es zu einem Standardritual in der deutschen Politik, sich bei Erfolg im Lob der Presse zu aalen und bei Misserfolg einen möglichst großen Teil der Schuld auf andere abzuwälzen. Ein Abwälzen wäre im Fall der Afghanistan-Mission noch nicht einmal unberechtigt. Die Öffentlichkeit und auch ein Großteil der Journalisten haben noch nicht einmal verstanden, was der eigentliche Auftrag der Bundeswehr ist. Für einige mag das Erbsenzählerei sein, aber die deutschen Soldaten waren nie für den Wiederaufbau des Nordens zuständig. Sie sollten diesen lediglich absichern. Das ist ein gewaltiger Unterschied. Wenn also jetzt festgestellt wird, dass eben dieser Wiederaufbau »stockt«, wie es in der Presse noch ziemlich positiv geschrieben wird, dann ist die Bundeswehr wiederum der falsche Adressat für Nachfrage und Kritik.

Eine detaillierte Analyse des Versagens kann die Versäumnisse der Vergangenheit natürlich nicht rückgängig machen. Falls die deutsche Regierung entgegen meinen Erwartungen aber doch noch ernsthaft bemüht sein sollte, das Ruder in Nordafghanistan herumzureißen, dann ist es zum einen sehr wohl hilfreich, zu erkennen, welcher Akteur welche Handlungen vollzogen oder eben nicht vollzogen hat. Zum anderen wird die Mission am Hindukusch nicht das letzte militärische Abenteuer der Bundesrepublik gewesen sein. Es werden weitere folgen, an die man hoffentlich mit größerem Respekt und mehr Entschlossenheit herangehen wird. Die Erfahrung, die man in Afghanistan gesammelt hat, könnte dann auch zu einer realistischeren Zielsetzung führen, welche Behörde welche Leistungen erbringen kann.

Beim Militär wäre diese Kalkulation an sich ganz einfach. Die Einheits- und Verbandsführer kennen die Fähigkeiten und Grenzen ihrer Truppe und sind daher auch in der Lage, der Politik zu sagen, ob ein Auftrag zu schaffen ist oder nicht. Leider tun sie es nur viel zu selten. Das Karrieresystem der Bundeswehr hat im Laufe der Zeit merkwürdige Blüten getrieben und auch einem Großteil ihrer Führung den Mut und das Verantwortungsgefühl genommen. Ich kann mich an kein einziges Abschlussantreten erinnern, sei es nach einer Übung, einem Lehrgang oder nach einer Operation im Einsatz, bei dem ein verantwortlicher Vorgesetzter gesagt hätte: »Männer, das war Scheiße! Das müssen wir noch einmal machen.« Immer wurde nur der »Erfolg festgestellt« und stolz nach oben weitergegeben. Der Grund dafür ist einfach. Ein Offizier bleibt selten länger als zwei Jahre auf seinem Posten. Danach wechselt er zu einer anderen Dienststelle, um in der Hierarchie aufsteigen zu können. Würde nun beispielsweise ein Bataillonskommandeur dem höher stehenden Brigadekommandeur melden, dass sein Bataillon in einem schlechten Zustand sei und die ihm gestellten Aufgaben nicht oder nur teilweise erfüllen könne, müsste er Rückschlüsse auf seine eigene Führungsfähigkeit befürchten. Dies jedoch will er in der Regel nicht riskieren und zieht es daher vor, Probleme zu kaschieren und innerhalb der Truppe schnell weiterzuziehen. Ein solches Verhalten ist eigentlich völlig untypisch für die deutsche Armee, nun aber fast zur systembedingten Regel geworden. Generalstabsoffiziere scheinen besonders anfällig dafür zu sein, alles für den schnellen, aber kurzfristigen Erfolg auf ihrem jeweiligen Dienstposten zu tun, um die Reihe ihrer glänzenden Beurteilungen nicht abreißen zu lassen. Diese aufwendig ausgebildete und hochqualifizierte Gruppe von Offizieren hat, bis auf ein oder zwei Truppenoffiziere, als Einzige die Chance, jemals in den Generalsrang aufzusteigen. Leistung und sehr gute Beurteilungen sind dafür zwingend erforderlich. Genau aus diesem Grund übergab die Führung früherer Zeiten den »Generalstäblern« nur äußerst selten ein Truppenkommando. Denn auch wenn deren Ausbildung die der normalen Truppenoffiziere bei weitem übertrifft, ist der Generalsstabsoffizier eben vor allem Führungsgehilfe und kein Truppenführer. Die Armee braucht beides, aber stets an der richtigen Stelle.

Liegen die Stehzeiten im Heimatdienst noch bei zwei Jahren, enden sie im Einsatz hingegen oft schon nach sechs Monaten. Das Prinzip »Augen zu und durch« lässt sich dort noch viel einfacher in die Tat umsetzen. Ein eindrucksvolles Beispiel dafür konnte ich selbst erleben. Am Ende meines zweiten Einsatzes wurde exakt der immer gleiche Lobgesang auf das Erreichte gehalten. »Es liegt zwar noch ein Stück des Weges vor uns, aber wenn unsere Nachfolger so gute Arbeit leisten wie wir, dann ...« Doch wie in aller Herrgottsnamen kann das 18. Kontingent den Einsatz erfolgreich beendet haben bei dem, was das 19. alles ertragen musste? Vier

Gefallene, über fünfundzwanzig Verwundete und Hunderte Aufständische im Raum Kunduz, die wir im April 2009 bislang nicht aufgeklärt hatten, das ist kein Erfolg. Ich wünschte, ich könnte von der Bundeswehr behaupten, dass in dieser Institution Ehrlichkeit und Realismus noch zu den weitverbreiteten Tugenden gehören würden. Das kann ich aber nicht.

Für einen Oberst im Generalstab (i. G.) als Kontingentführer entscheidet sich in seinem Einsatz als PRT-Kommandeur oft, ob er danach noch zum General befördert wird oder nicht. Nur zu selten bringt er folglich die Kraft auf, ehrlich und schonungslos über die Lage in Nordafghanistan Bericht zu erstatten. Er fügt sich jedoch mit dem, was er sagt, auch einer unausgesprochenen Vorgabe der Politik. Ist es in Deutschland vorstellbar, dass ein hoher Offizier oder gar General der Bundeswehr vor eine Kamera tritt und sagt, dass der Einsatz in Afghanistan oder sonst wo auf der Welt außer Kontrolle gerät? Dass dringend schwerere Waffen benötigt werden, um im Kampf bestehen zu können? Bei den Briten gab es jüngst etwas Derartiges. Ebenso bei den Amerikanern. Der ISAF-Kommandeur Stanley McChrystal beispielsweise fiel schon häufig durch seine harsche Kritik an politischen Entscheidungen auf und nahm auch in seiner derzeitigen Verwendung nur selten ein Blatt vor den Mund. Im Oktober 2009 forderte er erneut eine Aufstockung der Truppen um 40 000 Mann, was einer Erhöhung um zwei Drittel entspricht. Und er fügte bereits mehrfach hinzu, dass der gesamte Einsatz am Hindukusch zu scheitern droht, wenn seiner Bitte nicht entsprochen wird. Seinen Präsidenten setzt er damit zwar gehörig unter Druck und er riskiert stets seine Ablösung, dennoch redet er Klartext.

Die deutsche Generalität ist davon weit entfernt. Sie versucht eher noch, die Politiker in ihrem unverständlichen Technokratendeutsch zu überbieten. Der geschasste Generalinspekteur Schneiderhan etwa stellte sich nie vor seine kämpfenden Truppen und forderte eine signifikante Verstärkung, sondern gab Ende Oktober 2009 nur vorsichtig bekannt, dass sich in Afghanistan »militärische Lagen ergeben können, in denen auch der Einsatz tödlich wirkender Waffen unumgänglich ist«. Um was für Waffen handelt es sich eigentlich bei nicht »tödlich wirkenden«? Um entwaffnende Freundlichkeit? Noch nie kam es in der Bundesrepublik zu klaren Äußerungen vonseiten der militärischen Führung. Mit einer Akzeptanz des Primats der Politik hat das nichts zu tun. Der Ehrlichkeit halber muss ich hinzufügen, dass ich nie bei einem abschließenden Debriefing, dem Rapport eines Kontingentführers im Einsatzführungskommando, dabei war. Ob also bei dieser Gelegenheit eine offene Einschätzung kommuniziert wird, kann ich nicht beurteilen. Falls ja, verlässt sie jedoch nicht den Besprechungsraum.

Den Beschönigungen in der Meldekette von unten nach oben, die durch den beschriebenen personellen Systemfehler in der Bundeswehr verursacht werden, ist es zu verdanken, dass die Führung der Armee über viele Missstände erst gar nicht informiert wird. Im Fall der dramatischen Lageentwicklung am Standort Kunduz gilt dies aber ausnahmsweise nicht. Hier hatte Ex-Minister Jung bereits im Frühjahr 2007 persönlich einen Befehl erteilt, er wolle wöchentlich auf direktem Weg über die Situation vor Ort unterrichtet werden.[8] Die sogenannte Ministerlage enthielt jedoch keinerlei Wertung oder Empfehlung der Truppe im PRT Kunduz, sondern beschränkte sich auf eine reine Aufzählung der Vorkommnisse der jeweils vergangenen Woche. Diese aber wiederum wurden ohne Verharmlosungen und politische Korrektheit dargestellt und machten die zunehmende Verschärfung der Lage deutlich. Ich habe die Berichte selbst geschrieben.

Das Ministerium für wirtschaftliche Zusammenarbeit und Entwicklung aber schlägt in der Disziplin »penetrante Selbstdarstellung« alle übrigen Ressorts. Für eine Analyse der verpassten Chancen und eine daraus folgende Änderung der Afghanistan-Strategie lohnt sich ein besonderer Blick auf diese Behörde der guten Seelen.

Der Mythos vom Wiederaufbau

Mädchenschulen haben oberste Priorität

Man erkennt sie sofort, wenn sie zum Essen ins Feldlager kommen. Eine Combo aus zwei Frauen um die fünfzig mit Modeschmuck und praktischer Kurzhaarfrisur, ein schüchterner Mann im gleichen Alter und eine junge Nachwuchskraft, die zu glauben scheint, dass die Einheimischen es honorieren würden, dass sie sich ein Kopftuch übers Haar gelegt hat. Es klingt wie Klischees, doch diese bestätigen sich eben allzu oft. Bis auf die Nachwuchskraft kennen alle das Spiel der Entwicklungshilfe bereits. Sie sind meistens nicht zum ersten Mal in der sogenannten Dritten Welt unterwegs.

Die junge Frau allerdings fragt sich jeden Tag, ob es tatsächlich die richtige Entscheidung war, nach Afghanistan zu kommen, um Gutes zu tun. An der Universität klang das schließlich alles anders. In der Theorie griffen die verschiedenen Hilfsmaßnahmen stets sinnvoll ineinander oder bauten aufeinander auf. Zeit und Raum waren im Hörsaal feste Größen, mit denen sich prima planen ließ. Auch die große Unbekannte in der Formel für erfolgreiche Entwicklungszusammenarbeit (EZ), die Hilfeempfänger, waren irgendwie homogener. Zwar wurde ihr an der Uni »interkulturelle Kompetenz« beigebracht: dass die Menschen unterschiedlich sind und man mit einem Fischer aus Sierra Leone anders zusammenarbeiten muss als mit einem paschtunischen Bauern, aber letztlich seien doch alle an der Unterstützung interessiert und würden gern mitarbeiten. Jetzt stellt sich die Lage vollkommen anders da. Es fängt bereits beim Einsatzort und der Unterkunft an. Die waren in der Stellenausschreibung noch ziemlich harmlos geschildert worden. Da hieß es nur: »herausforderndes Umfeld«. In der Wirklichkeit bedeutet dies Dreck und Gestank, ein heruntergekommenes Haus, Klo mit Spülung nur dann, wenn man Glück hat. Die junge Idealistin ist jetzt so sehr mit sich und dem beschäftigt, was ihr fehlt, dass sie sich kaum noch auf ihre eigentliche Aufgabe konzentrieren kann. Wer aber in diesem riesigen internationalen Betrieb der staatlichen und nichtstaatlichen Organisationen etwas werden will, der braucht ein paar Jahre Erfahrung in einem solchen Land. Man verdient sich dort eine »Anschlussverwendung« in ruhigeren Ländern, vielleicht sogar mit Meerzugang. Und so heißt es nun, Zähne zusammenbeißen, die reichlichen Urlaubstage so legen, dass man möglichst oft nicht da sein muss. Obendrein ist es ausgemacht, sich für jeden Workshop anzumelden, der außerhalb des Landes oder wenigstens in der afghanischen Hauptstadt stattfindet.

Den Soldaten gegenüber stellen die meisten Damen und Herren der EZ eine moralische Überlegenheit zur Schau. Kommt man ihnen auf dem Weg zur Kantine entgegen, würdigen sie einen oft keines Blickes, da man eine Uniform trägt. Sie suchen nie Kontakt zu den Soldaten, die täglich draußen unterwegs sind, oder fragen gar einmal nach deren Sichtweise, was die Lage im Land betrifft. Mag sein, dass diese dabei nicht immer das »große Ganze« im Blick behalten, aber es könnte kaum schaden, sich ab und zu mit Patrouillenführern auszutauschen, die fast täglich mit Dorfältesten und afghanischen Polizisten sprechen. Es ist schon ein ganz besonderer Schlag Mensch, der zur Entwicklungshilfe strebt.

Nicht wenige von ihnen erwecken den Eindruck, dass sie selbst dringend Hilfe benötigen. Selten begegnet man einem Entwicklungshelfer, dessen Persönlichkeit gefestigt scheint und der Durchsetzungsstärke verkörpert. Bei beiden Einsätzen in Afghanistan und meiner Zeit im Jemen habe ich diese Frauen und Männer selbst erlebt. Charisma scheint bei den Auswahlverfahren für diese Dienste nicht sonderlich gefragt zu sein. Ebenso wenig wie Führungsstärke und Sinn für die Realität. In Afghanistan allerdings treffen diese Leute auf eine andere Spezies von Menschen. Wer dort ohne Waffengewalt etwas erreichen will, verhandelt zunächst mit den Mächtigen, den Clan-Chefs, den Polizeiführern, den Distriktmanagern oder den Gouverneuren. Wer das nicht will, kann sofort wieder gehen.

Diese Mächtigen am Hindukusch sind allerdings nicht aufgrund von Universitätsabschlüssen und *Good-Governance*-Prinzipien, den Anweisungen für eine gute Regierungsführung, zu ihrer Position gekommen. Abstammung, Stärke und Durchsetzungskraft machten sie zu dem, was sie sind. Das Leben dieser Männer wird durch Tugenden wie Kampf, Ehre und Hingabe an Allah bestimmt. Viele von ihnen verfügten auch während des Bürgerkriegs über Kommandogewalt und eine starke Anhängerschaft. Es sind Männer, die während des Feldzugs der Amerikaner vor zehn Jahren als Mitglieder der Nordallianz noch Taliban gejagt und hingerichtet haben und die nicht selten auch mit Konkurrenten, anderen Warlords, so umsprangen. Und ja, es sind ausschließlich Männer, die am Hindukusch den Weg bestimmen.

Die Vertreter der Entwicklungshilfe müssen sich mit diesen Männern verständigen, wenn sie denn Projekte initiieren wollen, und dabei geht es natürlich um Verhandlungsgeschick und Durchsetzungsvermögen. Doch statt robustes Personal zu rekrutieren und in solche Einsätze zu entsenden, gehören bei der EZ ein Höchstmaß an politischer Korrektheit und ein Idealismus, der die Grenzen zur Utopie schon lange hinter sich gelassen hat, zur Grundausstattung der Helfer. Ich will überhaupt nicht anzweifeln, dass die Männer und Frauen dieser Organisationen die feste Absicht haben, etwas zu verbessern. Sie tun es aber nur um einen Preis: den, dass sie gleichzeitig ihre Vorstellungen vom Zusammenleben der Menschen sowie ihr Weltbild mitliefern können.

Entwicklungshelfer sind die Missionare unserer Zeit. Ausgestattet mit gutem Gewissen, Toyota-Landcruisern und üppigen Gehältern ziehen sie in die Welt hinaus, um den Menschen die frohe Kunde von Gleichberechtigung, ökologisch bewusster Lebensführung und ihrer Vorstellung von Gerechtigkeit zu überbringen.

Es gibt Dutzende Hilfsorganisationen im Zuständigkeitsgebiet der Provincial Reconstruction Teams, die sich um verschiedenste Projekte kümmern. Viele Vertreter dieser Organisationen lehnen es meist aus ideologischen Gründen ab, mit Soldaten zusammenzuarbeiten. Hinter dieser Haltung steckt in der Regel der Gedanke, dass es ohne Militär gar keine Kriege geben würde. Im Herbst 2005 lernte ich allerdings dann doch viele von ihnen kennen, als eine Explosion Kunduz City erschütterte. Damals war so etwas noch selten, und plötzlich standen sieben oder acht Entwicklungshelfer vor dem Tor des Feldlagers und forderten sofortige Unterstützung. Eine Rumänin, die die Leitung einer Hilfsorganisation ihres Landes innehatte, fuhr mich regelrecht an, weil wir es nicht für nötig erachtet hätten, sie sofort über den Grund der Explosion zu unterrichten. Sie hoffte wohl auf eine beruhigende Erklärung, wie etwa die, dass ein Treibstofftank explodiert sei. Ich teilte ihr mit, dass wir über ihre Anwesenheit in diesem Land noch nicht einmal etwas wüssten. Und übrigens sei es kein Tank gewesen, der die Explosion hervorgerufen hätte.

Auf den wöchentlich abgehaltenen *Security Meetings*, die das PRT anbot, um Vertreter der zivilen Hilfsorganisationen über die Sicherheitslage zu informieren, hatte ich sie zuvor noch nie gesehen. Wie sich dann herausstellte, wohnte die Frau allein am östlichen Stadtrand von Kunduz und hatte bis zu diesem Abend kaum Kontakt zum PRT gehabt. Die Dame werkelte irgendwo in der Provinz an einem Projekt, und niemand aus unserer Abteilung hatte davon Kenntnis. So taten es damals die meisten Entwicklungshelfer, und daran hat sich bis heute im Grunde nichts geändert. Auf Patrouillen durch den AOR fallen einem plötzlich große Schilder ins Auge, auf denen eine Organisation in großen Lettern bekanntgibt, dass sie in diesem Ort eine Schule baut, einen Wassergraben zieht oder einen Brunnen bohrt. Warum sie das gerade an dieser Stelle tut und nicht ein Dorf weiter oder in einem ganz anderen Distrikt, ist fast immer unklar.

Auch die Gesellschaft für Technische Zusammenarbeit (GTZ) kooperiert viel zu wenig mit der Bundeswehr. Wenn private Hilfsorganisationen das ablehnen, ist es zwar schade und gefährlich, aber letztlich deren Problem. Die GTZ allerdings ist als GmbH zu hundert Prozent im Besitz der Bundesrepublik Deutschland und im Prinzip ausführendes Organ des Ministeriums für wirtschaftliche Zusammenarbeit und Entwicklung vor Ort, also eine der vier Säulen des gesamten PRT-Konzepts. Von der Aufgabenstellung her ist sie das wichtigste Element des BMZ, um den Kampf gegen die Aufständischen zu gewinnen. Doch auch den Mitarbeitern der GTZ gelingt es nicht, die Arbeit mit den anderen Hilfsorganisationen effektiv abzustimmen und eine Einbettung in eine Gesamtstrategie zu verwirklichen. Mal wird eine Zuckerfabrik in der südlich von Kunduz angrenzenden Provinz Baghlan aus dem Boden gestampft, dann wieder ein Schulgebäude für Mädchen in Takhar eröffnet. Beim nächsten Mal ist es ein Wasserversorgungsprojekt in unserem Umfeld oder eine kleine Hühnerfarm in der Provinz Badakhshan. Es ist kein zusammenhängendes Konzept innerhalb dieser Entwicklungshilfe auszumachen, geschweige denn ein koordinierter Beitrag zu einer Gesamtstrategie.

Um diese verfolgen zu können, müssten sich alle beteiligten Bundesressorts auf ein Ziel festlegen. Für die Bundeswehr ist das Ziel eindeutig, auch wenn die Strategie zu seiner Verwirklichung noch unklar ist: die Rebellen besiegen, die Verantwortung für die Sicherheit in die Hände der Afghanen rückübertragen und nichts wie raus da. Ob das auch die Zielsetzung des Entwicklungshilfeministeriums und aller staatlichen und nichtstaatlichen Hilfsorganisationen ist, vermochte ich nie zu beurteilen. Die Arbeit des Ministeriums und auch die seiner ausführenden Hand, der GTZ, scheint sich darauf zu konzentrieren, die afghanische Gesellschaft von Grund auf zu reformieren und die Gleichstellung von Mann und Frau voranzutreiben. Mir ist bewusst, dass sich Kritik daran nur sehr schwer formulieren lässt. Wer in diesem Bereich Bedenken äußert, wird schnell zum reaktionären Dinosaurier erklärt, der den Zeitgeist der letzten dreißig Jahre verpasst hat. Das Risiko gehe ich jedoch ein. Es handelt sich bei dem Einsatz in Afghanistan nämlich nicht um eine Spielwiese für Sozialtheoretiker, sondern um eine Mission, in der getötet und gestorben wird.

Gleich welches Projekt das BMZ als Erfolgsmeldung verkauft, es geht auffällig oft um Gender Mainstreaming. Eine Übersetzungsvariante dafür lautet:»geschlechtersensible Folgenabschätzung«. Was das genau bedeutet, habe ich bislang nicht herausfinden können. Im Großen und Ganzen handelt es sich aber darum, die gesellschaftlich, sozial und kulturell geprägten Geschlechterrollen von Frauen und Männern zu ändern – und das ausgerechnet in Afghanistan. In einem Newsletter informiert das Entwicklungsministerium über Projekte, die in Kooperation mit anderen Hilfsorganisationen verwirklicht wurden. Erster Frauentag in Kabul, ein Marsch der Frauen, Rechtshilfe für Frauen durch Radiosendungen und die immer wieder gern publizierte Eröffnung einer Mädchenschule. Eine dieser »Erfolgsgeschichten« möchte ich hier kurz zitieren. Unter der Überschrift »Sichere Einkommen für Frauen und ihre Familien durch Hühnerzucht« erläutert das BMZ hier seine ganz eigene Sichtweise der Problemlösung in Afghanistan. Und die geht so:

Die Bewohnerinnen und Bewohner des Dorfes Otranchi in der im Nordosten von Afghanistan gelegenen Provinz Badakhshan freuten sich im vergangenen Jahr über die Ergebnisse eines dreimonatigen Hühnerzuchtprogramms. Es sollte vor allem die Ernährungs- und Einkommenssituation von Frauen verbessern. Das Programm wurde vom BMZ finanziert und in Kooperation mit der lokalen KBAC Company durchgeführt. Insgesamt 100 Haushalte mit rund 1000 Personen des Pilotdorfes Otranchi, dem es an grundlegender Basisinfrastruktur wie Strom und Wasser noch fehlt, nahmen an dem Programm teil. Jeder Haushalt des Dorfes erhielt 14 Hühner und einen Hahn. Zusätzlich erhielten die Frauen Zucht- und Pflegetipps sowie Informationen zur Impfung der Tiere. Bis heute hat jeder Haushalt circa hundert Hühner gezüchtet. Das Dorf liegt günstigerweise nahe der Provinzhauptstadt Faizabad. So haben die Frauen einen guten Zugang zum örtlichen Markt und zu den örtlichen Händlern. Mit Stolz berichten die Frauen, dass der Verkauf der Hühner und Eier ihnen inzwischen ein monatliches Einkommen zwischen 75 und 150 Euro garantiert. Sie können nun maßgeblich über

die Ausgaben der Familie mitbestimmen. So sind sie in der Lage, Teppi-
che, Haushaltswaren, Medikamente und Schulmaterial für ihre Kinder
zu kaufen.

Eine rührende Geschichte. Geflügelexperten aus dem Westen begeben sich nach Afghanistan und bringen den Menschen vierzehn
Hühner und einen Hahn. Nach nur wenigen Wochen haben die
Menschen Geld für Medikamente, Schulsachen und Teppiche,
und was noch viel großartiger ist, die Frauen werden endlich von
ihren Männern respektiert. Mit nur 1,4 Hühnern pro Person
wurde tausend Menschen Stolz, Gleichberechtigung und Einkommen verschafft.

Einer meiner Bekannten, ein Handwerker aus Mecklenburg, hat
auch Hühner. Ich habe ihn gefragt, was er verlangt, wenn er seine
jungen Hennen verkauft, und nach kurzer Kalkulation sagte er,
dass die im Schnitt 6,20 Euro bringen würden. Afghanistan hat
zweiunddreißig Millionen Einwohner. Die Lösung liegt offenbar
so nahe, dass man sie bis jetzt nur noch nicht erkannt hat.

Bleiben also nur wenige Fragen offen: Hatten die Afghanen vorher keine Hühner? Oder wussten sie nicht, dass die sich vermeh-
ren können? Aber die wichtigste Frage ist eigentlich: Glaubt man
allen Ernstes, mit dieser Maßnahme die gesellschaftliche Struktur
zu revolutionieren? Wenn die Situation nicht so ernst wäre,
könnte man sicher herzlich darüber lachen.

Es ist leider nur so, dass im selben Gebiet, in dem Menschen im
Auftrag der deutschen Regierung täglich ihr Leben riskieren, andere im Auftrag derselben Regierung ihren Job nicht richtig erledigen. 140 Millionen Euro investiert die Bundesregierung jedes
Jahr in Aufbauprojekte in Afghanistan. Mal abgesehen von fehlen-
der Koordinierung und von Investitionen in wenig sinnvolle Projekte – wo ist das ganze Geld eigentlich geblieben? Acht Jahre und
eine knappe Milliarde Euro später ist davon einfach zu wenig zu sehen. Es ist bei diesen Feststellungen unbedeutend, ob die Arbeit
der Aufbauhelfer von mir persönlich als suboptimal wahrgenommen wird oder nicht. Wesentlich und im höchsten Grade destruk-

tiv ist aber, dass die afghanische Bevölkerung in ihrer großen Mehrheit genau dieser Ansicht ist – so bekundeten es mir einfache Bauern und Dorfälteste in zahlreichen Gesprächen. Zudem ist das Junktim, das die Aufbaumaßnahmen mit einer grundlegenden Veränderung der Gesellschaft verknüpft, vielen Afghanen zuwider. Die internationalen Organisationen wollen Freiheit und Selbstbestimmung etablieren. Was ist aber, wenn die Mehrheit der afghanischen Bevölkerung ein traditionelles islamisches Leben unseren westlichen Werten vorzieht?

Die Bevölkerung – Aufbruch in die Demokratie?

Mein erstes Buskaschi erlebte ich im November 2005. Die Temperaturen waren seit ein paar Tagen auf milde 25 Grad am Tag gesunken. Die Luft wurde klarer und gab in den frühen Morgenstunden einen atemberaubenden Blick auf die Ausläufer der Berge frei. Nach den lähmenden Sommermonaten mit Staub, Hitze und Dreck spürte man förmlich eine Vitalisierung der Menschen, die sich eifrig auf den nahenden Winter vorbereiteten.

Der Ort des Spektakels lag am östlichen Stadtausgang von Kunduz City, in Richtung Hochplateau, wo heute das neue Feldlager der Bundeswehr liegt. Der eigentliche Auftrag war eine routinemäßige Gesprächsaufklärung mit den Polizeiposten am Stadttor. Spaß und Amüsement lassen sich schließlich nur schwer als Befehl für eine Patrouille mit zwei vollbesetzten Fahrzeugen rechtfertigen. Am Tor soweit nichts Neues, die Polizisten zockten wie immer die kontrollierten Passanten mit illegalem Wegezoll ab. Auf dem Weg zum Ostteil der Stadt begegneten wir dann bereits zahlreichen Menschen, die alle das gleiche Ziel hatten wie wir: das Buskaschi – das Spiel der Afghanen.

Frei übersetzt heißt »Buskaschi« so viel wie »Ziegen ziehen«, und damit ist auch schon fast alles erklärt. Auf einem ausgedehnten Platz, dem Spielfeld, treten Reiter gegeneinander an, um eine tote Ziege, wahlweise ein totes Kalb, in einen markierten Kreis zu schleifen. Es ist eine Art Polo, aber ohne Damen und ohne Gentlemen. Der Wettkampf wird entweder durch zwei gegnerische Mannschaften ausgetragen oder alternativ durch Einzelspieler. Die Pferde, fast ausschließlich Hengste, sind feurig und schwer zu bändigen. Es sind Tiere, mit denen man in eine Schlacht ziehen könnte, kein Vergleich zu den empfindsamen und kränkelnden Gäulen, die bei uns in den Vorstadtställen stehen. Ihre Reiter stehen ihnen allerdings in nichts nach. Raue Burschen verschiedener Abstammung, die sich in ihren Sätteln bewegen, als ob sie darauf geboren wurden. Sie tragen kniehohe Wildlederstiefel, meist einen gekürzten Chapan-Umhang und um die Schulter geschlungene Tücher.

Als wir den Spielfeldrand erreichten, war ein älterer Mann, offenbar ein lokaler Würdenträger, gerade dabei, zu den Mannschaften zu sprechen. Es ging wohl um die Spielregeln. Unser Dolmetscher war aber so sehr damit beschäftigt, die Willkommensgrüße der umstehenden Zuschauer zu übersetzen, dass für die Ansprache des alten Mannes keine Zeit blieb. Als dieser das Spielfeld verließ, wurde die Menge noch aufgeregter. Plötzlich trieb einer der Reiter sein Pferd langsam zu dem auf der Erde liegenden Kadaver. Er beugte sich herunter, griff dessen Hinterläufe – und der Kampf brach los.

Die Atmosphäre in den Zuschauerrängen heizte sich rasend schnell auf. Anfeuerungsrufe, Schreie und Flüche. Die Männer am Rande der Arena, vom jüngsten Knaben bis zum ältesten Greis, fieberten mit jeder Faser ihres Körpers mit, wenn die Spieler ihre taktischen Manöver ritten. Ein Mann mit dem Namen Khairullah fiel mir besonders ins Auge. Es war eine Bulle von einem Kerl mit Händen wie Bärentatzen. Wenn er etwa das tote Kalb einem Gegner abnahm, sah es aus, als ob er gerade mal nach einer Tüte Kichererbsen griff. Sein Vollbluthengst war schneeweiß, die Mähne leicht beigefarben. So pflügten die beiden durch die gegnerischen Reihen, der Reiter mit der Peitsche in der einen Hand, dem Kalb in der anderen und den Zügeln zwischen den Zähnen.

Zimperlich geht es bei Afghanistans Sport Nummer eins nicht zu. Mit ihren Peitschen versuchen die Reiter sich die tote Ziege oder das tote Kalb gegenseitig abzujagen. Sie dreschen wie wild auf die Pferde und die Gegner ein. Die aber stecken das weg, als ob nichts wäre. Es gibt keinen Schiedsrichter, der eingreift, wenn ein Spieler einem anderen seinen Ellenbogen in die Seite rammt. Es gibt kein Foul und keine Spielunterbrechung, um Details des Verhaltens zu klären. Es ist der pure Kampf, und einzig der Stärkere bestimmt die Regeln. Nie habe ich etwas Vergleichbares gesehen, was Kraft, Männlichkeit und Ehrgefühl so sehr verkörpern könnte wie dieses Spiel. Bei uns wäre so ein Sport undenkbar. Abgesehen davon, dass die Austragung gegen ein halbes Dutzend Gesetze verstoßen würde, entspräche es auch nicht unserem gängigen Gefühl von fairem Wettkampf. Fairness und den respektvollen Umgang mit dem Gegner definieren wir einfach anders. Die afghanische Definition ist uns fremd.

Der Sieger eines Wettkampfs erhält als Preis einen Mantel oder sogar ein neues Pferd. Ein solches kann schnell bis zu 50 000 Dollar kosten, in Afghanistan ist das ein großes Vermögen. Worauf es den Spielern aber eigentlich ankommt, ist der Ruhm des Sieges. Als Champion des Buskaschi ist man wer in der Region oder sogar im ganzen Land. Der Name des Spielers und der seiner Mannschaft werden bekannt. Sie bereiten sich selbst und ihrer Verwandtschaft eine große Ehre.

Wer Afghanistan verstehen will, der sollte sich Buskaschi anschauen. Kein anderes Spiel verkörpert so sehr die Seele dieses Landes wie dieser Reiterkampf. All die Werte, die darin zum Vorschein kommen, sind auch elementarer Bestandteil der afghanischen Gesellschaft. Kampf, Ehre und das Denken in Stammes- oder Clanstrukturen finden in Afghanistans Volkssport einen exemplarischen Ausdruck. Ausländer, die über Buskaschi berichten, sehen darin oft nur eine Tradition vergangener Zeiten. Im Innern zutiefst angewidert durch die rohe Gewalt und die dominante

Männlichkeit der Spieler, heucheln sie eine weltoffen-generöse Akzeptanz, die letztlich doch nur das eigene Überlegenheitsgefühl erkennen lässt.

Die Damen und Herren mit der großen interkulturellen Kompetenz sollten sich aber nicht täuschen. Die Kampfeskultur des Buskaschi ist kein Überbleibsel aus den Tagen Dschingis Khans und wahrlich nicht nur ein archaisch-traditioneller Ritus. Sie ist in der afghanischen Gesellschaft der Gegenwart präsent wie eh und je. Wer also plant, Veränderungen in diesem Land durchzusetzen, die zwangsläufig auch zu Veränderungen in der afghanischen Gesellschaft führen, der kann an diesem Spiel hervorragend überprüfen, wie seine Chancen auf Erfolg stehen.

Im Grunde kann man sich sparen, lange um eine der wichtigsten Fragen in Bezug auf das Engagement der internationalen Gemeinschaft am Hindukusch herumzureden. Sie ist einfach und wird dennoch nur sehr ungern formuliert: Lässt sich in Afghanistan eine Demokratie nach westlichem Vorbild etablieren oder nicht?

So simpel diese Frage ist, so wenig offen und tolerant wird sie diskutiert. Wer es wagt, Zweifel an der Demokratiefähigkeit der Afghanen anzumelden, dem wird schnell Diskriminierung oder gar Rassismus vorgehalten. Immerhin wird mit diesem Vorwurf wenigstens auch indirekt zugegeben, dass eine demokratische Ordnung einer gewissen Basis bedarf, einer Grundvoraussetzung im Verständnis der Menschen. Diese Basis, eine Art intellektuelle Fähigkeit einer ganzen Gesellschaft, dürfe man den Afghanen nicht absprechen, so der Vorwurf der empörten Demokratieexporteure gegenüber den Realisten. Dabei gehen sie ihrerseits offenbar unbeirrt davon aus, dass jedes Volk auf der Welt fähig sei, ja, sein muss, in einem Ordnungssystem nach westlichem Vorbild zu leben. Kein Vergleich ist den Verfechtern dieser These dabei zu absurd, als dass er nicht bemüht wird. Besonders in Deutschland werden gern Parallelen zwischen unserer Geschichte und der afghanischen Gegenwart gezogen, bei denen sich einem die Haare aufstellen. Auch wir Deutschen, so heißt es gern, hätten nach einer

Ära abgrundtiefer Barbarei, weitgehender Zerstörung und einer totalen Niederlage den schnellen Weg in die Demokratie finden können. Warum, so die naive Anschlussfrage, sollte dies nicht auch den Menschen in Afghanistan möglich sein? Wer solche Vergleiche zieht, der enttarnt sich nicht nur als verantwortungsloser Ignorant der afghanischen Realität, sondern offenbart auch seine tiefe Unkenntnis der europäischen und damit deutschen Historie.

Herzen und Köpfe

Der grundsätzliche Sinn von Entwicklungshilfe muss nicht in Frage gestellt werden. Wenn Probleme anderer Länder gelöst werden können, die sich ungelöst zu einem Problem für uns entwickeln würden, ist dies eine sinnvolle Investition. Vorsorgend die Bildungsquote zu erhöhen ist sicherlich billiger, als nachsorgend das Militär hinzuschicken. Das Prinzip ist einfach und wurde von klugen Politikern schon angewendet, bevor es den Begriff »Entwicklungshilfe« überhaupt gab. Im Unterschied zu den Verantwortlichen unserer Tage behielten diese stets im Blick, dass es sich auch beim Einsatz von Unterstützungsmaßnahmen für andere Staaten immer um die Durchsetzung eigener nationaler Interessen handelte. Daran hat sich bis heute nichts geändert. Der eine oder andere, der von der Regierung mit dem Auftrag zur Hilfe ins Ausland entsendet wird, mag sich vielleicht der Illusion hingeben, dass es sich um eine Art Umverteilung handeln würde. Von Waren und Geld der Reichen an die Armen und Ungebildeten dieser Welt. Als eine Verantwortung für Menschen, die nicht das Glück haben, in der westlichen Zivilisation zu leben. Die mediale Selbstdarstellung des BMZ folgt einer solchen Grundidee, um einer empfundenen Ungerechtigkeit zwischen der westlichen Welt und dem Rest zu begegnen. Gerade Prominente lassen sich gern zu solchen einfachen Sichtweisen hinreißen, wenn sie mal wieder bei einem »Helft-Afrika-Konzert« auftreten. Das Prinzip dabei: Wir sind reich, die sind arm. Also müssen wir nur Geld von uns zu denen schicken – und damit ist es getan. Es gibt kein Gesetz gegen eine zu kurz greifende Rhetorik, also wird man »Lösungsansätze« dieser Art auch weiterhin ertragen müssen.

Das sogenannte *Empowerment*, also die Hilfe zur Selbsthilfe, unterliegt in vielen Fällen ebenso den ideologischen Vorgaben der Hilfsorganisationen. Die Errichtung von Produktionsstätten im Kollektiv einer Dorfgemeinschaft kann demnach nicht dauerhaft funktionieren, wenn die kulturellen und gesellschaftlichen Voraussetzungen für eine solche Gemeinschaft nicht vorhanden sind. Eine gemeinsame Hühnerfarm, eine von allen zu nutzende Bewässerungsanlage und auch eine Zuckerfabrik, verwaltet und geführt durch ein Gremium von Zuckerrübenherstellern, wird sich permanent nicht halten können, wenn all dies nicht in Eintracht mit den lokalen Verhältnissen zu bringen ist. Es gibt mittlerweile sogar Stimmen aus den Empfängerländern selbst, die eine sofortige Einstellung aller Entwicklungshilfe fordern. Der kenianische Ökonom James Shikwati beispielsweise sieht die EZ als ein wesentliches Moment, das die Armut und Korruption in der Dritten Welt sogar noch verstärkt. Darüber hinaus stellte er fest, dass dank der internationalen Entwicklungshilfe vor allem die Bürokratie der Organisationen wächst und nicht die örtliche Wirtschaft. Gerade in Afghanistan ist dies besonders deutlich zutage getreten. Unzählige Büros und Verwaltungen von Tausenden von Hilfsorganisationen verschlingen einen riesigen Anteil der bereitgestellten Gelder. Im Land selbst kommt dann nur noch wenig an. Von aller Kritik ausgenommen ist selbstverständlich die Nothilfe im Katastrophenfall. Daher möchte ich den Bedarf an Hilfsmaßnahmen in Afghanistan unbedingt als Teil einer solchen Nothilfe verstanden wissen.

Die politisch Verantwortlichen dürfen nie das Ziel der Hilfspolitik aus den Augen verlieren. Sie muss immer dem Wohl der Bundesrepublik Deutschland und seiner Bürger verpflichtet sein. Dies wiederum bedeutet, dass Entwicklungspolitik nicht völlig unabhängig, mithin im luftleeren Raum stattfinden kann. Sie muss der Strategie eines übergeordneten politischen Ziels untergeordnet sein und somit als eines unter vielen Wirkmitteln verstanden werden. Den Entwicklungshelfern vor Ort würde die Kooperation im Einsatzgebiet vielleicht leichter fallen, wenn sie dieses Prinzip verinnerlichen würden. Die Form der Hilfe muss darüber hinaus stets an die Intensität und Schwere der Probleme angepasst werden. In Afghanistan, da dürfte es keine zwei Meinungen geben, bedarf es stärkster Anstrengungen, um der Gesellschaft zu mehr wirtschaftlicher Stabilität zu verhelfen, die die Anziehungskraft der Aufständischen minimiert. Wenn also die Entwicklungshilfe als Teil der gesamten Mission verstanden und eingesetzt wird, dann ist nur noch die Frage zu beantworten, welchen Beitrag sie leisten muss, um das vorangestellte Ziel aller Akteure zu erreichen.

Gehen wir direkt in den Norden Afghanistans. Die Lage, gut acht Jahre nach Beginn des Einsatzes, ist bereits ausreichend geschildert worden. Die internationale Schutztruppe, die afghanischen Sicherheitskräfte und die Bevölkerung liegen unter permanentem Feuer, angeführt von einer Gruppe von Islamisten, die erst Afghanistan und danach den Rest der Welt in ein Kalifat verwandeln wollen. Es wird bedroht, gebombt und gemordet. Die Mission ist an einem Punkt angelangt, an dem es nur noch darum geht, die Grundvoraussetzung für das Zusammenleben einer Gesellschaft wiederherzustellen. Vorrangig muss die Restauration von Sicherheit und Ordnung sichergestellt werden. Wenn das nicht gelingen sollte, ist alles andere nichts wert. Mädchenschulen sind nur leere Gebäude, wenn die Mädchen sich morgens nicht aus dem Haus trauen können. Freie Wahlen, Gleichberechtigung, Bildung, Pressefreiheit – all die Dinge, an die wir glauben, wird es für Afghanistan nicht geben können, wenn es nicht gelingt, die Aufständischen zu besiegen, die dies um jeden Preis verhindern wollen. Dieser Sieg ist nicht nur Aufgabe der ISAF, sondern aller eingesetzten staatlichen Kräfte, auch des BMZ. Dem Ministerium für Entwicklungszusammenarbeit kommt dabei sogar eine Schlüsselstellung zu, die die Bundeswehr mit ihrem derzeitigen Einsatzbefehl nicht erfüllen kann. Mit gezielten Hilfsmaßnahmen müssen militärische Erfolge gesichert werden, um die Bevölkerung dauerhaft von den Aufständischen zu trennen.

Es geht dabei um schnelle und direkte Maßnahmen, die sich sofort auswirken – eben um Nothilfe, nicht nach der Heimsuchung durch ein Erdbeben, sondern durch Taliban-Kämpfer. Die Losung der »zu gewinnenden Herzen und Köpfe der Menschen«, die der frühere Verteidigungsminister Jung immer stolz verkündete, ist richtig und altbekannt. Bereits in den fünfziger Jahren entwickelten die Briten bei einem ihrer kolonialen Erbfolgekriege in Malaysia (damals noch Malaya) eine Strategie zur nachhaltigen Bekämpfung einer Guerilla. Harten militärischen Aktionen folgten unmittelbare wirtschaftliche Aufbaumaßnahmen. Das Ziel, Herzen und Köpfe zu gewinnen, kam nach der Malaya-Intervention kaum noch weltweit konsequent zur Anwendung, obwohl es die einzige Chance zu sein scheint, einen Krieg gegen eine Guerilla mit Erfolg zu führen. Auch im Norden Afghanistans wird darüber nur gesprochen und nicht entsprechend gehandelt. Wenn unsere Soldaten Aufständische aus einem bestimmten Gebiet herausdrängen, müssen die Menschen dort schon am nächsten Tag erkennen, dass wir es sind, von denen sie profitieren. Es muss sofort eine Straße oder ein Bewässerungssystem gebaut werden. Irgendetwas, was die Leute dazu bringt, sich von den Aufständischen und ihren Zielen loszusagen. Die Entwicklungshelfer müssen dazu jedoch ihre ideologischen Hürden aufgeben. Alle verfügbaren Mittel und Kräfte müssen umgehend gebündelt und nur noch dem Kampf gegen die Islamisten untergeordnet werden. Was nach einem möglichen Ende dieses Kampfes in Afghanistan passiert, steht dann auf einem ganz anderen Blatt.

Im Januar 2009 wurde eine von vielen Chancen verpasst, einen militärischen Erfolg durch sofortige wirtschaftliche Hilfe zu sichern. Es war die erste große Operation in diesem Jahr. Alle Kräfte des PRT Kunduz, mit Unterstützung der afghanischen Sicherheitskräfte der Provinz, drängten die Aufständischen aus dem Problemdistrikt Chahar Darreh heraus und schufen ein schmales Zeitfenster, in dem die Initiative wieder bei uns lag. Der Feind konnte sich in den Monaten zuvor stets der Unterstützung in der Bevölkerung sicher sein. Drei Ortschaften auf der westlichen Seite des Flusses, Isa Khel, Haji Amanullah und Omar Khel, bildeten dabei das Zentrum dieser Unterstützung. Genau dort hätte das BMZ schnell wirtschaftlich aktiv werden müssen, nachdem die Aufständischen vertrieben waren. Die Bevölkerung dieser Ortschaften, das war meiner Abteilung seit langem bekannt, bestand zum großen Teil nicht aus überzeugten Islamisten, sondern aus einfachen Bauern, die jedoch aufgrund ihrer paschtunischen Stammeszugehörigkeit den Aufständischen Obdach und sonstige Unterstützung gewährten. Genau diese Menschen sind aber der Schlüssel zum Erfolg in Afghanistan. Gelingt es, die einfache Landbevölkerung auf unsere Seite zu ziehen und sie von der Kollaboration mit den Taliban abzubringen, ist die Mission zu gewinnen.

Die Bundeswehr erledigt ihren Teil, so gut es Personalstärke und Ausrüstung zulassen. Sie versucht zusammen mit den afghanischen Sicherheitsbehörden die Menschen von der Plage der Aufständischen zu befreien. Das BMZ bietet leider keine schnelle Anschlusshilfe. In einer solchen Situation ist es nicht angebracht, die Afghanen mit ideologischen Grundsätzen zu überfrachten. Wenn die Bundeswehr einen Bereich gesichert hat, können nur infrastrukturelle Sofortmaßnamen den Menschen zeigen, dass es lohnender ist, sich auf unsere Seite zu schlagen. Es geht nicht um Nachhaltigkeit und gesellschaftliche Veränderungen, es geht um Schnelligkeit.

Im Fall der erwähnten Operation in Chahar Darreh ist das alles nicht passiert, obwohl sich die militärische Führung des PRT sehr darum bemühte, die Vertreter des BMZ davon zu überzeugen, sofort aktiv zu werden. Diesmal waren es Sicherheitsbedenken vonseiten der Zivilisten, die einen schnellen Einsatz verhinderten. Vertreter der GTZ und anderer Hilfsorganisationen wollten zunächst abwarten, ob sich die Lage stabil halten würde oder nicht. Die Sorge um das Wohl der Mitarbeiter war selbstverständlich berechtigt, ging es doch um die unruhigste Gegend des ganzen AOR.

Nichtsdestotrotz wäre ein rascher Beginn der Arbeit wichtig und notwendig gewesen. Wenn die zivilen Wiederaufbauer aber nicht bereit sind, unter dem Schutz der Bundeswehr in ein solches Gebiet zu gehen, müssen sie sich dringend überlegen, ob sie nicht die Arbeit wechseln sollten. Und selbst wenn die Aufbauhelfer unmittelbar im Anschluss aktiv geworden wären, hätte der obligatorische Planungsprozess inklusive Ausschreibung eines möglichen Bauauftrags wieder Wochen verschlungen, bis die Menschen vor Ort etwas von der Unterstützung gespürt hätten. Die Vertreter des Ministeriums sind nicht in der Lage, schnell und direkt zu handeln. Das BMZ und seine Mitarbeiter vor Ort unterhalten kein Nothilfeteam, das in einem solchen Fall augenblicklich ausrücken kann. Strategen aus allen Ebenen des Einsatzes können daraufhin sicherlich entgegnen, dass dies auch nicht der Konzeption von Entwicklungshilfe entsprechen würde. Wenn dies wahr ist, muss entweder dringend das Aufgabenspektrum erweitert werden oder es wäre erforderlich, Kompetenzen an andere Behörden abzugeben.

In manchen Situationen ist eine schnelle und unkomplizierte Hilfe unabdingbar, um die Bevölkerung für die Sache der internationalen Gemeinschaft in Afghanistan zu gewinnen. Etwa bei Ernteausfällen, Erdrutschen, Überschwemmungen oder harten Wintern. Afghanistan verfügt über ein reichhaltiges Repertoire an Katastrophenszenarien auch außerhalb des Krieges. Oft sind es schon kleine Unterstützungsmaßnahmen, die helfen können, den Krieg zu gewinnen. Im Februar 2009 ergab sich beispielsweise eine solche Gelegenheit. Die Aufständischen schossen erneut mit zwei, drei Raketen auf unser Lager. Eine BM-1 schlug auf der Straße ein, die genau am Camp vorbeiführt, prallte ab und zerstörte das Haus eines pensionierten afghanischen Polizisten und seiner siebenköpfigen Familie. Keiner wurde verletzt, aber der Schaden für ihn war immens. Das Dach des Zweiraumgebäudes war eingestürzt, und drei Holzbalken der Deckenkonstruktion waren zerbrochen. Der Mann stand am nächsten Morgen vor unserem Tor und bat weinend um Beistand. Ich holte ihn und seinen kleinen Sohn an der Sicherheitsschleuse ab und hörte mir seine

Klage an. Er habe wenig Geld, die Regierung würde ihm nicht helfen und er wüsste nicht, wie er den Schaden bezahlen sollte. Das alles entsprach den Tatsachen, eines unserer HUMINT-Teams verifizierte das.

Wenn die örtliche Polizei nur gegen Bestechungsgeld überhaupt an einem Tatort wie diesem erscheint, kann niemand erwarten, dass sie der eigenen Bevölkerung aus einer Not hilft. Die Linie des PRT bei solchen Vorfällen ist allerdings ebenfalls eindeutig. Der Bittsteller ist freundlich, aber bestimmt darauf hinzuweisen, dass nicht wir den Schaden verursacht haben, sondern die Aufständischen von der anderen Flussseite des Kunduz River, und dass er Hilfe bei den örtlichen Behörden beantragen soll. Die Antworten sind also noch genauso einfallslos wie schon drei Jahre zuvor. Ein Wunder, dass die Menschen überhaupt weiterhin versuchen, von uns Unterstützung zu erhalten. Dass nicht wir die Raketen verschossen haben, wusste der Mann natürlich auch. Er machte uns auch keine Vorwürfe. Er versuchte eben nur mit allen Mitteln, das Haus seiner Familie wieder instand zu setzen. Am Ende gelang es mir, aus einem Handgeldtopf 80 Dollar aufzutreiben, um dem Mann die Balken und den Rest des Baumaterials kaufen zu können. Angesichts der sonstigen Kosten des Afghanistan-Einsatzes eine wirklich lächerliche Summe.

Die Bundeswehr sollte ihre Haltung zu Vorfällen dieser Art überdenken. Auch wenn sie bei solchen Problemen formal nicht zuständig ist, könnten die positiven Nebenwirkungen für unsere Soldaten erheblich sein. Wie sollte ein solcher Mann nicht auf beste Weise über unsere Truppen denken, wenn wir den Schaden, den der Feind angerichtet hat, einfach und unkompliziert beheben? Er wird uns mit größter Wahrscheinlichkeit zukünftig unterstützen, sei es durch Informationen, dadurch, dass er seine Erfahrung als Ordnungshüter in der Region Kunduz mit uns teilt, oder auch nur dadurch, dass er sich von den Aufständischen fernhält. Natürlich können wir nicht für jeden Nachteil aufkommen, den jemand in unserem AOR erleidet. Großzügigkeit hat sich bisher aber immer noch ausbezahlt. Es ist im Grunde auch kein Unterschied, ob das Haus eines Mannes durch ein Erdbeben, eine Überschwemmung oder durch eine feindliche Rakete zerstört wird. Er braucht Hilfe – und soll diese nicht bei den Falschen suchen. Die zivile Säule des PRT steht selbst für spontane Unterstützungsmaßnahmen in kleinem Umfang nicht zur Verfügung. Alles muss über Anträge, Prüfungen und Genehmigungen laufen und nimmt daher Wochen in Anspruch, ehe es zu Ergebnissen kommt – wenn diese überhaupt zu verzeichnen sind. Selbst wenn die Bundeswehr einen solchen Antrag stellt, ist es sehr ungewiss, ob er überhaupt je zur Ausführung gelangt.

Im Frühsommer 2009 verkündigte das Verteidigungsministerium stolz den ersten Spatenstich zum Bau der Mischa-Meier-Brücke, einer zweiten Querung über den Kunduz River. Die erste stammt noch aus der sowjetischen Besatzungszeit und ist stark in die Jahre gekommen: In der Mitte befindet sich ein riesiges Loch, und die Brückenpfeiler sind mit Wagenhebern notdürftig abgestützt. Dass dem Baubeginn der zweiten Brücke ein fast dreijähriges Kompetenzgerangel der Ministerien Verteidigung, Äußeres und Entwicklung vorausgegangen war, blieb unerwähnt. Die Verhandlungen im Vorfeld des 2,5 Millionen Euro teuren Projekts waren ein Musterbeispiel an Ineffizienz der deutschen Bürokratie. Bereits im Sommer 2006 stellte der damalige Kommandeur des PRT den Antrag zur Errichtung dieser neuen Brücke, um endlich die Bewegungseinschränkungen für seine Patrouillen nach Westen aufzuheben. Dabei sollte der Übergang nicht nur für militärische Zwecke nutzbar sein, sondern auch für alle Formen des zivilen Verkehrs. Alle hätten von einem zügigen Bau Vorteile gehabt. Doch unmittelbar ging es um den Zugang der Bundeswehr ins südliche Chahar Darreh. Die wäre der Profiteur gewesen, der dafür hätte Sorge tragen können, dass sich die Lage westlich ihres Lager nicht dramatisierte – wie es dann später passierte: Damals war dieser Distrikt noch einer unter vielen. Erst im Jahr 2009 entwickelte sich das Gebiet zur Taliban-Hochburg des PRT Kunduz, und bis heute bindet es die Mehrzahl der militärischen Kräfte. Die Unterstützung der Aufständischen durch die paschtunische Bevölkerung in diesem Distrikt war sicherlich nur einer der Gründe, warum sich ausgerechnet dort ein Rebellensumpf entwickeln konnte. Die strategisch günstige Lage, mit dem Fluss als schweres Hemmnis für unsere Fahrzeuge, trug ebenfalls ihren Teil dazu bei. Operativ war es für die Bundeswehr stets heikel, dort aktiv zu werden, da Verstärkung und Rettung immer nur über einen langen Umweg zugeführt werden konnten.

Viele Gründe wurden für die Verzögerungen des Brückenbaus genannt: Unklarheiten über die Zuständigkeit, Unklarheiten über die Grundbesitzverhältnisse des benötigten Baulands, Unklarheiten über die Finanzierung. Wer auch immer die Verantwortung dafür trägt, die Brücke steht bis heute nicht. Wenn über drei Jahre ins Land gehen, bis ein simpler Übergang über den Kunduz River errichtet wird, der zynischerweise den Namen des gefallenen Hauptfeldwebels Mischa Meier tragen soll, der beim Überqueren einer Furt in die Luft gesprengt wurde, kann von einem ganzheitlichen Ansatz nicht die Rede sein.

Mehrfach wurde ich vom amerikanischen Verbindungsoffizier gefragt, ob die US Army nicht die Brücke über den Fluss bauen soll. Dies war natürlich keinem der streitenden Bundesministerien recht. Wie würde das auch aussehen, wenn die Amerikaner einfach so einen Übergang in unserem Zuständigkeitsgebiet herstellen würden? Dann stritt man sich doch lieber weiter, koste es so viel Zeit, wie es wolle. Wie gesagt, drei Jahre nach dem ersten Antrag wurde der erste Spatenstich zelebriert. Die Amerikaner hatten für den Bau der Brücke acht Wochen veranschlagt. Mittlerweile ist an eine Fertigstellung nach dem Spatenstich im April nicht mehr zu denken. Das Gebiet ist zur Hauptkampfzone im AOR geworden. Mitarbeiter von Baufirmen würden dort vermutlich keine vierundzwanzig Stunden überleben.

Es wäre leicht, noch viele Beispiele mangelnder Kooperation zwischen den zivilen Aufbauhelfern und der Bundeswehr zu benennen. Sie ähneln sich fast alle und deuten auf ein organisatorisches Problem in der PRT-Konzeption hin, das sich bereits rein äußerlich offenbart. Von allen vier Säulen des PRT hat nur das

BMZ keinen ständigen Vertreter im Feldlager der Bundeswehr. Sowohl die Mitarbeiter des Auswärtigen Amts als auch die des Innenministeriums unterhalten beide Verbindungsbüros und stehen stets in engem Kontakt zur militärischen Führung. Meine Abteilung konnte sich immer auf die gute Zusammenarbeit sowohl mit den Diplomaten als auch mit den Polizisten als effektives Verbindungsglied zur afghanischen Polizei verlassen. Besonders die Kooperation in der Informationsweitergabe war in beiden Einsätzen, die ich erlebte, gut und unkompliziert. Alle Vertreter der Hilfsorganisationen indes, inklusive der staatlichen GTZ, bewohnen gemietete Häuser in Kunduz City. Die wenigsten von ihnen lassen sich regelmäßig im Camp blicken. Die Verweigerung, eng mit den anderen staatlichen Stellen zusammenarbeiten, wird so auch für die Afghanen sehr deutlich.

Die wirkliche Überraschung dabei ist, dass dieser Missstand vom BMZ und den ausführenden Organisationen gar nicht geleugnet wird. Im Gegenteil: Die strikte Abgrenzung des zivilen Wiederaufbaus von der Bundeswehr ist fester Bestandteil der hausinternen Politik. Ein Sicherheitsberater der GTZ-Zentrale in Eschborn bestätigte mir unverhohlen, dass die Entwicklungshelfer nicht einmal mehr von Zusammenarbeit, sondern nur noch vom »Zusammenwirken« sprechen. Es sei der Arbeitsansatz der GTZ vor Ort, nicht in Verbindung mit der Bundeswehr gebracht zu werden. Der Berater begründete diese Maßnahme mit der Sicherheit seiner Mitarbeiter. Während die Bundeswehrsoldaten einer zunehmenden Intensität von Angriffen ausgesetzt seien, sei dies bei den zivilen Helfern nicht festzustellen. Daran, so der Berater, solle sich auch zukünftig nichts ändern, weshalb seine Leute grundsätzlich nie dort tätig werden, wo die Bundeswehr operiert. Im Klartext hieß dies, dass die Soldaten weiter das Feuer auf sich ziehen sollen und die Vertreter des BMZ nicht im Geringsten davon ausgehen, daran zu rütteln.

Es ist unverständlich, wer eine solche Politik abgesegnet hat. Letztlich muss solch eine Vorgehensweise aber von weit oben kommen. In vielen Erfahrungsberichten der militärischen Führung des

PRT wurde dieser Zustand bereits bemängelt. Das Verteidigungsministerium ist über diese Kooperationsverweigerung demnach im Bilde. Auch das Auswärtige Amt wird über diesen Missstand bereits viele Meldungen nach Berlin gekabelt haben. Das Verhältnis zwischen AA und BMZ ist traditionell sehr angespannt, da es viele Diplomaten seit langem leid sind, ein kleines »Zweit-Außenministerium« neben sich dulden zu müssen. Aus diesem Grund wurde vor der Benennung Guido Westerwelles zum neuen Außenminister auch über die Integration des BMZ in das Auswärtige Amt spekuliert. Eine Abteilung am Werderschen Markt, dem Berliner Amtssitz des AA, geführt von einem Staatssekretär. Das würde für die Entwicklungshilfe vollkommen ausreichen.

Es handelt sich im oben beschriebenen Fall also nicht nur um die Abneigung eines einzelnen Regionalleiters gegen die Bundeswehr. Doch alle Beschwerden haben bis heute nicht geholfen, diesen untragbaren Zustand zu ändern. Die Aufbauhelfer machen weiter wie bisher, und den Soldaten fehlt ein entscheidendes Element, um im Kampf gegen die Aufständischen Fortschritte erzielen zu können. Vielleicht findet der neue Minister für wirtschaftliche Zusammenarbeit und Entwicklung, Dirk Niebel, als ehemaliger Fallschirmjägeroffizier die Kraft, einmal mit eisernem Besen durch die Reihen der Ideologen seines Hauses zu kehren.

Inoffiziell scheinen die Aufbauhelfer dann aber doch nicht völlig ohne die Bundeswehr auskommen zu wollen. Da in Afghanistan mittlerweile rund achtzig Mitarbeiter von Hilfsorganisationen auf gewaltsame Weise ihr Leben verloren, erschienen ein Sicherheitsberater der GTZ und einige seiner Kollegen regelmäßig in unserer Abteilung, um über den neuesten Stand der Gefährdungslage informiert zu werden. Und sie erhielten äußerst wertvolle Hinweise, in deren Besitz sie sonst niemals gekommen wären. Wie sollten sie auch, ohne die technischen und operativen Möglichkeiten, über die wir verfügten. Gegen diese Hilfe ist grundsätzlich überhaupt nichts einzuwenden, sie wird von den Soldaten nur von Zeit zu Zeit kritisch registriert, weil die zivilen Aufbauhelfer sich auf allen anderen Gebieten der Zusammenarbeit entziehen.

Die Probleme mit dem BMZ sind nicht neu. In weniger gefährlichen Szenarien konnte die Bundeswehr bisher darüber hinwegsehen und den Verlust an Wirkmöglichkeiten einfach hinnehmen.
In der momentanen Mission in Nordafghanistan allerdings ist es
nicht tragbar, auch nur die geringste Chance auf Besserung der
Lage ungenutzt zu lassen. Die Mehrheit der Entwicklungshelfer
ist ideologisch leider so verbohrt, dass ich keine Chance sehe, in
Fragen der Kooperation Fortschritte zu erzielen. An der Bundeswehr, da bin ich mir sicher, würde es jedenfalls nicht scheitern. Der
Soldatentypus, den man früher als »Kommisskopf« bezeichnete,
ist so gut wie ausgestorben. Die Offiziere wissen sehr wohl um den
Nutzen ökonomischer Zuwendungen an die Bevölkerung und
würden diese Möglichkeit nur zu gern einsetzen.

Das BMVg muss jedoch erkennen, dass die zivilen Hilfsorganisationen nicht in dieses Konzept einzubinden sind und es die dadurch verursachte Kompetenzlücke selbst zu füllen hat. Mit der
Schaffung eines eigenen Budgets für wirtschaftliche Wiederauf-
baumaßnahmen wäre die militärische Führung der PRTs in Nordafghanistan unabhängig und könnte in Eigenregie militärische
Operationen mit sofortiger Hilfe für die Bevölkerung verbinden.
Auch was die Frage der Fachkompetenz betrifft, wäre die Bundeswehr gut gerüstet. In ihren Reihen gibt es eine Vielzahl von Offizieren, die über Ingenieursstudienabschlüsse verfügen und der
Aufgabe ziviler Aufbaumaßnahmen gewachsen wären. Meistens ist
sowieso nur gesunder Menschenverstand notwendig, um das Richtige zu tun. Das Entwicklungshilfeministerium kann bei dieser Lösung weiterhin seine eigenen Projekte verfolgen, die bis heute zwar
wenig bewirken, aber auch kaum gestört haben. Ein eigenes Bud-
get für Wiederaufbau beim BMVg müsste allerdings vom Etat des
BMZ abgezogen werden, um die Kosten nicht unnötig in die Höhe
zu treiben. Das Prinzip der Umverteilung ist im BMZ ja bekannt.

Grundsätzlich gibt es nur einen sinnvollen Schluss: Das gesamte
Entwicklungshilfeministerium gehört aufgelöst. Das Auswärtige
Amt hat sicherlich noch Räume für eine neue Abteilung frei.

Die afghanische Polizei – eine Landplage

Den ersten afghanischen Polizisten begegnete ich im September 2005. Auf einer Nachtstreife zu Fuß marschierten wir durch Kunduz City bis an das Westtor der Stadt. In einer schlichten Hütte lagen vier junge Männer der Afghan National Police (ANP) auf dem Boden und dösten vor sich hin. Als wir in die Tür traten, erhob sich einer der Männer, indem er sich an seiner AK-47 hochzog, und begrüßte uns müde. Ich sah sofort, dass der Mann nicht nur schläfrig, sondern auch zugedröhnt war. Ob sie Haschisch oder Opium geraucht hatten, konnte ich nicht sagen, aber das Bild, das sie abgaben, war jämmerlich. Die grau-blauen Uniformen waren zerschlissen und viel zu groß, nur einer der vier hatte überhaupt Stiefel an. Auf die Frage nach seinem Vorgesetzten murmelte der Polizist etwas vom Hinterzimmer, das dieser jetzt nicht verlassen könne. Er beendete seinen Singsang mit der Feststellung, dass Deutsche und Afghanen Brüder im Kampfe seien. Alles klar, der Weg ans Tor war offensichtlich umsonst gewesen. Entscheidende Kenntnisse zur Sicherheitslage konnten wir an diesem Abend nicht erwarten.

Da wir jedoch eh schon dort waren, fragte ich ihn noch nach irgendwelchen Vorkommnissen der letzten Tage. Es sei sehr ruhig gewesen, antwortete man uns, sie hätten lediglich einige Tage zuvor ein Marihuanalager ausgehoben. Wo genau, dies wüsste er nicht mehr, auch nicht mehr wann und ob es Verhaftungen gegeben hätte. Dies sei ihm ebenfalls entfallen. Zumindest schien eindeutig, wo die beschlagnahmten Drogen abgeblieben waren. Mein Trupp machte sich auf den Rückweg zum Lager.

Über die Polizisten an diesem Tor war keiner von uns wirklich überrascht. Zwar sind wir von unseren deutschen Beamten anderes gewohnt, doch schon in vielen Urlaubsländern fällt die Qualität der Polizei merklich ab. Dass Afghanistan dahingehend einen Negativrekord aufstellen würde, war zu erwarten. Abgesehen davon waren Polizisten wie diese vier nicht der eigentliche Schwachpunkt der ANP. Mit einer soliden Ausbildung, einem motivierenden Gehalt und einer straffen Führung würden die Polizeioffiziere die Männer schnell auf Trab bringen. Doch genau in dieser Führung liegt bis heute eines der Hauptprobleme der afghanischen Polizei.

Wer in Afghanistan reich werden will, für den gibt es keinen besseren Posten als den des Distrikt- oder Provinzpolizeichefs. Selbst mittlere Vorgesetzte, wie etwa der Chef der vier verlotterten Polizisten am Westtor, können sich ihr kärgliches Gehalt mit einem illegalen Wegezoll aufbessern. Fahrzeuge, die eines der Tore zum Stadtzentrum passieren, werden angehalten, kontrolliert und gegen eine »Eintrittsgebühr« durchgelassen. Wer Drogen und Waffen in die Stadt schmuggeln will, muss die Höhe dieser Gebühr lediglich angemessen anpassen. Die Wegelagerer deswegen als schlechte Menschen zu bezeichnen würde der Sache aber nicht gerecht werden. Man könnte sogar die Meinung vertreten, dass der durchschnittliche Polizist auf einem solchen Posten gar nicht anders kann, als korrupt zu sein. Entweder hat er seinen Job bei seinem Vorgesetzten, dem Polizeichef des jeweiligen Distrikts, teuer erkauft und muss die Kosten wieder hereinholen oder er ist diesem familiär verpflichtet. Würde er sich dann dem Treiben verweigern, hätte er den Job nicht und würde sich zudem schnell außerhalb des schützenden Clans wiederfinden. Die Mehrheit der Polizisten scheint daher gar kein Schuldbewusstsein wegen ihres korrupten Verhaltens zu haben.

Die Einsetzung eines Distriktpolizeichefs wird wiederum von den Provinzgouverneuren vorgenommen, die ihrerseits von der Zentralregierung in Kabul bestimmt werden. Anfangs glaubte manch einer aus dem Westen, dass an oberster Stelle nur ein integrer Mann vonnöten sei, der mit harter Hand bis unten durchregiert und alle bestechlichen Polizisten in die Wüste schickt. Doch ein solches direktes Ernennungssystem existiert in seiner Einfachheit nur in der Theorie. Für ein Land wie Afghanistan wäre es viel zu undifferenziert, um den zahlreichen Interessen im Land gerecht zu werden. Faktisch haben die mächtigen Warlords und Drogenhändler der Regionen ihren Einfluss nie aufgegeben und mischen bis heute kräftig im großen Personalkarussell der Afghan National Police mit. Einem Provinzgouverneur ist es nicht möglich, den Polizeichef in einem bestimmten Distrikt gegen den Willen des örtlichen Clan-Chefs durchzusetzen. Lässt er es dennoch auf eine Machtprobe ankommen, muss er einen sehr mutigen ANP-Offizier entsenden, denn dieser wird vorrangig damit beschäftigt sein, sich seiner eigenen Haut zu erwehren.

Die Provinzgouverneure haben in der Regel jedoch kein Interesse daran, einen Kleinkrieg um eine Personalie zu führen. Sie einigen sich meist mit den Machthabern der betreffenden Gebiete und profitieren durch Beteiligungen am illegalen Geschäft oder direkt durch den Verkauf des Postens. Und nach seiner Inauguration macht sich ein neuer »Chief of Police«, wie er in der NATO-Sprache genannt wird, nicht selten gleich ans Werk, um die Drogen- und Waffengeschäfte seiner Protegés zu schützen. Wird er, was selten vorkommt, irgendwann erwischt und einem Kommandeur der NATO-Kräfte gelingt es, den Druck auf den zuständigen Gouverneur so stark zu erhöhen, dass dieser reagieren muss, sind die Konsequenzen für den Beschuldigten stets erträglich.

Allgemein herrscht in Afghanistan ein wahres Postengeschacher der Mächtigen. Ein gutes Beispiel dafür ist der ehemalige Polizeichef eines Distrikts in der Provinz Takhar. Auf einer Erkundungstour in dieses Gebiet begegnete ich dem Mann im Herbst 2005 zum ersten Mal. Die Gespräche, die ich mit ihm, dem Distriktmanager und einem Offizier des afghanischen Geheimdiensts führte, waren freundlich, aber nicht sonderlich ergiebig. Kurz vor der Abfahrt nutzte der damalige stellvertretende Polizeichef die Gelegenheit und bat um eine kurze Unterredung unter vier Augen. Wir machten einen kleinen Spaziergang zum Dorfausgang und wieder zurück, dabei wies er selbst seine Personenschützer an, den Abstand zu uns groß genug zu halten, damit sie nicht mithören konnten. Er beschuldigte seinen Chef und den Distriktmanager, in Drogengeschäfte verwickelt zu sein und nichts gegen die Kriminalität zu tun, die auch in seinem Zuständigkeitsbereich überhandnehmen würde. Die Angaben über die angeblich ruhige Lage seien falsch und hätten nur zum Ziel, die ISAF fernzuhalten. Ich dankte ihm für die offenen Worte und versprach, diese weiterzuleiten und meinem Vorgesetzten persönlich davon zu berichten. Da war es wieder, dieses: »Ich werde es weiterleiten, aber sonst können wir nichts versprechen.«

Die Geschichte um den Polizeichef dieses Distrikts nahm dennoch ihren Lauf. Hätte er einfach nur sein schmutziges Geschäft betrieben wie bisher, hätte er keine Probleme bekommen. Doch eine Woche nach dem Gespräch mit seinem Stellvertreter schoss der Polizeichef einem Mann im Streit ins Gesicht. In der Folge wurde er schlussendlich seines Postens enthoben. Da der Mörder aber eine sehr einflussreiche Persönlichkeit zum Bruder hat, erhielt er nach afghanischer Tradition eine neue Stelle als Polizeichef in einer anderen Provinz. Wie oft er seitdem seine Stelle wechseln musste, weiß ich nicht. 2008 entdeckte ich ihn immer noch auf einer Personalliste aller Polizeichefs in den afghanischen Distrikten.

Dies ist kein Einzelfall. Fast jeder Posten in der afghanischen Administration ist mit Personen besetzt, die der Bürgerkrieg nach oben gespült hat, die sich mit Hilfe ihrer Verwandtschaftsbeziehungen an der Macht halten und die nicht selten in schwerste Verbrechen der organisierten Kriminalität verwickelt sind. Einige von ihnen sollten gemäß einer im Westen verbreiteten Moral vor den internationalen Strafgerichtshof in Den Haag gebracht werden, doch stattdessen werden sie weiterhin nicht von der Internationalen Schutztruppe angetastet und durch Treffen mit ISAF-Kommandeuren und Politikern der engagierten Staaten in ihrem Ansehen sogar noch aufgewertet.

Der afghanischen Bevölkerung sind unsere Moralvorstellungen und die der juristischen Instanz von Den Haag meistens fremd. Die Kluft zwischen den Versprechungen des Westens und der Realität in ihrem Land sehen die Menschen aber sehr wohl. Besonders die Älteren unter ihnen kennen die heutigen Polizeichefs noch aus früheren Zeiten. Vieles, was sie erzählen, mag übertrieben sein, vielleicht verwechseln sie auch den einen oder anderen Namen, aber die Beschuldigungen sind zum Teil äußerst schwerwiegend. Ist nur ein Teil davon wahr, würde es ausreichen, um die Männer vor ein Strafgericht zu stellen.

Ein anderer Polizeichef soll eine unrühmliche Rolle bei dem Sieg über die Taliban in Kunduz 2001 gespielt haben, als Hunderte der Koranschüler in Seecontainer gesperrt und zum Verdursten in die Wüsten gefahren wurden. Was den Drogen-, Alkohol- und Waffenschmuggel betrifft, dürfte es schwer sein, überhaupt einen Beamten innerhalb der ANP zu finden, der nichts damit zu tun hat. Der Norden ist aufgrund seiner Grenzlage zu den zentralasiatischen Republiken ein Transitgebiet für illegale Waren aller Art. Kunduz City gilt als der Hauptumschlagplatz für tadschikischen Wodka. Wenn man erst einmal die Angst überwunden hat, davon zu erblinden, ist er gar nicht so schlecht, nur in einer islamischen Republik natürlich nicht erlaubt.

Nun ist die internationale Gemeinschaft nicht dazu da, die islamische Gesetzgebung zu überwachen. Doch unabhängig davon: Der ungehemmte Drogenschmuggel betrifft unsere Sicherheit unmittelbar, und zwar sowohl in Afghanistan als auch in Deutschland. Dazu muss man wissen: 92 Prozent des weltweit konsumierten Heroins werden in Afghanistan hergestellt. Noch bis vor wenigen Jahren wurden die knapp achttausend Tonnen Jahresertrag hauptsächlich als Rohopium exportiert. Mittlerweile wird dieses aber in eigenen Labors innerhalb des Landes zu Heroin verschnitten und anschließend verschifft. Je nach Schätzung entstammen bis zu zwei Drittel des gesamten Bruttoinlandsprodukts Afghanistans aus der Drogenökonomie. Diese Zahlen muss man sich nachdrücklich vor Augen führen, um sie danach in Verbindung mit unserer eigenen Präsenz am Hindukusch zu bringen.

Über die Effektivität der afghanischen Polizei ist angesichts dieser Tatsachen letztlich schon alles gesagt. Nur ein Narr kann glauben, dass sich die Entwicklung der ANP auf einem guten Weg befindet. Achttausend Tonnen Drogen können nicht angebaut, verschnitten und außer Landes geschmuggelt werden, ohne dass die Masse der afghanischen Polizisten involviert ist. Wer sich aus diesem immensen Problem heraushalten will, kann es mit dem Aufbau des Landes und mit der Bekämpfung des weltweiten Terrorismus nicht ernst meinen.

Der gefährliche Zustand der afghanischen Polizei wirkt sich direkt auf die Arbeit der internationalen Schutztruppe aus. Sowohl im täglichen Patrouillendienst als auch im Rahmen größerer Operationen werden afghanische Sicherheitskräfte häufig beteiligt. Formal sind es sogar sie, die diese Operationen durchführen und die Bundeswehr lediglich als Unterstützung anfordern. In der Realität ist es genau andersherum. Während die Zusammenarbeit mit der afghanischen Armee, der Afghan National Army, und dem afghanischen Geheimdienst, dem National Directorate of Security, im Großen und Ganzen gut funktioniert, gibt es regelmäßig größte Probleme, wenn die ANP involviert ist. Schon in die Planung können die afghanischen Polizeioffiziere nicht eingebunden werden, da die Gefahr des Verrats an die Feindkräfte zu groß ist. Es werden meist nur noch ein gemeinsamer Treffpunkt und eine Abmarschzeit verabredet. Die Einweisung in die Details erfolgt erst unmittelbar vor dem Start.

So war es auch vor einer großen Operation des 18. Kontingents in den letzten Dezembertagen 2008. Ziel war wieder einmal das südliche Chahar Darreh. Die dortige Hauptstraße sollte von Sprengfallen geräumt, der Druck auf die bekannten Aufständischen-Zellen erhöht und gegebenenfalls eine Zugriffsoperation im Anschluss durchgeführt werden. Am Ende des ersten Tages kam unsere Führung aber bereits zu der Überzeugung, zukünftig auf die Beteiligung der Polizei verzichten zu wollen.

Die Schwierigkeiten begannen gleich zu Anfang, mit der verabredeten Zeit zum Abmarsch der Kräfte. Um den Überraschungseffekt auszunutzen, sollten unsere und die afghanischen Truppen noch bei Dunkelheit das Feldlager verlassen. Die zugesagten ANP-Polizisten trafen jedoch erst mit einer zweistündigen Verspätung im Camp ein. Ihr befehlshabender Offizier erklärte umständlich, dass sowohl die Benzintanks der Autos als auch die Bäuche der Männer leer seien. Zwar wurde dieser Einheit erst achtundvierzig

Stunden zuvor eine große Menge Treibstoff übergeben, doch unser verantwortlicher Offizier verzichtete darauf, eine schlüssige Erklärung zu erfragen. Uns war hinlänglich bekannt, dass sich afghanische Polizisten mit dem Verkauf des Sprits ein Zubrot verdienten.

Nachdem ihre Ford Ranger mit dem Aufkleber am Heck *Donated by Germany* aufgetankt waren, wurden Essenspakete, die sogenannten NATO-Einmannpackungen, an die Männer verteilt. Die begannen ihrerseits sogleich mit dem Verzehr. Danach zogen sich die Afghanen noch zur Morgentoilette an unsere Camp-Mauer zurück, bevor es dann endlich mit fast vierstündiger Verspätung losgehen konnte. Die Sonne war inzwischen aufgegangen, und die Informanten der Aufständischen hatten genug Zeit gehabt, um ihre Auftraggeber zu warnen.

Kein Vertreter der vier verantwortlichen Ministerien will, dass die Afghanistan-Mission länger dauert als erforderlich. Wenn die internationale Gemeinschaft aber nicht darauf warten will, bis sich die afghanische Gesellschaft zu einem gefestigten demokratischen Musterstaat entwickelt hat, muss der Fokus auf die afghanischen Sicherheitsbehörden gerichtet werden. Sie sind die einzige Chance für die Truppensteller, den Großteil ihrer Soldaten in absehbarer Zeit nach Hause zu holen. Bei dem derzeitigen Zustand der Afghan National Police besteht allerdings wenig Grund zur Hoffnung. Um es auf den Punkt zu bringen: Die ANP ist ein unzuverlässiger, schlecht ausgebildeter und korrupter Haufen. Sie ist nicht einmal annähernd in der Lage, die überbordende Kriminalität zu bekämpfen, geschweige denn die Bedrohung durch die Aufständischen abzuwehren. Es ist nicht nur die schlechte Ausbildung und die oft mangelhafte Ausrüstung, die die Polizei so degradiert, sondern vor allem die beschriebene Verstrickung in Verbrechen der organisierten Kriminalität.

Dass ein zusammengefallener Staatsapparat wie der Afghanistans von Grund auf neu aufgebaut werden muss, ist bei Beginn der Mission klar gewesen. Wie in vielen Ländern, die in ihrer Geschichte eine ähnliche Zäsur erleben mussten, stellte sich auch am

Hindukusch zunächst das Problem des richtigen Personals. Keineswegs wollte die internationale Staatengemeinschaft die von den Taliban eingesetzten Polizisten ungeprüft übernehmen. Viele von ihnen waren während der Wirren des Feldzugs 2001 sowieso verschwunden. Die neuen Kräfte jedoch bedürften einer um ein Vielfaches intensiveren Schulung und Kontrolle durch die Mitarbeiter des Bundesinnenministeriums, als dies momentan gewährleistet wird. Dass das keine leichte Aufgabe ist, gestehen auch andere Nationen der ISAF ein. Amerikanische Militärpolizisten, die ein Vielfaches an afghanischen Polizeirekruten ausbilden, als es das formal zuständige BMI tut, klagen regelmäßig über den labilen »Grundzustand« der angehenden ANP-Leute. Sie würden zum Beispiel während der Ausbildung alle paar Minuten nach einer Teepause verlangen und oft auch unter Drogeneinfluss zum Dienst erscheinen – und wenn überhaupt, dann verspätet. Ähnliches berichteten mir oft die zivilen Ausbilder der privaten Firma DynCorp, ein weiterer Militärdienstleister im Auftrag der US-Regierung. Die Männer, mit denen ich regelmäßig Kontakt hatte, erzählten von untragbaren Zuständen in ihrem Ausbildungscamp, das nur wenige hundert Meter neben unserem Feldlager in Kunduz lag. Neben den bereits erwähnten Grundmängeln kam es häufig zu Streit unter den afghanischen Rekruten, einmal wurde unser PRT sogar um Verstärkung gebeten, weil ein Disput zu einer handfesten Revolte ausartete.

Was die deutsche Polizeischulung betrifft, geht es auch kaum darum, Afghanistans Ordnungshüter zu Verkehrspolizisten und Kriminalbeamten auszubilden. Benötigt wird eine paramilitärische Truppe, die sich zum Kampf gegen eine schwerbewaffnete Aufstandsbewegung eignet. Alles andere ist Zukunftsmusik. So jedenfalls ist die Bezeichnung »Polizisten« für die Männer in den grau-blauen Uniformen nichts als ein schlechter Witz.

In der NATO –
mit allen Konsequenzen

Bremsklotz Deutschland – das Verhältnis
zu den NATO-Partnern

In Afghanistan steht einiges auf dem Spiel. Die NATO hat dort die Führung eines Krieges übernommen, dessen Ausgang mehr als ungewiss ist, der jedoch eine deutliche Tendenz zum Scheitern erkennen lässt. Das oberste Ziel aller Verbündeten ist es, Afghanistan und damit auch die ganze Region Zentralasien zu stabilisieren. Wenn dies doch noch gelingen sollte, erlangen wir damit mehr Sicherheit für unsere Heimatländer und können mittelbar die unüberschaubaren Risiken eines ausufernden Krieges abwenden, der potentiell zum globalen Flächenbrand werden kann. Daneben ist es aber auch eine Probe aufs Exempel, ob das westliche Verteidigungsbündnis mit Missionen dieser Art fertig werden kann oder nicht. Falls es so weit kommen sollte und die NATO ihr Minimalziel der Stabilisierung Afghanistans nicht erreicht, wird niemand der verantwortlichen deutschen Politiker das Scheitern offen eingestehen. Wie etwas dann abläuft, konnte man bereits im März 1994 beobachten. Das Engagement in Somalia war fehlgeschlagen. Dennoch tat die Politik, als sei man erfolgreich gewesen. Zwar wurde diese Mission nicht von der NATO durchgeführt, doch bestand sie auch aus einem multinationalen Einsatzkontingent unter UNO-Mandat. Für die Bundesregierung rechnete sich die »Erfolgsbilanz« nach einem Jahr Einsatz und Kosten von mehr als 380 Millionen D-Mark folgendermaßen: knappe vier Millionen Liter Wasser aufbereitet, sieben Brunnen gebohrt und drei Straßen ausgebessert.

Wenn ich mir diese Bilanz heute vor Augen führe, kommen mir sofort die Worte zu Guttenbergs Vorgänger in den Sinn, der den

»Erfolg« in Afghanistan ebenfalls in Brunnen, Patientenbehandlungen und Mädchenschulen kalkulierte. Doch wie wenig wert das sein kann, zeigt sich deutlich am Beispiel Somalias. Heute sind dort die Brunnen zerstört oder vermint, auf den Straßen patrouillieren marodierende Banden und das aufbereitete Wasser ist längst getrunken. Nichts davon ist mehr übrig. Momentan hat das ostafrikanische Land nicht einmal mehr eine Regierung, die sich aus ihrem kenianischen Exil heraustraut, während Kriegsfürsten und ihre Clans erneut große Teile des zerfallenen Staates beherrschen. Das Land am Horn von Afrika ist heute ein Musterbeispiel für einen gescheiterten Staat *(Failed State)*, es existieren keinerlei administrative Strukturen mehr. Stattdessen ist es zu einem Hort für Piraten und islamistische Kämpfer aus aller Welt geworden, die von dort aus ihren »heiligen Krieg« gegen den Westen vorantreiben können. Die Europäische Union versucht derzeit erfolglos mit ihrer Operation »Atalanta« gegen die Piraterie vorzugehen und wird voraussichtlich von der NATO abgelöst. Im Brüsseler Hauptquartier laufen die Vorbereitungen für die »Operation Ocean Shield«, so der wahrscheinliche Name, bereits auf Hochtouren. Doch auch das Problem mit den islamistischen Kämpfern an Land wird sich nicht von selbst lösen. Mehrfach haben die USA gezielte Tötungen von Terroristen mit Marschflugkörpern und Drohnen durchgeführt und darüber hinaus eine Kurzzeitinvasion Äthiopiens mit Geld, Aufklärung und Waffen unterstützt. Das wird aber nicht reichen. Um diesen Terroristenstützpunkt zu beseitigen, wird sich irgendwann erneut eine Koalition aufmachen müssen, um Somalia wirklich zu stabilisieren.

Der ehemalige Verteidigungsminister Volker Rühe meldete sich im August 2009 aus seinem Rentnerexil zu Wort und nannte den Einsatz in Afghanistan ein »Desaster«. Dass ausgerechnet er diese markigen Töne anschlug, ist bezeichnend für ehemalige Funktionsträger Deutschlands, die sich erst dann trauen, deutlich zu werden, wenn sie selbst keine schlechten Wahlergebnisse mehr fürchten müssen. Denn schließlich war es Rühe selbst, der damals die Verantwortung für den Einsatz des deutschen Kontingents trug, als der jämmerliche Versuch, Somalia zu beruhigen, fehlschlug. Überhaupt lässt sich an der United Nations Operation in Somalia (UNOSOM) hervorragend studieren, was passiert, wenn eine Mission, die Frieden schaffen soll, nur halbherzig durchführt wird. Den Vorwurf muss man allerdings in diesem Fall auch an die Adresse der Amerikaner richten, unter der damaligen Administration von Bill Clinton. Während des Versuchs, einige hochrangige Mitglieder der Mörderbande um den beherrschenden Clan-Chef Mohammed Farah Aidid festzusetzen, fielen neunzehn US-Soldaten in einer wüsten Schießerei im Zentrum der Hauptstadt Mogadischu. Die »Operation Irene« geriet endgültig zum medialen Super-Gau, als eine Horde Somalier die Leichen der gefallenen US-Soldaten an Seilen durch die Stadt schleifte. Clinton zog die Notbremse und beorderte seine Truppen sofort nach Hause. Osama bin Laden behauptete später, dass diese überstürzte Reaktion Clintons für ihn das Schlüsselereignis war, das ihm zeigte, wie man den Westen besiegen kann.

Das unrühmliche Ende des Somalia-Einsatzes hatte damals noch keine direkten Auswirkungen auf die NATO. Zwar griff man deshalb wenig später nur sehr zögerlich in die Bürgerkriege auf dem Balkan ein (was zum Tod von Tausenden Menschen führte, der möglicherweise hätte verhindert werden können), doch konnte das transatlantische Bündnis damals noch als schlagkräftige Alternative für die versagende UNO drapiert werden. In Afghanistan wird dies so nicht funktionieren. Zwar werden Politiker aus allen Mitgliedstaaten ein mögliches Scheitern am Hindukusch schönreden und vordergründig so tun, als ob man zum transatlantischen Tagesgeschäft übergehen könne, aber in Wahrheit wird verteidigungspolitisch danach nichts mehr so sein wie zuvor. Die NATO ist zwanzig Jahre nach dem Ende des Kalten Krieges in der letzten Phase ihrer Entwicklung angelangt. Es gibt für das Verteidigungsbündnis heute keine Alternative mehr, als aktiv zur Verfolgung gemeinsamer Ziele eingesetzt zu werden – und zwar weltweit.

Die globale Bedrohung durch den Terrorismus, der in Afghanistan bekämpft wird, ist nur der Anfang einer Reihe von neuen Herausforderungen, die auf die NATO zukommen. Piratenbekämpfung, Verhinderung einer Verbreitung von Massenvernichtungswaffen, Hilfseinsätze bei Naturkatastrophen und auch der Einsatz der NATO Response Force in einer plötzlich auftretenden Krise werden zum zukünftigen Aufgabenfeld des Bündnisses gehören. Auch wenn die Bundesrepublik sich zumindest auf dem Papier zu all dem einverstanden erklärt, tut sich die heute regierende Politikerriege zum größten Teil sehr schwer mit einem aktiven und global ausgerichteten Verteidigungsbündnis.

Als Schüler und Studenten sind nicht wenige der jetzigen Parlamentarier bereits gegen die NATO auf die Straße gezogen. Es sei eine »prägende Zeit« gewesen, schwärmte ein bayerischer SPD-Abgeordneter mir gegenüber einmal über seine Lebensphase als Protestler. Stets sahen diese Politiker in der NATO den Grund für eine drohende Auseinandersetzung mit den Sowjets. Dass die ihre SS-20-Raketen an der Grenze zur freien Welt stationierten, sahen sie anscheinend als gottgegeben an, die Reaktion des Westens als falsch. Ursache und Wirkung waren offenbar für die Friedensmarschierer schwer auseinanderzuhalten, ein Problem, das vielen auch beim Kampf gegen den Terror zu schaffen macht. Die NATO war ihnen also bereits zu einer Zeit unsympathisch, als diese vor allem unseren eigenen Schutz gegen einen Angriff des Warschauer Pakts garantierte.

»Frieden schaffen ohne Waffen« war das Leitmotiv einer ganzen Generation, und dieses steckt bis heute in den Köpfen der Entscheidungsträger. Der Einsatz von Waffengewalt zur Durchsetzung der eigenen Ziele gilt deshalb weiterhin als »Versagen« der Politik. Wer aber den Sinn und die Unausweichlichkeit eines aktiven und oft auch präventiven Vorgehens gegen die Gefahren unserer Zeit nicht erkennen will, der kann auch die neue Ausrichtung der NATO nicht unterstützen. Weiterhin kommt erschwerend hinzu, dass in Deutschland alle Entscheidungen zum Einsatz der Bundeswehr einem Parlamentsvorbehalt unterliegen und innerhalb der NATO unglücklicherweise immer noch das Prinzip der Einstimmigkeit herrscht. Friedensbewegte Parlamentarier können so, bei einer ausreichenden Mehrheit im Bundestag, das gesamte transatlantische Bündnis blockieren. Unter der neuen bürgerlichen Koalition jedoch wird wieder mehr verteidigungspolitischer Realitätssinn in die Regierung Deutschlands Einzug halten. Darauf hoffe ich zumindest.

Und noch eine zweite deutsche »Spezialität« macht die Bundesrepublik endgültig zum Problemkind in der Allianz. Im Unterschied zu den anderen großen NATO-Nationen gibt es in Deutschland in punkto Sicherheitspolitik keine parteiübergreifenden Grundwerte, die weitgehend unantastbar sind. Mit jeder Wahl und sogar jedem parteiinternen Personalwechsel läuft das Bündnis Gefahr, dass eine mühsam errungene strategische Ausrichtung wieder blockiert oder sogar gekippt wird. Was die Verantwortlichen dann oft als »urdemokratisches Prinzip« verklären, deuten Partnerländer als Unzuverlässigkeit.

Besonders die Amerikaner verlieren zunehmend die Geduld, auf unsere innenpolitischen Befindlichkeiten und strukturellen Hindernisse Rücksicht zu nehmen. Die Verursacher dieses Problems, eine Riege deutscher Politiker, die stets nur den Termin der nächsten Wiederwahl im Kopf hat und deshalb einer wankelmütigen Wählerschaft nach dem Mund redet, scheinen die Konsequenz überhaupt nicht zu begreifen, sollte es je zu einer Abkopplung der USA von der NATO kommen. Im Unterschied zu unserer Verteidigungskonzeption ist das transatlantische Bündnis für die Vereinigten Staaten von Amerika lediglich eine von vielen Optionen, ihrem Sicherheitsbedürfnis gerecht zu werden. An allererster Stelle haben sie sich selbst in Form einer Streitmacht, die auf der Welt ihresgleichen sucht. Wer je in Norfolk, im US-Bundesstaat Virginia, im Hafen der US Navy eine vor Anker liegende Flugzeugträgergruppe sehen konnte, hat unweigerlich einen ehrfürchtigen ersten Eindruck, was militärische Macht wirklich bedeutet. Admirale, die einen solchen Verband kommandieren, bestellen in vielen Ländern der Erde die Regierungschefs zum Rapport, nicht umgekehrt. Und wenn eine solche Armada vor der Küste eines

Staates aufkreuzt, der die Regeln des zivilisierten Umgangs grob verletzt, weiß jeder Potentat, was die Stunde geschlagen hat. Zwei Konflikte, wie den im Irak und den in Afghanistan, parallel zu versorgen, verlangt sicher auch von den Streitkräften der USA einen erheblichen Kraftaufwand. Doch wer hierzulande mutmaßt und dabei oft auch unterschwellig frohlockt, dass die Kapazitäten Washingtons ausgereizt sind, täuscht sich gewaltig. Allein die Kraft, die ein einziges Expeditionskorps der United States Marines innerhalb kürzester Zeit entfalten kann, stellt die Überseekapazität der gesamten deutschen Bundeswehr in den Schatten.

Darüber hinaus ist es nicht so, dass die Vereinigten Staaten bei ihrem sicherheitspolitischen Offensivkurs allein dastünden. Wenn einzelne NATO-Mitglieder den Einsatz des Bündnisses blockieren, weil sie selbst zwanzig Jahre nach dem Ende des Ost-West-Konflikts noch nicht ihre eigene außen- und sicherheitspolitische Ausrichtung definiert haben, dann wird kurzerhand eine Koalition der Willigen geschmiedet. Ob so eine zweckgebundene Allianz für einen bestimmten Zeitraum am Ende ein UNO-Mandat bekommt oder nicht, interessiert nur noch diejenigen, die nicht mit dabei sind. Eine Irak-Invasion findet trotzdem statt.

Die Bundesrepublik ist immer noch ein gewichtiges Mitglied innerhalb der NATO. Das wird sich auch durch das destruktive Verhalten ihrer politisch Verantwortlichen nicht ändern. Lediglich die Bedeutung des gesamten Bündnisses wird abnehmen, sollten sich Amerika und weitere Staaten mit höherer militärischer Risikobereitschaft zunehmend herauslösen. Was in einem solchen Fall von der NATO übrigbleiben würde, hat dann ungefähr den gleichen Wert wie das, was Deutschlands außenpolitische Strategen als Europäische Sicherheits- und Verteidigungspolitik (ESVP) bezeichnen und dabei so tun, als ob es sich bereits um eine feste Institution handele. Denn hier sind weder eine erkennbare strategische Ausrichtung noch militärische Fähigkeiten (*Assets and Capabilities*) zu erkennen, die bei potentiell weltweiten Einsätzen gebraucht werden. Letztere will man sich bis auf weiteres zwar bei der NATO ausborgen (diese verfügt über eigene Waffensysteme, wie zum Beispiel die Awacs-Aufklärer), doch wird das nur funktionieren, wenn das Bündnis diese nicht selbst benötigt. Zudem werden die Amerikaner sicherlich keine Ambitionen verspüren, europäische Emanzipationsdemonstrationen mit Mitteln aus ihrem Verteidigungshaushalt zu unterstützen.

Die Missionen, die bis heute durch die Europäische Union durchgeführt wurden, decken nicht einmal einen Bruchteil des möglichen Einsatzspektrums der NATO ab. In Afrika handelte es sich fast immer um eine One-Man-Show der ehemaligen Kolonialmacht Frankreich, die dann aus Prestigegründen den Namen EUFOR (European Union Force) trug. In Bosnien hat die EU lediglich die Nachhut einer längst überflüssig gewordenen Stabilization Force (SFOR) der NATO übernommen, und zu dem mehr als halbherzigen Versuch, den Piraten auf ihren Holzbooten vor Somalia beizukommen, wurde bereits alles gesagt.

In Deutschland gibt es bis heute keine aussagekräftige Strategie für die eigene Sicherheits- und Verteidigungspolitik. Im Gegenteil: Viele scheinen der Ansicht zu sein, dass sich eine nationale Positionierung in diesem Politikfeld in einer postheroischen Gesellschaft nicht gehört. Wie kann aber ein Staat, der noch nicht einmal weiß, welche Ziele er selbst in diesem Kernbereich der Politik verfolgt oder wie er sich überhaupt verhalten soll, in einer Verteidigungsallianz wie der NATO Anteil an deren zukünftiger Ausrichtung nehmen?

Aus dem gleichen Grund wird auch eine wirklich effektive Europäische Sicherheits- und Verteidigungspolitik scheitern. Denn Staaten wie Frankreich, Großbritannien und selbst Italien verfügen über klare eigene sicherheitspolitische Zielsetzungen und werden sich zu deren Durchsetzung die jeweils passenden Partner suchen, anstatt auf das orientierungslose Deutschland zu warten. Wer gestalten will, der muss mitmachen und darf nicht nur durch Zögerlichkeit und Bedenkenträgerei auffallen. Die sogenannte politische Elite der Bundesrepublik riskiert durch ihr fehlgeleitetes Verständnis einer »Zivilmacht Deutschland« sehr viel. Auch wenn nicht wenige Vertreter dieser Klasse sich keine Gedanken über eine Verteidigungskonzeption machen, brauchen wir heute genauso sehr eine wie vor dreißig Jahren. Und ohne die NATO ist sie nichts wert, ebenfalls wie vor dreißig Jahren. Es geht weder um Nostalgie noch um internationale Solidarität, auch nicht um historische Dankbarkeit für vierzig Jahre Beistand gegen den an den Grenzen stehenden kommunistischen Gegner. Es geht einzig um unsere eigene nationale Sicherheit – und ohne die NATO stehen wir mit heruntergelassenen Hosen da.

Wie in Brüssel, so auch in Afghanistan

Die mangelhafte Bündnisfähigkeit, die die Bundesrepublik bereits seit Jahren auf der politisch-strategischen Ebene der NATO demonstriert, macht auch vor dem Einsatz in Afghanistan nicht halt. Besonders in dieser größten Mission, die das Bündnis je koordinierte, offenbaren sich derart eklatante Differenzen zwischen den Leistungen der Bündnispartner, dass diese auf Dauer nur zum Bruch führen können. Nicht nur in der Ausrichtung und Vorgehensweise unterscheiden sich die Akteure immens, sondern auch in der Ausrüstung und sogar in der Betrachtungsweise, um was für ein Engagement es sich in Afghanistan eigentlich handelt. Während einer Inspektionsreise von Verteidigungsminister a. D. Jung im Spätsommer 2008 stellte ein Journalist die gute, weil einfache Frage, ob »wir hier im Krieg seien?« Jung antwortete staatstragend: »Wir befinden uns nicht im Krieg!« An seiner Seite stand der damalige amerikanische ISAF-Kommandeur und Viersternegeneral David McKiernan, der aufgrund seiner langen Stationierungszeit in Deutschland keinen Dolmetscher brauchte, um Frage und Antwort zu verstehen. Er schaute kurz irritiert und fuhr dazwischen: »*Of course we are at war*« – »Natürlich befinden wir uns im Krieg.« Ein Bündnis, ein Einsatz und ein Ort, und trotzdem prallen zwei Welten aufeinander.

Deutsche Politiker lieben es, für Vergleiche jedweder Art den Fußball zu bemühen. Das versteht nämlich jeder und ist so schön volksnah. Vielleicht wäre es auch einmal hilfreich, den Einsatz in Afghanistan solch einem Vergleich zu unterziehen, um so die eigene Stellung im transatlantischen Bündnis plastischer zu machen: Hier stellt sich zunächst die grundsätzliche Frage, in welcher Klasse die Bundeswehr spielt. Kurz gesagt: Sie müsste im Mittelfeld der Ersten Liga spielen, kickt jedoch wie ein Kreisligist.

Gemeinsam mit zweiundvierzig Mannschaften ist sie angetreten, um nicht gegeneinander, sondern gemeinsam einen Feind zu bekämpfen, der sich den Regeln des geordneten Spiels verweigert, und um das Land und damit die ganze Region zu stabilisieren. Dennoch geht es selbst in diesem gemeinsamen Kampf immer auch um die eigene Positionierung und um den zukünftigen Einfluss eines jeden Mitgliedstaats im Bündnis. Die erwähnten zweiundvierzig Nationen sind nun noch in verschiedene Klassen zu unterteilen. Von ihnen sind achtundzwanzig NATO-Mitglieder, die mit Truppenkontingenten vertreten sind. Die vierzehn übrigen Nationen, die sich am Kampf beteiligen, haben meist nur kleine Abordnungen im einstelligen Bereich entsandt. So stellen Staaten wie Bosnien-Herzegowina, Georgien oder Singapur lediglich Kontingente zur Schulung der eigenen Soldaten oder aus Gründen einer symbolischen Handlung zur Verfügung. Personaltechnisch handelt es sich hier meist um Verbindungsoffiziere, die in den großen Stäben eingesetzt sind und eher die Rolle eines Beobachters am Spielfeldrand einnehmen. Islamische Länder wie die Vereinigten Arabischen Emirate oder Jordanien versuchen mit solchen Mini-Beteiligungen zu demonstrieren, dass auch Muslime gewillt sind, sich dem Kampf gegen den islamistischen Terror anzuschließen. Würden sie weniger Wert auf diese Symbolik legen und stattdessen konsequent gegen die Finanzierung des Terrors vorgehen, wäre der Effekt sicherlich größer. Außerhalb der NATO sind es nur Australien, Schweden, Mazedonien und Finnland, die über Truppenstärken zwischen neunzig und tausend Soldaten verfügen und damit in der Lage sind, eigene Verantwortungsbereiche zu übernehmen beziehungsweise innerhalb solcher entlastend tätig zu werden. Die Mehrheit der dann folgenden NATO-Mitglieder bewegt sich mit ihren Truppenstärken ungefähr in der gleichen Größenordnung. Staaten wie Norwegen, Türkei oder Spanien leisten im Verhältnis zur Größe ihrer Streitkräfte einen tendenziell akzeptablen Beitrag und übernehmen teilweise sogar die Verantwortung über eigene PRTs.

Auffällig ist das Engagement der Neumitglieder aus dem ehemaligen Ostblock. Selbst Kleinststaaten wie die baltischen Länder bringen sich entsprechend ihrer Kapazitäten sehr stark in den Kampf ein. Allein Polen stellt mit zweitausend Soldaten im Verhältnis zur Gesamtstärke seiner Armee ein größeres Kontingent als die Bundesrepublik und ist darüber hinaus noch an sechs weiteren Auslandseinsätzen beteiligt. Während wir uns in der Heimat von Freunden umringt fühlen und uns daher den Luxus leisten, auf so etwas wie eine Sicherheitskonzeption zu verzichten, hat Polen an seiner östlichen Außengrenze noch mehrere ziemlich unberechenbare Nachbarn. Es definiert seine Mitgliedschaft in der NATO daher nicht als politische Pflichtübung eines nach Europa heimgekehrten Staats, sondern als das, was es nach wie vor ist – ein Verteidigungsbündnis zur Erhöhung der eigenen nationalen Sicherheit. Gerade die osteuropäischen Länder haben in den letzten Jahren stark an Einfluss im Bündnis gewonnen. Sie haben zwanzig Jahre nach dem Fall des »Eisernen Vorhangs« in dem Maße an sicherheitspolitischem Bewusstsein gewonnen, wie es den Vertretern der Bundesrepublik gleichsam abhandenkam.

Obwohl es eine Verlagerung des Einflusses gibt, sind die genannten Staaten, die Stellung innerhalb der NATO betreffend, noch nicht auf Augenhöhe mit Deutschland angelangt und werden auch nie in der Ersten Liga spielen. Wirtschaftlich und militärisch haben sie eine zu geringe Größe, als dass sie für die Amerikaner eine wirkliche Alternative zur Entlastung darstellen könnten. Es ist mehr die politische Unterstützung in riskanten Einsätzen, wie dem in Afghanistan oder auch im Irak, die von Wert für die USA ist.

Allen Ernstes darf es für die Bundesrepublik kein Maßstab sein, ihr politisches Gewicht in der internationalen Politik an Ländern wie Estland oder Polen zu messen. Einstimmigkeitprinzip und Gleichberechtigung in der NATO hin oder her, aber im täglichen Geschäft des Bündnisses nimmt jeder die Einwirkung für sich in Anspruch, die seiner Stärke sowie der Intensität, mit der er sich in die Gemeinschaft einbringt, entspricht. Wer viel gibt, kann auch viel mitbestimmen. Deutschland erkaufte sich auf diese Weise über Jahrzehnte ein hohes Maß an internationalem Einfluss, verließ sich also, um ein letztes Mal das Ballsportbild zu bemühen, auf seine Finanzen, statt etwa auf intensive Jugendarbeit zu setzen. Mit dieser sogenannten Scheckbuchdiplomatie ist es aber endgültig aus und vorbei. Die Überweisung hoher Geldbeträge, gekoppelt an den larmoyanten Verweis auf unsere schwierige Vergangenheit, kommt bei den Verbündeten schon seit längerem nicht mehr gut an.

Es mag für einige überraschend erscheinen, aber die Herausforderungen von heute richten sich nicht danach, was Deutschland vor siebzig Jahren getan hat. Die Verbündeten hegen sowieso den Verdacht, dass die Bedenken in Bezug auf unsere unheilvolle Historie eher vorgeschoben sind denn wirklich ein Grund zur Verweigerung. Heute fällt Deutschland den risikobereiten Partnern vor allem als Schulmeister in Sachen Moral auf und nicht als verlässlicher Partner in schwieriger Zeit. Das war nicht immer so. Zu Zeiten des Kalten Krieges war auf die Bundesrepublik Verlass. Zwar nahmen wir damals nicht an Auslandseinsätzen wie dem in Vietnam teil (es gab durchaus Überlegungen, eine Division nach Südostasien zu entsenden), aber die Bundeswehr bildete das konventionelle Rückgrat gegen einen Angriff der Roten Armee. Mehr als 500 000 deutsche Soldaten leisteten jahrzehntelang ihren Beitrag in der NATO zur Verhinderung eines »Heißen Krieges«.

Das große Gewicht, das Deutschland in dieser Zeit innerhalb des transatlantischen Bündnisses aufbaute, konnte auch noch in den ersten Jahren nach dem Fall der Mauer bewahrt werden. In den Erweiterungsprozessen der NATO und auch bei der Anbindung Russlands übernahm die Bundesrepublik stets eine führende Rolle.

Parallel dazu leistete die Bundeswehr einen gewichtigen militärischen Beitrag zur Krisennachbereitung der Balkankriege – aber eben nur zur Nachbereitung. Das Risiko eigener Verluste war sehr gering, und durch die geographische Nähe ließ sich der Wählerschaft auch noch leichter ein unmittelbarer Nutzen des Engagements aufzeigen: Es ging nicht nur um Moral, sondern ganz konkret um die Verhinderung eines Flüchtlingsstroms, der sonst ungebremst unsere sozialen Sicherungssysteme überspült hätte. Selbst Krethi und Plethi sahen ein, dass nach erfolgreicher Stabilisierung Ex-Jugoslawiens die Rückführung von Kriegsflüchtlingen zur Entlastung des Staatssäckels führte. Mithin: weg von der rein defensiven Bündnisverteidigung, hinein in die aktive Krisenintervention.

Das, was man damals die »neue NATO« nannte, ist heute schon wieder veraltet. Längst ist die dritte Phase der Allianz eingeläutet worden – und zwar genau seit dem 11. September 2001. Diesmal geht es um einen Kampf ohne geographische Beschränkung und ohne voraussehbares Ende. Diese dritte Entwicklungsphase der NATO ist nicht zwangsläufig die letzte, aber alle weiteren, die noch folgen mögen, werden wahrscheinlich eine Schwächung und Marginalisierung des Bündnisses bedeuten. Ob dies passiert, hängt allein davon an, ob es den Mitgliedstaaten gelingt, in dieser dritten Phase zu bestehen, und dies entscheidet sich auch am Hindukusch.

Das Prinzip eines Bündnisses wie der NATO ist simpel und gerät dennoch manchmal in Vergessenheit. Staaten schließen sich ihm an, weil sie davon profitieren. Sie geben auch in einem gewissen Maße Eigenständigkeit auf und gehen Verpflichtungen ein, aber am Ende der Gesamtrechnung kommt ein Plus heraus. Falls nicht, wäre es sinnlos mitzumachen. Militärallianzen sind so alt wie der Krieg selbst. Mit der NATO hat man sie lediglich institutionalisiert. Das ist alles. Die Bundesrepublik ist 1955 aus zwei Gründen dem Bündnis beigetreten. Erstens war dies der einzige Weg, die fast vollständige Souveränität nach der Niederlage zurückzugewinnen, und zweitens gewann Deutschland starke Partner, um sich der erdrückenden Übermacht der Roten Armee zu erwehren. Die

Bedrohungen von einst sind heute durch andere ersetzt worden. Zum internationalen Terrorismus kommen neue Gefahren durch sogenannte Schurkenstaaten hinzu, die etwa eifrig an der Entwicklung von Nuklearwaffen arbeiten. Auf diese soll hier nicht näher eingegangen werden. Eines hat sich jedoch seit den Tagen der Ost-West-Konfrontation nicht geändert: Die Bundesrepublik ist nach wie vor zu schwach, um auf all diese Bedrohungen allein zu reagieren. Wir brauchen die NATO und sollten daher großes Engagement entwickeln, um sie in ihrer politischen und militärischen Schlagkraft zu erhalten. Dieses Engagement kann sich nur an dem anderer Mittelmächte messen. Mittelmächte, das ist das Dilemma an dieser Größe, können sich in heutiger Zeit nicht einmal mehr regional allein behaupten, weil keine regionalen Konflikte mehr existieren. Alles, vom Handel angefangen, über Kommunikation bis hin zu Terrorismus, ist global geworden, und die Uhr lässt sich nicht mehr zurückdrehen. Aus demselben Grund gibt es auch für die NATO kein Zurück zur klassischen kollektiven Bündnisverteidigung.

In Afghanistan hat Deutschland die Führung eines von fünf regionalen Kommandos übernommen und muss sich folglich auch an dem orientieren, was die Staaten leisten, die ebenfalls ein solches innehaben. Dem nachdrücklichen Drängen der Verbündeten, sich aktiv am Kampf gegen die Taliban zu beteiligen, wich Deutschland über Jahre aus. Die anderen sollten den verlustreichen Guerillakrieg gegen die wiedererstarkten »Gotteskrieger« im Süden und Osten des Landes führen, während die Bundeswehr den sogenannten Wiederaufbau im Norden betrieb. Von Solidarität keine Spur. Dass die Bundeswehr ihre Truppen in diesen vorerst ruhigen Landesteil verlegte, war auch kein Zufall. Schon bevor die NATO in die Fläche Afghanistans ging, war bekannt, dass die ethnische Zusammensetzung nördlich des Salang-Passes relativ stabile Verhältnisse verheißen würde. Tadschiken und Usbeken, die die Mehrheit im AOR der Bundeswehr bilden, gehörten in der Masse nie der Taliban-Bewegung an. Die Alliierten akzeptierten dies zunächst, war ihnen die deutsche Verweigerungshaltung ja seit Jahren bekannt. Was blieb ihnen auch anderes übrig? Doch je blutiger der Kampf in den anderen Gebieten wurde, desto mehr drängten die Verbündeten darauf, die Lasten gerechter zu verteilen. Das Beispiel der Pressekonferenz mit dem einstigen Minister Jung und dem amerikanischen General zeigte jedoch, dass die Bundesregierung nicht nur ein konsequentes Vorgehen gegen die Aufständischen ablehnte, sondern sich selbst dem strategischen Zusammenhang der verschiedenen Einsatzgebiete, nämlich dem Krieg gegen die Aufständischen als übergeordnetem Auftrag, verweigerte. Dies tut sie im Grunde noch bis heute.

Auch auf taktischer Ebene verhielt sich die Bundeswehr im Norden bisweilen alles andere als kameradschaftlich gegenüber ihren Verbündeten. Die Führung des deutschen Regional Command North war stets peinlichst darauf bedacht, sich vom Vorgehen der Alliierten im Süden und Osten abzugrenzen. Mit den Türen eintretenden und Kultur ignorierenden GIs wollten wir absolut nichts zu tun haben, und die großen schwarz-rot-goldenen Aufkleber mit der Aufschrift *»Alman«* wurden den Afghanen schon fast als eine Art Parlamentärsflagge nähergebracht.

Schlimmer noch: Die Truppen im täglichen Außendienst nutzten den unpopulären Kampf der Amerikaner und Briten oft, um sich selbst ein Stück trügerische Sicherheit zu erkaufen. Leider kann ich mich davon nicht ausnehmen. Während meiner Aufklärungseinsätze 2005 stellte auch ich Anti-Amerikanismus zur Schau: als Mittel, um das Eis zu meinen Gesprächspartnern und Informanten zu brechen. Man versicherte sich gegenseitig der Ablehnung des amerikanischen Vorgehens, machte sich teilweise über die »dummen Amerikaner« lustig und weckte so zumindest ungewollt den Eindruck, dass auch wir die USA als eine Art Gegner betrachteten. Haarsträubende Vergleiche der Afghanen wurden heuchlerisch abgenickt, um das eigene Bild des freundlichen »Nicht-Besatzers« aufrechtzuerhalten. Manches Mal war man unglaublichen historischen Verklärungen ausgesetzt, in denen das afghanische und das deutsche Volk als Brüder dargestellt wurden. Der Sohn des damaligen Gouverneurs der Provinz Takhar war so ein Geschichtsgenie. Immer wieder schwadronierte er in unseren Gesprächen über die gemeinsame Historie als »arische Völker«, die gleichsam das Leid der amerikanischen Besatzung ertragen mussten und beide im Kampf gegen die Russen die Ehre ihrer Familien verteidigt hätten und so weiter.

Ich war solche Vergleiche bereits aus meiner Zeit im Jemen gewohnt. Als Deutscher wird man in islamischen Ländern immer wieder mit solchen Ansichten konfrontiert. In Garküchen und Restaurants wurde ich häufig nur aufgrund meiner Nationalität eingeladen. Was hinter dieser Deutschenliebe vieler Muslime steckt, hat nur zu einem gewissen Teil damit zu tun, dass wir nie als Kolonialmacht in diesem Teil der Erde aufgefallen sind. Wesentlich häufiger wird die jüngere Geschichte bemüht, um die Zuneigung zu erklären. Es beginnt mit unserer Verweigerung, an den Irak-Kriegen teilzunehmen, und endete bei einem völlig offen ausgesprochenen Dank für die Ermordung von sechs Millionen Juden.

Als ich das zum ersten Mal hörte, saß ich bei einem Friseur in Sanaa. Ein ausländischer Kunde ist immer eine Attraktion. Man wird neugierig befragt – und schnell steckt man mitten in einem Palaver über Politik. Jemenitische Friseure unterscheiden sich kaum von deutschen, nur haben sie teilweise einen tiefsitzenden Antisemitismus verinnerlicht. »Nein, nein«, sagte mein Haarschneider und winkte ab, als ich das Geld aus der Tasche holen wollte. Die Deutschen hätten so viel gegen unseren gemeinsamen Feind, die Juden, unternommen, da könne er nichts von mir annehmen. Eine Diskussion darüber zu beginnen schien mir fehl am Platz. Auch in der Nachrichtengewinnung sind solche unappetitlichen Reaktionen hinzunehmen, um ein bestimmtes Ziel zu erreichen. Nicht umsonst verfügt der BND seit Jahrzehnten über hervorragende Kontakte zur libanesischen Hisbollah und zur palästinensischen Hamas. Deutschen wird dort traditionell ein hohes Vertrauen entgegengebracht. Auch für mich ist die Toleranzgrenze in diesem Bereich sehr hoch. Wenn man dadurch beispielsweise einen guten Kontakt zu einem Informanten aufbauen kann und so an wichtige

Hinweise gelangt, ist solches Gerede legitim. Zimperlichkeit ist dort generell fehl am Platz. Man sollte nur stets im Blick behalten, auf welcher Seite man steht.

Bei den Afghanen begegnet einem dieser Juden-Hass nicht so häufig. Die traditionelle Deutschenfreundlichkeit rührt hier eher von positiven Erfahrungen mit unserer Industrie her, die in den sechziger und siebziger Jahren Kraftwerke und Ähnliches baute. Kurioserweise ist den Afghanen auch eine Expedition aus dem Jahr 1915 positiv im Gedächtnis geblieben. Mehrere Soldaten und Diplomaten des Deutschen Reichs reisten damals mit Pferden und Eseln an den Hindukusch, um den Emir von Afghanistan, Habibullah, zum Eintritt in den Krieg gegen England zu bewegen. Dies gelang ihnen zwar nicht, aber die Anerkennung der Leistung dieser gefährlichen und strapaziösen Reise blieb.

Was den muslimisch-israelischen Konflikt betrifft, ist Afghanistan einfach zu wenig von der Auseinandersetzung im Nahen Osten betroffen, als dass es sie wirklich interessieren würde, wie die deutsche Haltung dazu ist. Wie auch ihre Solidarität zur islamischen Umma, der großen Gemeinschaft aller Muslime, sich stark in Grenzen hält. Am Hindukusch gelten andere Verbindungen. Wenn es jedoch gegen die Amerikaner geht, sind sich auch dort fast alle einig. Die USA werden als imperialistische Invasionsmacht betrachtet, die potentiell jedes Land auf der Erde bedroht. Eine Sichtweise, die manchem in Deutschland gar nicht so fremd ist. Als der ehemaligen deutschen Justizministerin Herta Däubler-Gmelin vorgeworfen wurde, die Politik George W. Bushs mit der Hitlers in Zusammenhang gebracht zu haben, war ihre eigene Karriere zu Ende. In Afghanistan hatte man diese innenpolitische Posse ebenfalls mitbekommen. Einer meiner Kontakte äußerte sich dazu, und obwohl er über die Vorgänge in Deutschland nicht wirklich viel wusste, war seine Analyse eindeutig: Die Frau Ministerin musste ihren Posten nur wegen des politischen Drucks seitens der USA räumen. Auch dazu äußerte ich mich nicht weiter. Um ehrlich zu sein, nickte ich sogar zustimmend, denn schließlich war es mein Auftrag, von ihm Informationen über die bevorstehenden

Wahlen zu erhalten und nicht, ihn über sein dummes Geschwätz aufzuklären.

Solche Methoden sind durchaus gängig, um eine Art Vertrauensverhältnis zu schaffen. Man redet den Informanten im obligatorischen Palaver des Orients nach dem Mund und kommt danach besser zum eigentlichen Ziel des Gesprächs. Die Moral ist dabei zu vernachlässigen – der Zweck allein heiligt die Mittel. Aus heutiger Sicht schätze ich diese krampfhafte Abgrenzung gegenüber den damals schon kämpfenden Amerikanern und Briten jedoch aus zwei Gründen als falsch ein. Zum einen bewerte ich dieses Verhalten mittlerweile als hochgradig illoyal und unfair gegenüber unseren Verbündeten, und zum anderen schadet es auf längere Sicht auch unserer eigenen Sicherheit im Einsatzgebiet.

Das Problem multinationaler Einsätze

Noch vor zwanzig Jahren standen sich die alten NATO-Staaten und die Satelliten der Sowjetunion waffenstarrend und unerbittlich gegenüber. Heute kämpfen sie Seite an Seite in Afghanistan gegen einen neuen, diesmal gemeinsamen Feind. Alle achtundzwanzig NATO-Mitgliedstaaten der Gegenwart sind mit Kontingenten in Afghanistan beteiligt. Neben den großen Truppenstellern wie USA, Großbritannien, Frankreich, Italien und Deutschland übernahmen auch die kleinen osteuropäischen Neulinge der Allianz Verantwortungsbereiche am Hindukusch. Die Größe dieser Staaten und ihrer Streitkräfte ließ von Anfang an nur eine überschaubare Beteiligung zu, die darüber hinaus auch durch die veraltete Ausrüstung und die mangelnde Kompatibilität zu den früheren NATO-Armeen stark eingeschränkt war. Dennoch wurden die jungen Partner mit ins Boot geholt, auch um das Engagement auf eine breite politische Basis zu hieven. Die Neumitglieder bewiesen mit der Teilnahme an der Mission in Afghanistan zudem, dass sie sich ernsthaft an der Politik des Bündnisses beteiligen wollen. Für sie, das darf bei allem Fortschritt in Europa nicht vergessen werden, bedeutet der Beitritt zur NATO immer noch Schutz des eigenen Territoriums. Während die Bundesrepublik Deutschland nur noch von Partnerländern umgeben ist, grenzen Staaten wie Polen oder die baltischen Republiken Litauen und Lettland an teils unberechenbare Diktaturen, wie zum Beispiel Weißrussland. Indem sie sich aktiv in die Militärpolitik des Westens einbringen, erhöhen sie gleichzeitig die Bereitschaft der großen NATO-Länder, allen voran der USA, im Fall des Falles auch ihrerseits bedingungslose Bündnistreue zu leisten.

Über Freunde etwas Schlechtes zu sagen ist nicht angenehm, auch wenn es der Wahrheit entspricht. Man fühlt sich zur Solidarität verpflichtet, und deshalb ist man bereit, aus verschiedenen Gründen über Schwächen hinwegzusehen. Mit Staaten geht es mir da ähnlich. Bei einigen verspüre ich eine Art Dankbarkeit aufgrund von vergangenen Vorfällen in der Geschichte oder auch nur, weil ich mich in einem bestimmten Land gern aufhalte. Es ist eine diffuse Grundsympathie, bei der man oft gar nicht genau weiß, warum sie vorhanden ist. Sie beschleicht mich bei vielen europäischen Ländern des ehemaligen Ostblocks. Jahrzehntelang gefangengehalten im Machtgefüge Sowjetrusslands, spürt man bei Balten, Polen, Tschechen und vielen anderen, dass die Teilung Europas widernatürlich war.

Auch das Engagement, mit der sich diese osteuropäischen Staaten nach dem Fall des »Eisernen Vorhangs« für eine feste Einbindung in Europa entschieden, war für mich bewundernswert, weil sie damit bewiesen, dass die jahrzehntelange Feindschaft zwischen Ost und West im Grunde nur künstlich am Leben gehalten worden war. Durch historische Veränderungen werden eben solche Momente geschaffen, die eine Sympathie gegenüber anderen Ländern erzeugen. Von den Staaten des ehemaligen Ostblocks ist es besonders Ungarn, das in jüngster Vergangenheit großen Verdienst um das Schicksal der Deutschen erwarb. Seine Politiker gingen im Sommer 1989 mutig voran, um sich von den Fesseln des

Kommunismus zu befreien – und traten damit eine politische Wende los, die in einem Jahrhundert nicht oft vorkommt. Für mich bewirkt so etwas Verbundenheit und verpflichtet zu Solidarität und Hilfe, wann immer es nötig sein sollte.

Im März 1999 trat Ungarn in einem Zug mit Polen und Tschechien der NATO bei. Der rein politische Schritt in dieses Militärbündnis war jedoch nur die erste und vielleicht auch leichteste Phase des Beitritts. Viel schwerer sollte es werden, aus einer Armee des ehemaligen Warschauer Pakts ein Mitglied der Nordatlantischen Allianz zu machen. Dieser Prozess ist bei keinem der Länder, die dem Bündnis nach dem Ende des Ost-West-Konflikts beitraten, bis heute abgeschlossen. Sichtbar war dieser besonders bei der Ausrüstung. Veraltete russische Waffensysteme bestimmen nach wie vor das Bild in den Streitkräften Osteuropas. Viel zu schwere sowjetische Panzer des Typs T-72, BRDM-2-Spähwagen mit schlechter Optik und eingeschränkter Nachtsichtfähigkeit oder BTR-70-Schützenpanzer mit überhaupt keiner Nachtsichtfähigkeit sind nicht gerade die optimalen Voraussetzungen im Kampf gegen eine Taliban-Guerilla. Im Gegenteil: Gerade die Afghanen haben aus den Zeiten der sowjetischen Besatzung einen breiten Erfahrungsschatz in der Bekämpfung genau dieser Fahrzeugtypen. Ein weiterer eklatanter Mangel ist das Fehlen einer strategischen Luftverlegbarkeit und einsatzgeeigneter Hubschrauber. Wir Deutschen haben zwar kaum das Recht, dies zu kritisieren, weil wir an dieser Stelle ebenfalls nichts vorweisen können, aber dennoch sind diese essentiellen militärischen Fähigkeiten bei keinem der osteuropäischen Staaten vorhanden.

Die USA unterstützten die politische Bereitschaft, sich an den schwierigen Einsätzen in Afghanistan und im Irak zu beteiligen, mit Fahrzeugen und anderen Ausrüstungsgegenständen aus ihren eigenen Beständen. Rumänische, baltische und polnische Soldaten bewegen sich am Hindukusch mit ausrangierten amerikanischen Geländewagen des Typs HMMWV. Gegenwärtig lässt die angespannte finanzielle Situation vieler dieser NATO-Neulinge kaum mehr zu als die Bereitstellung von (zu bezahlenden) Soldaten. Ungarn beispielsweise ist nicht einmal mehr in der Lage, für den Transport seiner Männer aufzukommen, geschweige denn, ihn selbst zu organisieren. Um einen peinlichen Offenbarungseid zu verhindern, hat sich die Bundesrepublik bereit erklärt, die Kosten für deren Beförderung zu übernehmen. So werden die ungarischen Soldaten in den Airbussen der Luftwaffe mit nach Termez geflogen, um von dort weiter in ihr Einsatzgebiet, die Provinz Baghlan, verbracht zu werden.

Lassen sich Ausrüstungsmängel und finanzielle Knappheit noch im Rahmen des Bündnisses diplomatisch geschickt ausgleichen, kommen die wirklichen Schwierigkeiten in der Kooperation erst durch die sehr unterschiedliche Ausbildung der Soldaten zum Tragen. Die Armeen des Warschauer Pakts zeichneten sich durch eine vollkommen andere Struktur und Führungsweise aus, die aber nach wie vor angewendet wird. Es handelt sich dabei um viel mehr als nur um ein militärisches Detail, das man einfach ignorieren könnte. Die sogenannte Befehlstaktik ist in den Köpfen der Offiziere der osteuropäischen Heere derart stark verankert, dass dies ihr taktisches Verhalten dominiert. Im Gegensatz zu unserer Auftragstaktik, die dem jeweiligen militärischen Führer vor Ort ein großes Maß an Freiheit in der Durchführung des erteilten Auftrags einräumt, ihm aber auch einiges abverlangt, bindet die Befehlstaktik die sogenannten Unterführer strikt an die Anweisungen der übergeordneten Führung.

Zur Verdeutlichung ein Beispiel aus Afghanistan: Ein Oberleutnant unserer Infanterie, ein Patrouillenführer, meldete in einer Nacht im Dezember 2008 auffällige Personen, die an einer kleinen Straße im Unruhedistrikt Chahar Darreh etwas zu vergraben schienen. Der Oberleutnant meldete sich per Funk in der Operationszentrale (OPZ), beschrieb die Lage vor Ort und bat um Handlungsanweisungen, die er auch sogleich erhielt: »Auftrag weiter fortsetzen …« – ganz einfach. Wenige Sekunden danach kam es erneut zu einer Anfrage des jungen Offiziers: Es sei möglich, dass die verdächtigen Personen bewaffnet seien und einen Sprengsatz am Straßenrand vergraben wollten. Der Lageoffizier aus der OPZ gab ein zweites Mal die einzig sinnvolle Antwort, diesmal nur etwas deutlicher: »Sie sind der Führer vor Ort, Sie allein können die Situation beurteilen und angemessen handeln.«

Was für Außenstehende klingen könnte, als ob sich die Vorgesetzten im PRT aus der Verantwortung stehlen und den Oberleutnant mit der Entscheidung allein lassen wollten, ist in Wirklichkeit ein hocheffektives Führungssystem – und in einem Krieg wie dem in Afghanistan das einzig sinnvolle. Wer anders als der Vorgesetzte am Ort des Geschehens könnte die Lage besser beurteilen und entsprechend handeln? Er schaut durch die Optiken seines Fahrzeugs, er hat den Blick ins Gelände. Er kann daher als Einziger einschätzen, ob die Verdächtigen wirklich bewaffnet sind oder es sich nur um Bauern handelt, die einen Wassergraben umleiten. Sein Auftrag, der nach Absolvierung der Offiziersschule nie wieder explizit gegeben werden muss, sondern als dauerhafter Bestandteil seines Vorgehens gilt, ist das »Handeln im Sinne der übergeordneten Führung«. Er kennt den Auftrag der Bundeswehr in Afghanistan, er kennt seinen Auftrag in dieser Nacht – und er muss daher in der Lage sein, den richtigen Entschluss zu fassen. Dass dies nicht immer einfach ist und das Risiko von Fehlentscheidungen birgt, ist dabei klar. Eine strenge Personalauswahl sowie eine aufgeklärte und ganzheitliche Ausbildung und Erziehung sind dafür letztlich unerlässlich.

Die besagte Nacht im Dezember ging schließlich ohne ein Feuergefecht zu Ende, da der zögerliche Oberleutnant sich entschloss, keinen Angriff zu unternehmen. Nur um nicht falsch verstanden zu werden: Wegen des vermiedenen Angriffs werfe ich ihm keine Zögerlichkeit vor, sondern wegen der wiederholten Bitte um Handlungsanweisung, denn das ist nicht die Art, wie deutsche Soldaten sich im Gefecht verhalten sollten. Richtig wäre es gewesen, die Vorkommnisse an die OPZ zu funken, um nach der Entscheidung nur noch zu melden: »Feindliche Kräfte aufgeklärt, entschließe mich zum Angriff. Ende.« Oder eben: »Keine eindeutige Identifizierung möglich, entschließe mich zum Ausweichen.«

Was in diesem Fall nicht gänzlich geglückt war, aber immerhin grundsätzlich zur Anwendung gelangte – einen eigenen Entschluss zu treffen –, hätte sich bei einer Patrouille der ungarischen, polnischen oder rumänischen Armee ganz anders abgespielt. In deren System kommt der Patrouillenführer erst gar nicht in die Verlegenheit, eine eigene Entscheidung treffen und umsetzen zu müssen, das übernimmt grundsätzlich die übergeordnete Führung. Der Offizier hätte also nur funken müssen, was er aufgeklärt hat, und die OPZ beziehungsweise der Kommandeur hätte den Befehl zum Angriff oder zum Ausweichen gegeben.

Die US-Streitkräfte arbeiten ebenfalls nach dem Prinzip der Befehlstaktik, nur ermöglicht dort die technische Überlegenheit der Satelliten- und Drohnenaufklärung eine Übertragung der Situation vor Ort in die Kommandozentrale des jeweiligen Hauptquartiers. Ein amerikanischer Kommandeur sieht also in Echtzeit, was sich auf dem Gefechtsfeld abspielt. Er kann eine möglichst sinnvolle Entscheidung treffen, die er seinen kämpfenden Männern vor Ort dann befiehlt. Die Osteuropäer verfügen nicht über derartige Entscheidungshilfen und schränken durch ihr antiquiertes Führungsverständnis ihren Handlungsspielraum vor Ort enorm ein.

In der Praxis des Afghanistan-Einsatzes führt die Starrheit in der Befehlskette der neuen NATO-Mitgliedstaaten zu einer gefährlichen Unentschlossenheit, ja, Lethargie, die sich auch auf die Einsatzbereiche der Partner nachteilig auswirkt. In den Anfangsjahren der ISAF-Mission arbeiteten diese nicht nur auf der Ebene der Regional Commands zusammen, sondern auch auf denen der PRTs, zeitweilig sogar in einzelnen Abteilungen.

Meine erste persönliche Begegnung mit Soldaten des ehemaligen Warschauer Pakts war im August 2005. Die J2-Abteilung gehörte damals noch zu jenen multinational besetzten Bereichen. Neben dem französischen weiblichen Hauptmann tat auch ein Major der ungarischen Armee dort Dienst, der später noch zum Oberstleutnant befördert wurde. András Bíró war ein sympathischer Kerl, der ein passables Deutsch sprach und durch seinen massigen Körper und sein rundes Gesicht Gemütlichkeit ausstrahlte. Er lächelte viel und erzählte gern von seiner Familie und seinem Heimatort, in dem er einen Weinberg besaß. Für mich war es zunächst selbstverständlich, dass ich ihn mit »Herr Major« anredete. Er lehnte dies jedoch von der ersten Minute ab und bot mir das Du an. Der guten Atmosphäre wegen überwand ich meine anerzogene Abneigung gegen diese vorschnelle Duzerei und nahm an.

András war bereits zwei Monate vor mir in den Einsatz geschickt worden und sollte auch erst drei Monate nach mir Afghanistan verlassen. Trotz seiner jovialen Art sah ich in ihm vorerst einen ganz normalen Stabsoffizier und erwartete folglich ein entsprechendes Leistungsvermögen. Meine Annahme musste ich jedoch nach wenigen Tagen korrigieren. Unabhängig davon, dass mich mein Chef im Einweisungsgespräch bereits höflich vorgewarnt hatte, erwies sich der Major als nicht einsetzbar. Obwohl er in der ungarischen Armee seit Jahren im militärischen Nachrichtenwesen gedient hatte, war es einfach nicht möglich, ihm einen persönlichen Arbeitsbereich innerhalb der Abteilung zuzuteilen. Ihm fehlte ein grundlegendes Verständnis von eigenverantwortlichem Handeln, zudem war er nicht in der Lage, sich selbständig eine Tätigkeit zu suchen. Gerade aber im Bereich des militärischen Nachrichtenwesens sind solche Eigenschaften unverzichtbar. Die Abteilung ist dazu da, dass sie Informationen sammelt, aufbereitet und zielgerichtet weiterleitet. Ob sie dabei erfolgreich ist, entscheidet allein die Kreativität ihrer Mitarbeiter. Herausfahrende Truppen müssen mit Aufträgen versorgt, hereinkommende »angezapft« werden. Netzwerkanalysen der feindlichen Kräfte müssen erarbeitet, Personendateien angelegt und stets aktualisiert werden. All dies kann nur in Eigeninitiative geschehen.

Es wäre auch möglich gewesen, sich ein einzelnes Themengebiet herauszusuchen und allein zu bearbeiten. Aber der Major wartete immer nur auf detaillierte Einzelaufträge unseres Abteilungsleiters. Dass er selbst diese nur unzureichend erledigte, hing mit seiner militärischen Erziehung zusammen. Schließlich hätte Major Bíró als ranghöchster Offizier des ungarischen Anteils im PRT ebenso seine Kameraden eigenständig mit Aufträgen versorgen und sie so mehr in den Gesamtauftrag einbinden können. Beim damals nach Kunduz beorderten ungarischen Zug »Militärpolizei« (MP) zeigten sich übrigens die gleichen Schwierigkeiten. Da die meisten nur Ungarisch sprachen und nur wenige ein paar Brocken Englisch, konnte unsere Operationszentrale die Soldaten nie allein einsetzen. Eine Führung über Funk, wie sie zwingend erforderlich ist, war wegen des Sprachhindernisses nicht möglich, der Einsatz als MP folglich ebenso nicht. Schließlich teilte man den ungarischen Zug auf und gliederte die so gebildeten Trupps in die deutschen Patrouillen ein. Dies wiederum führte aber zu keiner Erhöhung der Präsenz, da die Ungarn über keine eigenen Fahrzeuge verfügten. Ein weiteres Problem: Jedem Infanteriezugführer ist ein Austauschen seiner Männer in hohem Maße zuwider. Denn letztlich bildet sich die Stärke einer Kampfgemeinschaft durch das gegenseitige Vertrauen. Ein Trupp Ungarn, der nicht einmal über den patrouilleninternen Funk zu erreichen ist, weil die Soldaten die englische Sprache nicht beherrschen, ist nicht gerade förderlich, um in Gefechtssituationen zu bestehen.

Zu Beginn des Kontingents nahmen die Patrouillen das Fahrzeug mit den ungarischen Kameraden einfach in die Mitte des Konvois, um sie so zur Not über Sichtkontakt führen zu können. Dass dies in einem Einsatz unter realen Bedingungen großer Unsinn ist, wurde schnell offensichtlich, denn die Verständigung über Handzeichen ist auf dem Gefechtsfeld von heute wirklich überholt. So verflog der gute Wille zur Integrationshilfe schnell, und der ungarische Zug wurde so gut wie nicht mehr eingesetzt.

Alles in allem hatten wir also einen ungarischen Stabsoffizier mit dem Kampfwert eines deutschen Hauptgefreiten sowie einen Zug nicht einsetzbarer Soldaten. Ihr angenehmes Wesen machte sie zwar keineswegs zur Belastung, aber zur Entlastung unserer eigenen Männer trugen sie keinen Deut bei.

Auf NATO-Ebene werden solche Schwierigkeiten zunächst einmal gar nicht erkannt. Dort werden Kontingente auf Basis der standardisierten Bezeichnungen der Dienstgrade zusammengestellt.

Im Hauptquartier im belgischen Mons sah man die Besetzung der J2-Abteilung des PRT Kunduz 2005 folgendermaßen: 2 x OF-3 (Major), 2 x OF-2 (Hauptmann), 1 x OF-1 (Leutnant/Oberleutnant) und 1 x OR-9 (Oberstabsfeldwebel) – das war alles. Das Standardization Agreement (STANAG) zeigt keine Unterschiede in der Qualität der zusammen eingesetzten Soldaten. Ein deutscher OF-3 ist dort genauso viel wert wie ein ungarischer. In Zeiten der Antidiskriminierung wäre alles andere auch undenkbar. Darüber hinaus ist man im NATO-Hauptquartier ohnehin schon viel zu sehr damit beschäftigt, die einzelnen Kontingente wenigstens ansatzweise zu füllen, so dass man es sich beim Aussuchen von Soldaten aus den achtundzwanzig Mitgliedstaaten nicht erlauben kann, noch auf deren Qualität zu achten.

Vier Jahre nach meiner Erfahrung mit den ungarischen Kameraden scheinen solche Probleme nun an der Spitze des Bündnisses angelangt zu sein. Als ich im November 2008 erneut in der J2-Abteilung meinen Dienst aufnahm, erinnerte nur noch ein Türschild mit deutscher, ungarischer und französischer Flagge an die Multinationalität bis zur kleinsten taktischen Ebene. In der OPZ gab es zwar noch bis zum Ende des 18. Kontingents zwei ungarische Unteroffiziere, doch diese wurden bald durch deutsche Feldwebel ersetzt.Grundsätzlich ist es natürlich möglich, auf Zugebene mit Soldaten befreundeter Streitkräfte zusammenzuarbeiten. Die belgische Armee stellt beispielsweise seit Jahren vorzügliche Bombenentschärfer zur Verfügung, die den unsrigen einiges voraushaben. Während in der Bundesrepublik die Beseitigung von alter Weltkriegsmunition grundsätzlich an zivile Firmen vergeben wird, erledigen in Belgien die EOD-Einheiten (Explosive Ordnance Disposal) der königlichen Armee diesen Job. Entlang des ehemaligen Frontverlaufs des Ersten Weltkriegs liegen noch unzählige Granaten, Minen und andere Munitionsteile im Erdreich – ein gutes Trainingsgebiet für die Entschärfer aus Wallonien und Flandern.

Die übertriebene Multinationalität auf kleinster taktischer Ebene wurde in den letzten Jahren des Afghanistan-Einsatzes Zug um Zug wieder aufgelöst und auf die nächsthöhere Ebene verlagert. Die Ungarn übernahmen von den Holländern ihr eigenes PRT in Baghlan, so wie das litauische Kontingent unter dem Kommando der Regional Command West eines in der Provinz Ghowr verantwortete und das tschechische eines in der Ostprovinz Lowgar. Zum Leistungsvermögen der Litauer und Tschechen kann ich keine Aussagen machen, da die deutschen PRTs keinerlei Berührungspunkte mit ihnen haben. Beide Kontingente wurden jedoch nicht in Schwerpunktprovinzen eingesetzt, sondern erhielten eher überschaubare AORs abseits der Brennpunkte. Das ungarische Kontingent in der Provinz Baghlan indes grenzt unmittelbar an den deutschen AOR des PRT Kunduz und steht damit ebenfalls unter der deutschen Führung des Regional Command North.

Wenn die Provinz Baghlan bisher auch nicht durch eine erhöhte Feindaktivität aufgefallen ist, nimmt sie dennoch eine Schlüsselstellung für das gesamte Regionalkommando der Deutschen ein. Durch das Gebiet des ungarischen PRT verläuft die LOC Pluto, die Hauptverbindungsroute zwischen Nord- und Zentralafghanistan. Wer also nach Süden will, muss durch Baghlan und an seiner Provinzhauptstadt Pol-e Khomri vorbei. Der Weg führt danach über den berühmten 3400 Meter hohen Salang-Pass und endet nach weiteren 120 Kilometern in der Hauptstadt Afghanistans. Von dort gehen Strecken in alle Teile des Landes und der ganzen Region. Aus Sicht des RC North und vor allem des PRT Kunduz ist aber viel wichtiger, wer die LOC Pluto in umgekehrter Richtung benutzt, also von Süden nach Norden.

Meine Abteilung verfügte schon seit langem über Informationen, dass sowohl Schmuggelware wie auch Waffen und sonstige Technik zum Bau von IEDs aus den pakistanischen Grenzgebieten und dem Süden Afghanistans in die Provinz Kunduz transportiert wurden. Ein ausgefeiltes J2-Genie brauchte es dafür nicht, denn bereits grobe Kenntnisse der geostrategischen Lage und der politischen Verhältnisse in der Region führen zu dieser Erkenntnis. Natürlich gab und gibt es auch die Möglichkeit, über enge und unwegsame Gebirgspfade von Osten her unerwünschte Dinge in das Gebiet um Kunduz zu transportieren. Eine derartige Passage ist jedoch langwierig und nur im Sommer möglich. Die zweite Möglichkeit ist der Weg von Westen, aus Richtung Mazar-e Sharif. Pakistan befindet sich bekanntlich aber im Osten. Des Weiteren liegt die Region um das deutsche RC North tief im usbekischen Einflussbereich und ist daher für Taliban nur schwer nutzbar. Der schnellste und einfachste Weg führt also direkt von Süden durch die Provinz Baghlan, dort, wo die Ungarn zuständig sind.

Wie bereits erklärt, werden die rund dreihundert ungarischen Soldaten durch das deutsche RC North befehligt. Als übergeordneter Stab ist dieser für die Führung aller fünf PRTs in Nordafghanistan und deren Koordinierung zuständig, ähnlich einer Brigade mit mehreren Bataillonen. Ein besonders hoher Bedarf einer solchen Koordinierung ist zwischen dem ungarischen und unserem PRT erforderlich. Nicht nur, dass unsere Zuständigkeitsbereiche direkt aneinandergrenzen, ausgerechnet der gefährlichste Teil unseres AOR geht nahtlos in den der ungarischen Kameraden über. Die Distrikte Chahar Darreh und Ali Abad, in denen sich der Großteil der Feuergefechte ereignete, an denen die Deutschen beteiligt waren und in denen sie all ihre Verluste seit dem Spätsommer 2008 erlitten, werden im Süden durch den Distrikt Baghlan-e Jadid begrenzt, für den die Ungarn zuständig sind, weil er sich jenseits unserer südlichen AOR-Grenze befindet. Das gesamte Gebiet bildet jedoch eine geographische Einheit und wird durch die Aufständischen auch als ein zusammenhängender Raum genutzt. An die Aufteilungen der Area of Responsibility halten sich die Taliban nämlich nicht.

Von einer Koordinierung des RC North bekamen wir nur wenig mit. Eine gemeinsame Operation der beiden PRTs blieb aus, und selbst einzelne Aktionen wurden höchst selten durch die Ungarn unterstützt. Meine Abteilung hatte nur sehr sporadischen Kontakt zum PRT Pol-e Khomri. Höchstens alle paar Wochen erhielten oder erstellten wir eine sogenannte RFI (Request for Information), um Detailwissen über eine bestimmte Person oder

Gruppe von Aufständischen auszutauschen. Von Zusammenarbeit oder wenigstens einer sinnvollen operativen Abstimmung konnte keine Rede sein. Vier Jahre zuvor, als noch die Niederländer das PRT in Baghlan betrieben, war dies anders. Über den holländischen Verbindungsoffizier, der bei uns im Lager untergebracht war, herrschte ein reger Wissensaustausch, und auf Operationsebene wurde regelmäßig koordiniert.

Das mangelnde Engagement der Ungarn und die schlechte Koordinierung durch das RC North hatten eine erhebliche Auswirkung auf die Sicherheitslage im Raum Kunduz. Der nördliche Teil der Provinz Baghlan war gleichsam die offene Flanke der Bundeswehr im Kampf gegen die Aufständischen. Jede großangelegte Operation gegen die feindlichen Kämpfer im Unruhedistrikt Chahar Darreh konnte nur kurzen Erfolg bringen, wenn zur gleichen Zeit kein Druck auf die Aufständischen in den Ausweichräumen im AOR der Ungarn ausgeübt werden konnte. Das RC North hätte dafür sorgen müssen, dass die Truppen unserer ungarischen Partner zumindest die Grenze zwischen beiden Provinzen von ihrer Seite aus überwachen, um den Aufständischen die Rückzugsräume Richtung Süden abzuschneiden. Während der fünf Monate meines zweiten Einsatzes habe ich jedoch von keiner ungarischen Operation, die dies erreicht hätte, gehört. Darüber hinaus scheint sich bis heute auch niemand die Frage gestellt zu haben, wie zu Beginn des Sommers 2009 die Zahl der Aufständischen so sprunghaft ansteigen konnte, dass heute die deutschen Truppen ernsthaft in Bedrängnis geraten sind. Schätzte meine J2-Abteilung die Feindstärke im Winter 2008/2009 noch auf siebzig bis achtzig lose organisierte Kämpfer, gehen sowohl die militärische Aufklärung als auch der BND ab Mai 2009 von einem deutlichen Anstieg im AOR Kunduz aus. Diese sind nicht einfach aus der örtlichen Bevölkerung rekrutiert worden oder einzeln von Osten über die Berge des Hindukusch eingesickert. Sie kamen völlig ungehindert mit ihren Autos und Motorrädern von Süden über die LOC Pluto – mitten durch das Gebiet der Ungarn.

Wenn ich die Bedeutung der litauischen und tschechischen Einsatzgebiete auch nur vage einschätzen kann, so bin ich doch in der Lage, über den ungarischen Bereich eine Bewertung abzugeben. Mit der querenden Nord-Süd-Verbindung, dem ausgedehnten paschtunischen Bevölkerungsanteil und der Grenze zu den Unruhedistrikten Chahar Darreh und Ali Abad nimmt Baghlan eine Schlüsselstellung für den gesamten Norden ein. Ausgerechnet dort das ungarische Kontingent einzusetzen ist aus folgenden Gründen eine eklatante Fehlentscheidung: Zum Ersten ist es mit seinen knapp dreihundert Mann unterbesetzt. Zum Zweiten würde dort eine Truppe gebraucht, die in forscher Eigeninitiative sowohl die Hauptverbindungsstraße kontrolliert als auch die Rückzugsgebiete der Aufständischen im Nordteil mit permanenten Operationen belegt. Drittens wäre es zwingend notwendig, eine Truppe mit modernster Ausrüstung einzusetzen, um die beschriebenen Anforderungen erfüllen zu können. Drohnenüberwachung bei Tag und Nacht und der Einsatz von leistungsfähigen Spähern wären dafür nur das Nötigste. Die ungarische Armee jedoch verfügt nicht einmal im Ansatz über solches Kriegsgerät. Die wenigen Patrouillen, die aus dem abseits gelegenen Lager in Pol-e Khomri nach draußen geschickt werden, kämpfen auf dem Stand einer kleiner Ostblockarmee der achtziger Jahre. Für die guerillaerfahrenen Taliban eine leichte Beute. Weiterhin ist eine enge Kooperation zwischen Deutschen und Ungarn durch die bekannten sprachlichen Hindernisse, das unterschiedliche soldatische Verständnis und die mangelnde Erfahrung in gemeinsamen Operationen grundsätzlich schwer umzusetzen. Multinationale Einsätze können funktionieren, aber nur ab einer gewissen Ebene aufwärts und wenn die Partner sich ungefähr auf gleichem Niveau befinden.

Das deutsche PRT Kunduz erkannte die offene ungarische Flanke schon vor langer Zeit. Um diese wenigstens temporär zu schließen, wurde allein während meines zweiten Einsatzes mehrere Male die Anforderung an das RC North gestellt, zur Verstärkung der Ungarn die Quick Reaction Force (QRF) einzusetzen. Der Bitte wurde nicht ein einziges Mal entsprochen, da das Regionalkommando die QRF für ihre eigentliche Aufgabe freihalten wollte – den Einsatz in plötzlich auftretenden Krisen. Offenbar herrschte im RC North zu dieser Zeit noch eine andere Definition des Wortes »Krise«, und die Bedeutung von Prävention schien gänzlich unbekannt zu sein: Ein einzelner Zug der QRF wurde im Januar 2009 kurz nach Kunduz entsandt, um uns bei unserer großen Operation im Chahar Darreh zu unterstützen. Wieder aber wurde von Süden her den Aufständischen nicht der Weg abgeschnitten. Die Wirkung unseres wochenlangen Einsatzes war auf diese Weise erneut rasch verpufft.

Ab Sommer 2009 stationierte man die QRF dauerhaft in Kunduz, weil die Lage endgültig aus dem Ruder gelaufen war. Nach sieben Gefallenen in weniger als einem Jahr sah unsere übergeordnete Führung wohl endlich auch die Existenz einer »Krise« als gegeben an. Am unhaltbaren Zustand im ungarischen AOR ist jedoch nach wie vor nichts verändert worden. Die Ungarn selbst sind bereits an der Grenze ihrer militärischen und finanziellen Möglichkeiten angelangt. Von ihnen kann also weder das transatlantische Bündnis noch die Bundeswehrführung vor Ort mehr verlangen. Sich aber damit zufriedenzugeben hieße, die eigene Truppe in Kunduz im Stich zu lassen. Das RC North und das Einsatzführungskommando sind für den gesamten Norden zuständig. Wenn also die Ungarn in Baghlan das dringend Notwendige nicht leisten können, dann müssen sie dort ersetzt werden. Da sich aber zurzeit kein NATO-Mitglied darum reißt, an irgendeiner Stelle in Afghanistan irgendjemanden zu ersetzen, kann das RC North nur einen einfachen Tausch vornehmen. Unsere eigenen Männer im abgeschiedenen Feyzabad müssten nach Baghlan verlegt werden und die Ungarn im Gegenzug ins nicht ungefährliche, aber dennoch wesentlich ruhigere Badakhshan.

Der Effekt wäre sicher enorm. Statt eines anonymen, überforderten und deshalb untätigen ungarischen PRT im Süden des Brennpunkts könnten sich die deutschen Truppen in Kunduz auf ihre Kameraden in Baghlan verlassen. Die Kommandeure würden sich bereits seit langer Zeit einschätzen können, und auch die Kooperation der restlichen Stabsabteilungen liefe wesentlich reibungsloser. Keine aufwendigen Anfragen über das offizielle Netz der NATO mehr, nur ein kurzer Anruf in der jeweiligen Abteilung des anderen PRT – und schon könnten Absprachen persönlich und unkompliziert getroffen werden. Wenn dann die Bundeswehrführung in Deutschland noch den alten militärischen Grundsatz beherzigen würde, dass nur Truppen in den Einsatz geschickt werden, die sich in Friedenszeiten bereits kennengelernt haben, könnte die Kooperation zwischen den PRTs einen hohen Grad an Professionalität erreichen. Kommandeure und Abteilungsleiter, die sich gut kennen, Schwesterbataillone derselben Division, die etliche Wochen auf Übungsplätzen zusammen verbrachten – ich bin zu sehr Realist, als dass ich an so etwas noch glauben würde.

Ein Einsatz ohne die USA – undenkbar

Die Sitte, schlecht über die Amerikaner zu reden, ist in den Jahren der Bush-Administration zu einer Art Volkssport der Deutschen geworden. Das Vorgehen der USA im *Global War on Terror* zu verdammen entwickelte sich quasi zu einer politischen Korrektheit, der sich fast jedermann anschloss. Seit Barack Obama ins Weiße Haus einzog, hat diese Hetze abgenommen, weil die deutschen Friedensliebhaber glaubten, mit ihm würde sich eine andere Art der Politik etablieren. Auf den Laien hat Obamas Wahlkampf durchaus diesen Eindruck erwecken können. Viele ahnen es jedoch bereits, wagen nur noch nicht ihrer Enttäuschung offen Ausdruck zu verleihen: Den Krieg gegen den weltweiten islamistischen Terror wird er genauso weiterführen, wie es sein Vorgänger tat. Sicherlich hat sich die Rhetorik geändert. Der Begriff »*War on Terror*« ist offiziell abgeschafft worden. Jetzt heißt es »Overseas Contingency Operation«, was man mit »Krisenfallmaßnahme in Übersee« übersetzen könnte – ein technokratischer Begriff, der wenig Angriffsfläche bietet. Als weiteres Zeichen zur Wahrung rechtsstaatlicher Prinzipien soll auch das Gefangenenlager Guantánamo geschlossen werden. Das riesige Militärgefängnis im südafghanischen Bagram aber bleibt bestehen. Der CIA wird die Folter verboten, doch »Partnerdienste« in Ägypten, Syrien, Rumänien oder sonst wo sind davon nicht betroffen.

Die Sprache ändert sich, aber der Anspruch ist der gleiche geblieben. Der Grund dafür ist einfach. Obama ist Amerikaner. Aufgewachsen und sozialisiert in einer ganz anderen Kultur als wir Deutschen, in einer »strategisch« denkenden Kultur. Es geht für die USA nach wie vor darum, die weltweite Führungsrolle im Kampf um Sicherheit und Freiheit einzunehmen, einem Kampf, der jetzt lediglich weniger martialisch daherkommt. Wer diese Ziele der Amerikaner verurteilt, verändert sie zum einen dadurch nicht und zum anderen sollte er sich einmal fragen, unter welcher weltweiten Führung es sich besser leben würde. Einer Führung durch ein islamistisches Kalifat? Einer Russlands oder Chinas? Oder etwa unter gar keiner Führung? Gerade wir Deutschen verdanken der amerikanischen Außenpolitik eine Menge. Insbesondere den kometenhaften ökonomischen und bündnispolitischen Aufstieg nach der Niederlage am Ende des Zweiten Weltkriegs. Zudem fast fünfzig Jahre Schutz vor der sowjetischen Bedrohung (leider nicht für alle Deutschen) und eine rückhaltlose Unterstützung im Zuge der Deutschen Einheit. Auch Völker sollten sich meiner Meinung nach zu Dankbarkeit verpflichtet fühlen. Doch ist Anti-Amerikanismus in der deutschen Öffentlichkeit zu Recht durch die Meinungsfreiheit geschützt, die wir seit sechs Jahrzehnten genießen – nicht zuletzt dank dieses ungeliebten Garanten.

Das populistische Gerede einer linksintellektuellen Intelligenz ist aber nur das eine. Was ich jedoch überhaupt nicht nachvollziehen kann, ist das Spielen mit diesen Ressentiments in Afghanistan. Ohne die Rückendeckung der amerikanischen Streitkräfte wären die deutschen Stützpunkte im Norden des Landes hoffnungslos verloren und müssten bei halbwegs klarem Verstand sofort geräumt werden. Wenn deutsche Truppen durch Hinterhalte der Aufständischen in Bedrängnis geraten, ist es fast immer die US Air Force, die mit Kampfflugzeugen oder Drohnen zu Hilfe eilt. In seltenen Fällen schicken die Niederländer oder Franzosen ihre Kampfflieger vorbei, meist aber nur zu Aufklärungszwecken. Die sogenannte Luftnahunterstützung ist oft die letzte Möglichkeit, um unter Beschuss liegende eigene Kräfte vor schwersten Verlusten zu bewahren. Während des Sommers 2009 gab es mehrfach Gefechtssituationen, in denen die deutschen Soldaten nur aufgrund der Amerikaner dem völligen »Aufgeriebenwerden« entkamen.

War die Anforderung amerikanischer Unterstützung 2005 noch eher eine Ausnahme, gehört sie heute zur fast täglichen Routine. Die USA haben eine ständige Bereitschaft an Kampffliegern und unbemannten Fluggeräten im afghanischen Luftraum. Zu jeder Tages- und Nachtzeit sind sie innerhalb von wenigen Minuten vor Ort und ziehen über die Köpfe der Angreifer hinweg. Übrigens gibt es diese Unterstützung auch prophylaktisch, zum Beispiel wenn sich deutsche Politiker oder Generäle von Rang und Namen zum Truppenbesuch ankündigen. Wer also gegen die amerikanische Art der Kriegsführung wettert, sollte beim Besuch in Kunduz auch konsequent bleiben und auf den durch diese gewährleisteten Schutz verzichten.

Es gibt noch ein Szenario, bei dem die stets auf Höflichkeit gedrillte Bundeswehr auf die Hilfe der »US-Cowboys«, wie sie oft despektierlich genannt werden, dringend angewiesen wäre. Eine mögliche Evakuierung der deutschen Kräfte aus ihren Standorten in Feyzabad und Kunduz wäre nur mit der Hilfe amerikanischer Feuerunterstützung und Hubschrauber möglich. Über die Notwendigkeit, sich auf diesen *Worst Case* vorzubereiten, wird nicht offen gesprochen. In meinen beiden Einsätzen bin ich nie mit derartigen Notfallplänen in Berührung gekommen. Anscheinend geht die militärische Führung in Deutschland davon aus, dass so ein Fall nicht eintreten wird. Ich will jedoch nicht ausschließen, dass entsprechende Pläne im BMVg in einer Schublade liegen. Noch im März 2009 rechneten wir in der J2-Abteilung mit siebzig bis achtzig militanten Kräften im Raum Kunduz, die sich in verschiedenen Gruppen organisierten, untereinander jedoch nur locker verbunden sind. Auch wir glaubten damals noch nicht an die Möglichkeit eines großangelegten direkten Angriffs auf das Camp. Zwar kam es am 31. Januar 2009 zu einer solchen Attacke, als zwei Militante mit einer Panzerfaust und einem Sturmgewehr auf die Außenmauer schossen, doch war dies kein ernsthafter Versuch, das Feldlager zu stürmen. Wahrscheinlich handelte es sich nur um einen Test, um unsere Reaktion bewerten zu können.

Zur Ehrlichkeit gehört jedoch auch, dass wir mit der ab Ende April einsetzenden Eskalation nicht gerechnet hatten, und trotzdem trat sie ein. Das, was sich dann im Sommer 2009 in der Umgebung des Feldlagers Kunduz abspielte, ging weit über die zu erwartende »Frühjahroffensive« der Aufständischen hinaus. Die von diesem Zeitpunkt an im Raum operierenden feindlichen Kämpfer kamen zum größten Teil von außerhalb und unterstützten die lokalen Militanten bei ihren Angriffen auf die Bundeswehr. Ab jetzt konnte wirklich von Taliban im AOR der Bundeswehr gesprochen werden, und ihre Zahl musste schnell auf einige Hundert korrigiert werden. Wie gesagt, noch vier Wochen zuvor wussten wir von alldem nichts. Die Art der Angriffskoordinierung hatte eine derartige Qualitätssteigerung erfahren, dass sich sogar das Verteidigungsministerium genötigt sah, mit den Mardern der Quick Reaction Force endlich feuerstarke Verstärkung nach Kunduz zu schicken.

Durch die Offensive war jedoch noch immer nicht der häufig eingeforderte Beweis erbracht, dass die Aufständischen auch in der Lage wären, mit einem Angriff das Camp ernsthaft in Bedrängnis zu bringen. Auf welchen Beweis will man aber warten, für den Fall, dass so etwas wirklich passiert? Ich werde hier nicht über die Schwachpunkte in der Lagersicherung Auskunft geben. Mitarbeiter des Verteidigungsministeriums, die daran interessiert sind, können in die Erfahrungsberichte ab dem Sommer 2006 schauen, da sind sie alle einzeln aufgeführt. Nur so viel: Die Aufständischen verfügen über gute Ortskenntnisse, und sie haben auch Informanten in den Reihen der einheimischen Arbeiter, die im Lager beschäftigt sind. Sie kennen die Schwachpunkte ebenfalls.

Die schwierige Bewertung der Feindlage und die Tatsache, dass Taliban mittlerweile in Zugstärke Bundeswehrpatrouillen angreifen und nebenbei am helllichten Tag dem arabischen Fernsehsender Al Jazeera Interviews geben, wenn sie nur zwölf Kilometer vom Feldlager entfernt stehen, sollte der Bundeswehrführung zu denken geben. Es ist möglich, die Lager der ISAF anzugreifen. Die Briten und Amerikaner können darüber bereits ausführlich Bericht erstatten. In Kandahar und Helmand kam es schon mehrfach zu sehr schwierigen Situationen. Die Aufständischen nutzten dabei Selbstmordkommandos als »Türöffner« und griffen die Lager anschließend von drei Seiten an. Ende 2008 ist sogar eine Forward Operating Base (FOB) in der Provinz Kunar überrannt worden. Zehn US-Soldaten fanden dabei den Tod.

Noch bis vor einem Jahr erkannte unsere Aufklärung die Gefahr nicht, die Kontrolle über weite Teile des AOR zu verlieren. Die Aufständischen haben seitdem aber an Selbstvertrauen gewonnen. Die Bundeswehr darf dieses Risiko nicht ignorieren, weil die Konsequenzen zu gravierend wären. Die beiden Feldlager in Kunduz und Feyzabad sind wie kleine Forts im Indianer-Land, und bei einem überraschenden Angriff bliebe nur die US-Luftkavallerie, wenn die ihre Hubschrauber dann gerade nicht für eigene Operationen braucht. Das Gute an den Amerikanern ist, dass sie trotz der überheblichen Häme vieler Deutscher in Zeiten der Gefahr dennoch an unserer Seite stehen. Für jenen Teil der deutschen Politikerriege, der regelmäßig durch seine anti-amerikanischen Ausfälle auffiel, ist es daher eine bequeme Situation. Sie können fortfahrend pöbeln und wissen gleichzeitig, dass der Schutzschirm der USA weiterhin aufgespannt bleibt. Hoffentlich ändert sich Letzteres nie.

Abschließend noch ein paar Gedanken zu einer möglichen Evakuierung der deutschen Feldlager: Der Orient hat die Eigenart, dass seine Bewohner schnell aufgepeitscht werden können. Bei den Mohammed-Karikaturen war dies so, und auch bei kleinsten Gerüchten über andere Formen angeblicher Blasphemie durch Ungläubige kann dies jederzeit passieren. Und was wäre, wenn es der PRT-Führung einmal nicht gelänge, den Unfalltod eines Unschuldigen mit Geld zu sühnen und ein Clan mit über zweitausend Mitgliedern zu den Waffen greift und sich in Richtung Feldlager aufmacht? Da wir in ca. 70 Prozent des AOR nicht wissen, was dort genau passiert, können wir nicht ausschließen, dass sich etwas Unheilvolles zusammenbraut. Unabhängig also von der schwierigen Feindanalyse können religiöse Unruhen oder die Rache eines einflussreichen Clans die deutschen Garnisonen in Nordafghanistan sehr wohl eine überstürzte Evakuierung notwendig machen. Sich darauf vorzubereiten, gebietet in jedem Fall der gesunde Menschen- und erst recht der militärische Sachverstand.

Den treuesten Verbündeten permanent für seine Art des Kampfes zu kritisieren, obwohl unsere eigene Erfolgsquote sehr fragwürdig erscheint, ist das eine. Im Fall der Vereinigten Staaten verhält es sich da wahrscheinlich so wie mit der Eiche und der Sau, die sich an ihrem Stamm reibt. Die mangelnde Bündnisfähigkeit durch das ängstliche und zögerliche Vorgehen im eigenen AOR hat jedoch direkte Auswirkungen auf die anderen Einsatzregionen in Afghanistan. Die klare Trennung, die die Bundesregierung gern zwischen dem umkämpften Süden und dem jetzt auch unruhigeren Norden zu ziehen versucht, ist in der Praxis nicht umsetzbar. Im Gegenteil: Das stets passive Vorgehen der Bundeswehr musste geradezu wie eine Einladung auf die Aufständischen wirken, sich im Norden erstens einen Rückzugsraum zu schaffen und zweitens die Angriffe gegen ein schwaches Glied in der ISAF zu verlagern. Die Eskalation ab dem Herbst 2008 war im Grunde längst überfällig. Die Tatsache, dass die Taliban nicht viel früher die Bundeswehr ins Visier genommen haben, zeigt, wie schwach und unorganisiert sie waren – und auch, welche Chancen durch uns verpasst wurden.

Die Kinder gehen ins Bett

Frage: »Woran erkenne ich einen deutschen Soldaten in Afghanistan?« Antwort: »Er kramt erst in seinen Taschenkarten herum, bevor er schießt.« Dieser mittelmäßig lustige Witz kursiert in dieser oder ähnlicher Form bei vielen NATO-Armeen, die am Hindukusch im Einsatz sind. Zur Erklärung: Auf diesen DIN A6 großen Taschenkarten ist ein Sammelsurium an mehr oder weniger nützlichen Vorschriften und Tipps abgedruckt, so dass man im Feld stets einen Blick darauf werfen kann, um richtig zu reagieren. Der Inhalt deckt ein breites Spektrum an möglichen Situationen ab, in die ein Soldat geraten kann – vom »Umgang mit den Medien« (absolut lesenswert) über »Humanitäres Völkerrecht in bewaffneten Konflikten« bis zu »Stressbewältigung Teil 1 bis 3«.

Die obige Spöttelei hörte ich zum ersten Mal von unserem amerikanischen Verbindungsoffizier. Im Kern ist etwas Wahres dran, jedoch nehme ich die Mehrzahl der kämpfenden Soldaten von dieser unterstellten Ängstlichkeit ausdrücklich aus. Die übertriebene Vorsicht kommt von der Führungsebene. Mittlerweile hat das Verteidigungsministerium die Taschenkarte »Regeln für die Anwendung militärischer Gewalt«, die Hauptgegenstand des Witzes ist, vereinfacht und die lächerlichsten Restriktionsformulierungen herausgenommen. Dies geschah aber erst, nachdem auch die Presse kritisch über die Karten berichtete und die Beamten des BMVg daraufhin keine Furcht mehr haben mussten, dass sie bei einer Abänderung der Vorschriften medialen Gegenwind verspüren könnten. Im Einsatz selbst spielten diese Regeln sowieso nie eine Rolle. Kein deutscher Soldat hat je unter Beschuss den Satz »*Mellaleh Motahed – dreesch, darr rair on fair mekunam*« gerufen, was auf Deutsch »Vereinte Nationen – halt, oder ich schieße!« bedeutet. Das direkte Richten eines Maschinengewehrs drückte immer so viel mehr aus als zu viele komplizierte Worte – und wird überall auf der Welt verstanden.

Die Regel im Feuerkampf, dass ein sich abwendender Gegner nicht weiter bekämpft werden darf, musste ebenfalls nie an der Realität gemessen werden. Die Presse konstruierte zwar fiktive Situationen, in denen ein Angreifer einen deutschen Konvoi beschießt, sich anschließend sofort umdreht, wegläuft und dann nicht mehr verfolgt werden darf. Falls es je etwas Derartiges gegeben hat, war der Unterschied zwischen Weglaufen und einem einfachen Stellungswechsel, bei dem sehr wohl weiter geschossen werden durfte, in der Hitze der Umstände schwer zu erkennen – zum Nachteil des Angreifers. In den Vorbereitungsseminaren vor dem Einsatz erhält jeder Soldat einen ausführlichen Rechtsunterricht, in dem solche Fragen genauestens geklärt werden. Es werden Beispiele durchgespielt und das richtige Verhalten besprochen.

Viele Soldaten sind verunsichert und haben den Eindruck, dass die Regeln für den Waffengebrauch so einschränkend sind, dass sie den Gegner quasi mit gefesselten Händen bekämpfen sollen. Das ist nicht der Fall. Die Rechtsberater der Leitdivisionen, die den Unterricht halten, können diesbezüglich stets jede Verunsicherung zerstreuen. Der Anruf »Vereinte Nation – halt, oder ich schieße« war laut alter Taschenkarte mithin nur anzuwenden, »wenn die äußeren Umstände es ermöglichen«. Also muss sich darüber auch nicht unnötig der Kopf zerbrochen werden. Zudem war und ist der Gebrauch von Schusswaffen völlig ausreichend reglementiert. Jeder deutsche Soldat darf sich verteidigen, er darf andere verteidigen und er darf Waffengewalt »zur Durchsetzung des Auftrags« einsetzen. Allein mit dem dritten Punkt ist im Prinzip jede Form des militärischen Vorgehens abgedeckt. Wenn gefordert wird, ein Waffenversteck auszuheben, darf die Bundeswehr dazu Waffengewalt einsetzen. Wenn es heißt, einen bekannten Aufständischenanführer festzunehmen, dürfen Waffen benutzt werden, und wenn die Führung den Auftrag gibt, ein bestimmtes Gebiet von Taliban zu säubern, dürfen erst recht Waffen verwendet werden. Es hängt vom Auftrag ab, wie offensiv die deutschen Soldaten vorgehen dürfen, und genau da liegt das eigentliche Problem der »Anwendung militärischer Gewalt«.

Die politisch-militärische Führung in Berlin hatte bisher kein Interesse, die bestehenden Regeln auszuschöpfen und ein offensives Vorgehen gegen die Aufständischen zu befehlen. Die Lächerlichkeit der Taschenkarten ist im Grunde nur ein Ausdruck der Ängstlichkeit und Verunsicherung der verantwortlichen Politiker und politischen Beamten des Verteidigungsministeriums. Zu den Letzteren zähle ich ausdrücklich auch die militärische Führung im BMVg und die ihr unterstellten Kommandobehörden, etwa das Einsatzführungskommando in Potsdam. Eine Riege von Karrieristen passt sich dort in einer Art vorauseilendem Gehorsam der Zögerlichkeit ihrer Vorgesetzten an, um für jeden meinungspolitischen Richtungswechsel vorbereitet zu sein. An ihrem Bremsverhalten scheiterte bisher ein durchsetzungsstarkes Vorgehen der deutschen Truppen in ihrem Einsatzgebiet. Sie könnten ein solches den verantwortlichen Politikern vorschlagen und erklären und müssten schließlich auf Umsetzung drängen. Aus Angst vor Karriereschäden legt jedoch eine Mehrzahl der hohen Stabsoffiziere darauf keinen gesteigerten Wert – und dies nicht ganz zu Unrecht, wie zahlreiche Beispiele belegen. Das Verteidigungsministerium verzichtet gern auf Querdenker und Vertreter unbequemer Wahrheiten. Der zerknirschte Hinweis aus dem Umfeld verteidigungspolitischer Gremien, dass der Einsatz von durchsetzungsstarken Waffensystemen auch durch die Generalität des BMVg in den letzten acht Jahren verhindert wurde, ist zwar glaubhaft, kann aber kaum als Entschuldigung dienen. Verantwortung ist unteilbar – ein alter militärischer Grundsatz.

In einem Interview mit einem Generalleutnant a. D., das ich während meines Studiums führte, schweifte das Gespräch mehrmals auf das Thema »Zögerlichkeit im BMVg« ab. Mein Gegenüber äußerte damals, er hätte kein Verständnis für ein solch geducktes Verhalten seiner Generalskameraden. Ich denke heute, dass dies auch eine Frage der Generationenzugehörigkeit ist: Eine Sozialisation im Zeichen der Friedensbewegung in den achtziger Jahren befördert zaghaftes Herangehen an einen konsequent geführten Krieg mehr, als es eine in den Jahrzehnten davor tat, als das gesellschaftliches Klima von realpolitischen Notwendigkeiten des Ost-West-Konflikts geprägt war.

Die angeblich so restriktiven Regeln, über die sich die Alliierten lustig machen, sind also nicht das Problem. Auch die Grundsätze der ISAF und ihr Name, also »internationale Sicherheit-Beistandtruppe«, der immer als Beschränkung hervorgeholt wird, um irgendetwas gerade nicht zu unternehmen, sind es nicht. Wie oft musste ich hören, dass wir den afghanischen Sicherheitskräften nur assistieren dürfen. Dass wir auf Einladung der afghanischen Regierung dort sind und nur aktiv werden dürfen, wenn wir ausdrücklich angefordert werden. Das alles sind aber nur Ausflüchte. ISAF ist kein in Stein gemeißeltes Gebot. Die NATO kann unternehmen, was immer sie für angemessen hält, um endlich der Situation Herr zu werden. Wer sollte uns auch daran hindern? Ein Provinzgouverneur etwa? Oder die afghanische Regierung? Das gesamte Kabinett Karzais ist vom Westen in Form einer atemberaubend inszenierten Veranstaltung namens »Loya Jirga« eingesetzt und später an der Macht gehalten worden – und setzt bis heute nur das um, was wir zulassen.

Abgesehen davon stehen die Briten, die Amerikaner, die Holländer und viele andere offensiv operierende NATO-Kräfte unter dem gleichen Mandat und den gleichen Regeln. Es gilt letztlich nur das humanitäre Völkerrecht. Alle anderen Einschränkungen sind von uns selbst auferlegt und nur ein Alibi, um die Stabilisierung Afghanistans nicht mit voller Konsequenz betreiben zu müssen – aus Angst vor den innenpolitischen Folgen.

Um diesen Zustand der deutschen Außenpolitik wissen auch die Alliierten. Jahrzehntelang haben sie auf unsere »besondere historische Situation« Rücksicht genommen und den unangenehmen Teil von »Friedensmissionen« ohne die Bundesrepublik ausgeführt. Die Geduld neigt sich mittlerweile aber dem Ende zu. In Nordafghanistan hat die fehlende Konsequenz im Vorgehen gegen die Aufständischen zu einer Verschlechterung der Gesamtlage beigetragen und berührt damit unmittelbar auch die Einsatzgebiete der Verbündeten. Ein schwaches Glied gefährdet schließlich die ganze Kette. Der Kampf – oder »Wiederaufbau«, wie es die bundesrepublikanischen Politiker nennen – lässt sich eben nicht in »innerafghanische Zonen« unterteilen. Alle Gebiete hängen miteinander zusammen, und wenn die Bundeswehr im Norden von der deutschen Regierung an der kurzen Leine gehalten wird und nicht offensiv gegen den Feind vorgehen darf, dann führt dies zu einer Schwächung der im Süden und Osten des Landes kämpfenden Verbündeten. Diese verhalten sich zwar noch immer militärisch professionell und sprachlich sehr diplomatisch, doch lässt sich zwischen den Zeilen der Unmut kaum überhören. »Wenn wir nicht präventiv die Situation bestimmen, werden wir von der Lage überrollt«, äußerte sich der amerikanische General und ISAF-Oberkommandierende Stanley McChrystal, nachdem er am 2. August 2009 das deutsche Feldlager in Kunduz inspiziert hatte. Die Region habe, so der General weiter, mittlerweile »die volle Aufmerksamkeit« der ISAF.[9] McChrystal forderte explizit ein offensiveres Vorgehen gegen die Aufständischen im Raum und belehrte die deutschen Offiziere in einem Gespräch darüber, dass eine einzelne Operation keine nachhaltigen Effekte erzielen würde. Er nahm dabei Bezug auf den Versuch der Bundeswehr, gemeinsam mit den afghanischen Sicherheitskräften das völlig außer Kontrolle geratene Gebiet Chahar Darreh von feindlichen Kämpfern zu befreien. Erstmals waren dabei Schützenpanzer zum Einsatz gekommen, doch mit nur geringem Erfolg. Bereits wenige Tage nach dem offiziellen Ende der Operation sickerten die Taliban mit ihren Motorrädern und Pick-ups wieder in das Gebiet ein. Nicht zuletzt aufgrund ausbleibender ziviler Sofortmaßnahmen, wie ich es bereits beschrieben habe.

Was der amerikanische Oberkommandierende berechtigterweise fürchtete, war ein weiterer Brennpunkt im Norden Afghanistans. Das Wort »Brennpunkt« ist dabei anders zu werten, als es die deutschen Truppen für ihren Bereich um Kunduz herum tun. Die Art von Brennpunkt, die der ISAF-Kommandeur unbedingt verhindert wissen will, ist eine komplette Destabilisierung des Gebiets, das durch das Regional Command North geführt wird. In seinem Fokus steht, ähnliche Verhältnisse wie in den Provinzen Helmand, Kandahar und denen im Osten zu vermeiden.

Die Amerikaner drängen also schon seit langer Zeit auf ein energischeres Vorgehen der Deutschen. Doch die Bundesregierung verweigert sich und verharrt weiterhin regungslos in ihrer Auslegung des Konzepts der »vernetzten Sicherheit«, was in dem Fall nur ein anderes Wort für Verantwortungslosigkeit ist. Die Amerikaner ihrerseits können sich diesen Luxus nicht leisten und müssen die Zögerlichkeit ihrer Allianzpartner aus eigener Kraft ausgleichen. Die berechtigte Kritik McChrystals führte dieser selbst allerdings gute vier Wochen später ad absurdum, als der deutsche Kommandeur Oberst Georg Klein dann tatsächlich offensiv gegen die Aufständischen vorging. Dazu später mehr.

Schon seit Beginn der Ausweitung der ISAF-Mission auf die Provinzen Afghanistans im Jahr 2003/2004 gab es immer wieder vereinzelte Operationen der Amerikaner und der Briten in den Zuständigkeitsgebieten der anderen NATO-Partner. Auch im AOR der Bundeswehr ist dies seit jeher üblich. Spätestens seit 2009 aber hat die Intensität dieser Zugriffsoperationen merklich zugenommen. Die Vereinigten Staaten können es sich aus eigenem Interesse nicht erlauben, ihre Partner erst selbst Erfahrungen sammeln zu lassen, damit sie erkennen, wohin Zögerlichkeit in einem solchen Kampf führt. Aus pädagogischen Gründen wäre das zwar sicherlich sehr heilsam für die deutsche Politik, doch in einem Bereich, in dem es um Leben und Tod von jungen Menschen geht, ist dies schwer zu verantworten. Darüber hinaus haben die kämpfenden Truppen der US-Streitkräfte schon genug Probleme mit den nicht zu kontrollierenden Rückzugsgebieten der Taliban in den Westprovinzen Pakistans. Ein weiterer »sicherer Hafen« für die Aufständischen im Norden Afghanistans würde folglich die Gesamtlage nochmalig verschlechtern.

Ob das passive Verhalten der Bundeswehr im Norden den Taliban neue Rückzugsräume geschaffen hat, ist nicht einfach zu beurteilen. Der Vorwurf, der zumindest inoffiziell von amerikanischer Seite gemacht wird, wiegt schwer. In einigen Aspekten schließe ich mich dieser Einschätzung an. Die Ineffizienz und Korrumpierbarkeit der afghanischen Sicherheitskräfte, die schiere Größe des AOR und die zurückhaltende Vorgehensweise der Bundeswehr, die darüber hinaus noch über viel zu wenige Truppen verfügt, begünstigte diese Bildung eines Rückzugsraums für Aufständische. Eine Tatsache, die dies jedoch in großen Teilen der Fläche verhindert, ist die ethnische Aufteilung der Landstriche. Eine mehrheitlich paschtunische Gruppierung wie die der Taliban hat es nicht leicht, sich in tadschikisch oder usbekisch dominierten Dörfern zu verstecken und von dort aus Angriffe zu planen. Sie findet in größerem Umfang nur im sogenannten Paschtunengürtel Unterschlupf, der sich vom Norden der Provinz Baghlan über die Distrikte Chahar Darreh und Kunduz bis nach Emam Saheb erstreckt.

Das »nur« darf hier jedoch nicht über die Ausmaße des Problems hinwegtäuschen. Diese sind bereits gewaltig, wie die Gefechte des Jahres 2009 zeigten. Darüber hinaus ist in den übrigen Gebieten, »nur« weil dort mehrheitlich andere Volksstämme wohnen, in dieser Hinsicht keine Entwarnung zu geben. Der Al-Qaida-Ableger Islamische Bewegung Usbekistan (IBU) etabliert sich ebenfalls seit einiger Zeit in Nordafghanistan – eben in den usbekisch dominierten Gebieten. Und schließlich ist da noch die überbordende Kriminalität, deren finanzielle Erträge sicherlich nicht in Infrastrukturmaßnahmen der ländlichen Gebiete fließen, sondern vielmehr direkt den Kampf der Aufständischen finanzieren und daher dringend unterbunden werden müssen. Alles in allem sprechen die Indizien sehr wohl für ein Rückzugsgebiet islamistischer Kämpfer aller Richtungen im AOR der Bundeswehr. Die USA belassen es jedoch nicht bei diesem Vorwurf. Sie setzen eigene Truppen ein und machen Jagd auf ihnen bekannte Zellen der Aufständischen. Amerikanische Special Forces operieren regelmäßig in Nordafghanistan und lassen die Bundeswehr spüren, über welche Macht und Fähigkeiten die Vereinigten Staaten verfügen.

Der 23. März 2008 bot eine mustergültige Vorstellung amerikanischer Fähigkeiten auf diesem Gebiet. Gegen 23 Uhr lief ich mit dem US-Verbindungsoffizier von der Betreuungseinrichtung der Sanitäter, die wir »Bismarck-Höhe« getauft hatten, in Richtung Schlafunterkunft, als er plötzlich einen Funkspruch seines vorgesetzten Lieutenant Colonels erhielt. In ungefähr sechzig Minuten würden US-Streitkräfte mit zwei C-130 Hercules-Transportmaschinen, Hubschraubern und Luftunterstützung auf dem Flugplatz Kunduz landen. Die Landebahn und der Tower seien sofort zu räumen. Ende. Der Lieutenant fragte nach, wer genau kommen würde und vor allem zu welchem Zweck, erhielt aber zunächst keine Antwort. Wir drehten um und gingen rasch in die Operationszentrale im Stabsgebäude zurück. Kurz nachdem wir die spärlichen Informationen weitergegeben hatten, meldeten sich erneut die Amerikaner und bestätigten noch einmal die Forderung nach Räumung unseres Flugfelds. Nach einigen Sekunden Ratlosigkeit wurde zunächst unser Kommandeur informiert, der die Sache gelassen zur Kenntnis nahm. Danach konnten wir nur noch zuschauen.

Um 00.15 Uhr begann die Show. Die zwei Hercules landeten, dicht gefolgt von zwei C-47 Chinook- und zwei Blackhawk- Helikoptern. Der Luftraum wurde durch Erdkampfunterstützungsflugzeuge A-10 Warthogs und F-15-Bomber überwacht. Aus den Transportmaschinen stiegen rund sechzig US Special Forces aus, die sich zunächst am Flughafengebäude besprachen. Wenig später verschwanden sie mit den Hubschraubern in Richtung Norden. Ort und Einsatzziel waren uns zu diesem Zeitpunkt noch immer unbekannt. So langsam entwickelte sich in der Führung des PRT ein gewisser Unmut über die amerikanische Operation. Nur noch einmal zur Erinnerung: Der Ort des Geschehens war und ist deutscher Verantwortungsbereich in einer durch die NATO geführten Mission, und das, was sich nun vor der Haustür unseres deutschen Wiederaufbauteams auf dem Flughafen Kunduz, der sich ebenfalls unter deutscher Führung befand, abspielte, war weder angekündigt noch durch uns oder irgendeine offizielle NATO-Stelle genehmigt. Die in Kunduz stationierte US-Einheit versicherte glaubhaft, dass auch sie nicht vorab über solche Kommandooperationen informiert werden würde. Niemand wusste also etwas, und langsam wurde deutlich, auf welcher Ebene die Amerikaner den Krieg gegen den Terrorismus führten und wo wir dabei einzuordnen waren. Wir kamen uns vor wie Statisten.

Als der Morgen graute, waren plötzlich erneut Hubschraubergeräusche zu hören. Die Special Forces kehrten zurück und brachten ihre Beute mit. Vier Gefangene, mit Kabelbindern und Fußschellen gefesselt, wurden aus den Helikoptern geführt und in die bereits abflugbereiten Hercules-Maschinen mit Ziel Bagram Airbase verbracht. Die Luken schlossen sich, die Maschinen hoben ab, und nach knapp fünf Stunden war alles so schnell vorbei, wie es angefangen hatte. Was uns noch blieb, war der Versuch, Licht ins Dunkel zu bringen und die Nachwirkungen dieser Kommandoaktion in Erfahrung zu bringen.

Bereits am nächsten Morgen reichte uns Lieutenant James McKinley ein Art Einsatzbericht zur Information der örtlichen Bevölkerung herein, ohne Absender und ohne Briefkopf: »Koalitionskräfte haben eine Operation gegen bewaffnete Aufständische im Distrikt Imam Saheb durchgeführt. Diese haben ausländischen Kämpfern Unterschlupf gewährt sowie Waffen und Material zum Bau von IEDs nach Afghanistan geschmuggelt und so den Tod von Unschuldigen verursacht. Im Zuge der Operation sind fünf Militante getötet und vier weitere verhaftet worden.« Das Papier machte die Demütigung perfekt, da es uns am Ende noch eine Art Empfehlung gab, in welchem Wortlaut wir die Aktion den afghanischen Behörden erklären sollten. Wer die verhafteten Zielpersonen waren, ist bis heute nicht geklärt worden. Die Gerüchte reichten von örtlichen Drogenbaronen über regionale Militantenführer, und sogar der Name eines hochrangigen Al-Qaida-Mannes wurde genannt. Der Zugriff wurde direkt vom Pentagon aus befohlen und allein national kommandiert. NATO und ISAF spielten dabei keine Rolle.

Der Ort des Zugriffs, ein Gehöft an der tadschikischen Grenze, konnte am nächsten Tag von einem unserer afghanischen Kontakte gefilmt werden. Die Aktion war offensichtlich sehr robust verlaufen, so viel wurde augenblicklich deutlich. Im Hof und in zwei Räumen verstreut lagen die Leichen der fünf Getöteten. Die Türen waren aufgesprengt oder eingetreten, und Männer, die anscheinend zur Familie oder zum Clan gehörten, standen umher und redeten wütend auf die vor Ort anwesende afghanische Polizei ein. Diese Wut, die sich in Afghanistan immer schnell in Rache umwandeln kann, machte auch unserer Führung die meiste Sorge – jedenfalls vordergründig. Eine gewaltsame Zugriffsoperation, wie die oben beschriebene, birgt grundsätzlich immer das Risiko, dass sich die negative Stimmung gegen alle Ausländer im Land richtet. Zum einen kann dies aus Gründen der Unwissenheit resultieren, da die meisten Afghanen den Unterschied zwischen Deutschen und Amerikanern nicht erkennen. Sie sind auch nicht über die Zuständigkeiten und Zusammensetzungen der einzelnen Mandate informiert. International Security Assistance Force, Operation Enduring Freedom oder welche rein amerikanische Veranstaltung auch immer sind für die Mehrheit einerlei.

Die andere Gefahr, die in solchen Momenten steigt, und die halte ich für wesentlich plausibler, ist die gezielte Aufwiegelung der Bevölkerung durch örtliche Militantenführer und Mullahs. Sie nutzen die Unwissenheit einfacher Bauern aus, um ihrem Kampf gegen die ausländischen Truppen neuen Schwung zu verleihen und Unterstützer zu finden. Die persönliche Bereicherung ist ebenfalls ein häufiges Motiv. Entschädigungszahlungen für getötete Afghanen sind – wie bereits erwähnt – gängige Praxis. Die Preise werden verhandelt und dann in bar bezahlt. Eine »beruhigende Einflussnahme« eines Clan-Oberhaupts auf die angeblich auf Rache sinnende Bevölkerung treibt den Preis schnell nach oben und kann ebenso als Erpressung bezeichnet werden. Die Bundesrepublik hat in den vergangenen Jahren schon viele Angehörige entschädigt und sich auf diese Weise eine trügerische Ruhe erkauft.

Die Gefahr nach einer solchen Aktion, wer auch immer sie durchgeführt hat, ist nicht wegzudiskutieren. Das Verhalten der im Bereich operierenden Truppen muss angepasst und gegebenenfalls durch mediale und propagandistische Maßnahmen unterstützt werden. In Ängstlichkeit sollte eine solche Situation jedoch nicht ausarten, denn schließlich sind wir es ja, die eigentlich die Kontrolle im gesamten Bereich haben müssten – und theoretisch dürfte keine der einheimischen Gruppen in der Lage sein, uns mit Gewalt aus bestimmten Gebieten herauszudrängen. Die Maßnahmen allerdings, die unsere Führung im Anschluss an den US-Einsatz befahl, waren massiv von Furcht geprägt. Keine Patrouillentätigkeit mehr im Distrikt Emam Saheb auf unbestimmte Zeit. Damit kam die Bundeswehr der Empfehlung der afghanischen Sicherheitsbehörden nach, die »aus tiefer Sorge um unser Wohlergehen« von Fahrten in den betroffenen Raum »dringend abrieten«. Im Klartext: Die Bundeswehr meidet ein bestimmtes Gebiet in ihrem Zuständigkeitsbereich, das besonders gefährlich ist. Als das der amerikanische Verbindungsoffizier erfuhr, schüttelte er nur den Kopf und fragte mich, was wir denn überhaupt noch hier wollten. Wenn nicht einmal mehr das Militär in einem gefährlichen Bereich operieren will, um diesen sicherer zu machen, wer sollte es dann tun?

Die Angst unserer Führung um die Sicherheit in diesem nördlichen Distrikt machte nur einen Teil dessen aus, was uns an der unangekündigten Aktion der Amerikaner erzürnte. Der andere Part saß tiefer, war persönlicher und konnte auf gar keinen Fall ausgesprochen werden: Wir waren durch den amerikanischen Einsatz in der Nacht des 23. März regelrecht deklassiert worden. Es war so, als ob wir gar nicht existent gewesen wären. Das Pentagon wollte die Aktion durchführen – und tat es einfach. Eine deutsche Bundeswehreinheit mit knapp siebenhundert Mann ist dabei völlig unwichtig und scheint eher zu stören, als dass sie helfen könnte. Wir sollten nur aus dem Weg gehen und den Mund halten – wie Kinder, die ins Bett geschickt werden, weil die Erwachsenen sie nicht bei ihren Unternehmungen dabeihaben wollen.

Doch nicht nur, dass wir weder informiert noch beteiligt wurden, uns wurde zudem auch die ungeschönte Wahrheit über unsere eigene Stellung im großen System der NATO im Einsatz vor Augen geführt. James McKinley bekam den Auftrag, seinem Vorgesetzten auszurichten, dass ihn unser Kommandeur zu einem Gespräch ins PRT einbestellen wollte, um die Vorgänge der letzten Nacht zu besprechen. James kommentierte dies mir gegenüber so: »Von euch bestellt niemand einen amerikanischen Lieutenant Colonel ein. Ihr könnt allenfalls freundlich nachfragen, ob jemand Zeit hat, einmal vorbeizuschauen.« Und zum Stellenwert des gesamten PRT fügte er hinzu: »Für euch ist das hier eine richtig große Garnison mit dem Herrn Oberst als Kommandeur. Für uns ist es lediglich irgendein deutscher Oberst mitsamt ein paar seiner Soldaten. *Nothing to care about.*« So etwas sitzt.

Die Frage nach der Liga, in der die deutsche Armee also wirklich zu verorten ist, wurde in dieser Nacht beantwortet: Die Bundeswehr spielt im großen Hindukusch-Turnier in der Kreisklasse. Wer in der Champions League aktiv ist, war sowieso jedermann klar. Doch am 23. März bekamen wir es deutlich gezeigt. Es geht nicht darum, sich mit den USA auf diesem (oder auf irgendeinem anderen) Gebiet zu messen. Außer beim Selbstmitleid verlieren wir eh. Wir sollten uns nur dringend die Frage stellen, warum wir, als immerhin drittgrößter Truppensteller in Afghanistan, so weit abgeschlagen sind, dass selbst gleich große oder kleinere Allianzpartner uns in der Entschlossenheit der Kriegsführung den Rang ablaufen. Die Bundeswehr wäre durchaus in der Lage, Zugriffsoperationen in der oben beschriebenen Größenordnung eigenständig durchzuführen und damit das Ziel und die Art und Weise des Vorgehens selbst zu bestimmen. Wir haben robuste Transportmaschinen, Hubschrauber und das Kommando Spezialkräfte (KSK), das mit Unterstützung von spezialisierten Fallschirmjägern im Kampf gegen irreguläre Kräfte über beachtliche Möglichkeiten verfügt. Wir sind sicher nicht fähig, Zielpersonen weltweit und an verschiedenen Orten gleichzeitig aufzuspüren und festzusetzen. Dafür fehlt uns die Masse an Kriegsgerät und vor allem die strategische Luftverlegbarkeit. Wir haben auch keine Stützpunkte oder Flugzeugträgergruppen überall auf der Erde, von denen aus Spezialeinheiten aufbrechen könnten, um Terroristen zu jagen. Letztlich gibt es auch keine sinnvolle Begründung, die einen solchen geostrategischen Ansatz für eine Mittelmacht wie Deutschland rechtfertigen würde. Zwar verfügen vergleichbare Nationen wie Frankreich oder das Vereinigte Königreich über Fähigkeiten, um ihre Bestrebungen auch weltweit durchzusetzen, doch haben sie auch ihre globalen Interessen definiert. Dies steht bei uns noch immer aus.

In Afghanistan allerdings hätten wir durchaus Interessen, für die es sich lohnen würde, das Engagement zu erhöhen. Unabhängig von den strategischen Zielen, die die Bundesregierung für den Afghanistan-Einsatz endlich anerkennen und öffentlich vertreten sollte, muss es ein Anliegen der politischen Führung Deutschlands sein, ein Höchstmaß an Unabhängigkeit in einer solchen Unternehmung zu gewinnen. Wenn ich also keine amerikanischen Spezialeinheiten in meinem eigenen Zuständigkeitsbereich haben will, die meine Soldaten vor Ort obendrein noch wie dumme Schuljungen dastehen lassen, dann muss ich das Gebiet, für das ich die Verantwortung übernahm, selbst unter Kontrolle bringen. Die harte außenpolitische Linie der USA im Kampf gegen Terroristen ist seit langem bekannt. Sie war vor der in der Bundesrepublik verhassten Bush-Administration konsequent und wird es auch unter Barack Obama bleiben.

Eines darf Deutschland nicht vergessen: Für die Vereinigten Staaten ist die NATO nur eines von mehreren Verteidigungskonzepten. An erster Stelle steht noch immer ihre eigene, unabhängige militärische Stärke, und wenn in einem von den Deutschen betreuten Gebiet in Nordafghanistan Terrorverdächtige ausgemacht werden, dann kommt *Uncle Sam* und holt sie sich. Er kann auch Flugzeuge oder Marschflugkörper schicken. Auf jeden Fall lässt sich Amerika nicht davon abhalten, wenn ein deutscher Oberst Bedenken anmeldet. Im Gegenteil: Der Oberst erhält nicht einmal Gelegenheit, dies zu tun, weil er nicht rechtzeitig informiert wird. Er erfährt erst dann etwas von Operationen in seinem Bereich, wenn sie bereits laufen. Ein nachvollziehbar unangenehmes Gefühl.

Ich erwähnte bereits, dass diese unangekündigten Operationen nicht neu sind. 2005 drangen etwa Streitkräfte anderer Nationen mehrmalig in unseren AOR ein, ohne uns zu beteiligen. Wenn es sich um NATO-Operationen handelte, erhielt meine Abteilung immerhin noch einen frühzeitigen Hinweis über die Einrichtung einer sogenannten Blackbox. Gemeint war damit ein Ausschnitt unseres Zuständigkeitsgebiets, dem wir in einem vorgegebenen Zeitraum fernzubleiben hatten. Wann und wo genau etwas stattfand, erfuhren wir nie. Damals waren es vor allem Briten, die gegen Drogenlabore und Schmuggelkartelle vorgingen. Auch sie tauchten mit Helikoptern und Spezialkräften auf, riegelten Gebäude ab, gingen hinein und schnappten sich Verbrecher und Terroristen. Einem unserer HUMINT-Teams wurde dadurch einmal der Rückweg zum PRT abgeschnitten, und die Soldaten mussten zwangsweise zwei Tage länger draußen operieren als ursprünglich geplant. So etwas ist stets unerfreulich und schafft Unmut sowohl bei den Soldaten als auch bei der politischen Führung. Die Möglichkeiten, Operationen der Amerikaner oder anderer verbündeter Streitkräfte zu verhindern oder wenigstens rechtzeitig informiert und eingebunden zu werden, sind allerdings stark beschränkt. Wenn den eigenen Soldaten die Hände gebunden sind, um selbst auf Terroristenjagd zu gehen, dann machen es die anderen. Unsere politische Führung vermeidet dadurch zwar das Risiko eigener Verluste und das einer kritischen Berichterstattung, falls etwas schiefgeht, doch gibt sie ebenfalls jeglichen Einfluss auf Zugriffsoperationen wie diese auf.

Anfang November 2009 fand die bisher größte und folgenschwerste amerikanische Operation im Bereich des PRT Kunduz statt. US-Spezialkräfte der sogenannten Task Force 373, die mit knapp 300 Mann im deutschen Stützpunkt Mazar-e Sharif stationiert sind, machten mehrere Tage lang Jagd auf Taliban-Kader rund um Kunduz. Durch afghanische Sicherheitskräfte und die US Air-Force verstärkt, nahmen sie die Distrikte Chahar Darreh, Khanabad und Emam Saheb ins Visier und töteten mehr als 130 feindliche Kämpfer, darunter auch einige ranghohe Anführer der Aufständischen. Mullah Qari Bashir, ein Taliban-Kommandeur der mittleren Ebene, den auch unsere J2-Abteilung seit Jahren im Visier hatte, soll sich unter den Getöteten befinden. Der berüchtigte Mullah Abdul Salam, die Schlüsselfigur des Widerstands, soll hingegen nur verletzt worden sein. Gewissheit über seinen wahren Zustand wird es aber erst durch sein eventuell erneutes Auftauchen geben. Wieder war die Bundeswehr an der Operation nicht beteiligt und musste während der betreffenden Tage ihre Truppen im Feldlager halten. Falls die angegebene Zahl der getöteten Taliban auch nur annähernd stimmt, haben die Aufständischen im Raum Kunduz in den letzten vier Monaten der Jahres 2009 empfindliche Verluste hinnehmen müssen, die sich auch unweigerlich auf ihre Kampfstärke auswirken werden. Die Chancen stehen damit gut, dass über die Jahreswende bis zum Frühjahr 2010 eine Verschnaufpause für die deutschen Kräfte erreicht wurde. Doch die Aufständischen werden ihre Lücken wieder auffüllen und mit Einsetzen der wärmeren Jahreszeit versuchen, an ihre alte Angriffsintensität vom Vorjahr wieder anzuknüpfen. Die politisch-militärische Führung in der Bundesrepublik sollte die Zeit ebenfalls sinnvoll nutzen.

Gerade in meiner Abteilung wünschten wir uns oft, einen ähnlich starken politischen Willen, wie ihn die Amerikaner haben, im Rücken zu wissen. Monatelang waren wir damit beschäftigt, Netzwerke der Aufständischen zu analysieren, ihr Führungspersonal zu identifizieren und die nächsten Schritte des Feindes vorauszuberechnen. Viele der lokalen Führer der Aufständischen kannte meine Abteilung sehr genau. Hin und wieder erhielten wir Hinweise über geheime Treffen mehrerer feindlicher Gruppenführer an einem Ort. Mitte Februar fand so eine Shura in einem Gehöft im nördlichen Distrikt Chahar Darreh statt. Unsere Informanten meldeten uns, dass mindestens vier bekannte Terroranführer dort teilnehmen würden, um ihre geplanten Aktionen gegen die Bundeswehr zukünftig besser zu koordinieren. Wir hatten Namen, wir kannten den Ort und die Uhrzeit. Aber das Ergebnis unserer Arbeit war wieder einmal für den Papierkorb: Auch diese potentielle Zugriffsoperation wurde erst gar nicht unternommen. Sie scheiterte an Ausrüstungsmängeln und politischem Willen.

4. September 2009 –
die Bundeswehr schlägt zurück

Die Nachricht, die am Morgen des 4. September 2009 über die Ticker der deutschen Nachrichtenredaktionen lief, löste gleichermaßen Entsetzen wie Erstaunen aus. Das Entsetzen scheint mir vor allem einer politischen Korrektheit der Medien geschuldet. Gerade wir Deutschen haben so zu reagieren, wenn sich unsere Truppen auf einmal aktiver zeigen als gewohnt. Das gleichzeitige Erstaunen jedoch war durchaus echt. Dass die Bundeswehr etwas Derartiges machen würde, nämlich in die Offensive zu gehen, damit hatte man nicht gerechnet.

Gewiss gab es seit Herbst 2008 immer mehr Gefechte mit den Aufständischen in Nordafghanistan, aber da wurden die deutschen Soldaten scheinbar immer zuerst angegriffen und mussten sich lediglich verteidigen. Über die Verluste auf der anderen Seite konnte in diesen Fällen stets nur spekuliert werden. Genaues wusste man nicht – und wollte es auch gar nicht wissen. An diesem 4. September jedoch ging es plötzlich ausschließlich um Verluste auf der gegnerischen Seite, deren Benennung den meisten der »Entsetzten« schon so unglaublich schwerfällt. Doch zunächst einmal: Was war genau passiert?

Am Vorabend dieses 4. September 2009 entführten Taliban-Kämpfer gegen 21.15 Uhr zwei Tanklastzüge, die sich auf dem Weg ins PRT Kunduz befanden. Mit Treibstoff, der für die deutschen Truppen bestimmt war – dieser wird grundsätzlich, wie der Großteil der Versorgungsgüter und übrigens auch militärisches Gerät, durch zivile Firmen und ohne Eskorte quer durch Afghanistan geliefert. Auf der LOC Pluto, keine dreitausend Meter vom deutschen Feldlager entfernt, hatten die feindlichen Kämpfer einen ihrer Checkpoints errichtet. Sie stoppten die Lkws. Die Fahrer wurden aus ihren Kabinen herausgeholt und mindestens einer von ihnen später exekutiert. Die Taliban übernahmen daraufhin die Tanklaster mit den insgesamt 60 000 Litern Treibstoff und fuhren zunächst wenige Hundert Meter weiter nach Süden, um danach an der Kreuzung bei der Ortschaft Omar Khel 4 nach Südwesten abzubiegen und die Furt über den Kunduz River bei der Ortschaft Rahmat Bay zu überqueren. Das zu dieser Jahreszeit niedrige Wasser des Flusses schien eine Durchfahrt auch für die schwerbeladenen Tanklaster möglich zu machen. Es kam aber anders: Die gekaperten Lastzüge setzten sich im weichen Untergrund einer Sandbank fest. Die Beute war jedoch so wertvoll, dass sie nicht ohne weiteres aufgegeben werden konnte. Um das Gewicht der feststeckenden Tanklaster zu verringern, fingen die Taliban an, den Treibstoff aus den Behältern abzuzapfen; dabei ließen sie sich von Unbewaffneten aus den nahe gelegen Dörfern unterstützen.

Die PRT-Führung war ihrerseits kurz nach der Kaperung der beiden Lkws informiert worden. Sowohl die afghanischen Lagerwachen, die den kurzen Feuerkampf während der Kaperung der Laster hörten, als auch das Operation Coordination Center-province (OCC-P), eine Art Bürgerbüro der afghanischen Sicherheitskräfte, meldeten den Vorfall. Mit Hilfe eigener Aufklärungsmittel, insbesondere afghanischer Informanten, gelang es nach über einer Stunde, die Stelle der festsitzenden Transporter zu orten und die Geschehnisse vor Ort zu verfolgen. Der damalige Kommandeur, Oberst i. G. Georg Klein, genehmigte zu diesem Zeitpunkt seinem JTAC (Joint Terminal Air Controller; ein Soldat zur Dirigierung von Luftunterstützung) die Anforderung eines Close Air Support (Luftnahunterstützung). Das Air Coordination Element des ISAF-Hauptquartiers, die Abteilung, die den Einsatz jeder einzelnen Luftoperation koordiniert, befahl einen bereits in der Luft befindlichen Bomber vom Typ B-1B Lancer in den Luftraum des PRT Kunduz. Die Kamerasysteme des Bombers übertrugen nun die Bilder von den steckengebliebenen Tanklastern live auf den Bildschirm des JTAC. Oberst Klein stand neben ihm. Die B-1 musste dann aber nach kurzer Zeit die Beobachtung der feindlichen Kämpfer wegen Treibstoffmangels abbrechen. Wenige Minuten danach nahmen zwei amerikanische F-15-Jagdbomber die

Beobachtung des Feindes wieder auf. Gegen 00.15 Uhr wurden mittels der Luftfahrzeuge zwischen fünfzig und siebzig bewaffnete Kämpfer aufgeklärt, die sich in unmittelbarer Nähe der Tanklaster aufhielten.

Um 01:35 Uhr afghanischer Ortzeit gab Oberst Klein den Befehl zum Abwurf einer gelenkten Bombe vom Typ GBU-38 (Guided Bomb Unit). Vierzehn Minuten später, um 01:49 Uhr, klinkte einer der Piloten seine todbringende Fracht aus. Die 227 Kilogramm schwere Bombe zerstörte präzise die beiden Tanklastzüge und tötete mehrere Dutzend feindliche Kämpfer, vermutlich deutlich mehr als fünfzig. Darüber hinaus kam eine unbekannte Anzahl Unbewaffneter ums Leben, vermutlich um die zwanzig.[10] Eine Zielüberprüfung durch die Piloten unmittelbar nach dem Angriff meldete noch die erfolgreiche Bekämpfung der Ziele und mehrere flüchtende Bewaffnete an die deutsche Operationszentrale, bevor die zwei F-15-Bomber abdrehten.

Ruhe kehrte an diesem Tag in Kunduz aber erst in den frühen Morgenstunden ein. Während in Deutschland all diejenigen, die sich dauerhaft berufen fühlen, zu allem einen Kommentar abzugeben, sich noch verschlafen die Augen rieben, um dann in ihre sicheren Büros zu fahren, wurde in Kunduz bereits ein Ermittlerteam der Feldjäger zum Ort des Angriffs befohlen. Kurz nach Erreichen der Stelle am Fluss wurden die deutschen Soldaten bereits wieder unter Feuer genommen. Sie schossen zurück – und setzten ihre Untersuchung, das sogenannte On-Scene-Battle Damage Assessment (BDA), fort. Im Vergleich zu dem medialen Sturm, der an vielen anderen Orten der Welt zum gleichen Zeitpunkt bereits losbrach und sich gegen die deutschen Soldaten und ihren Kommandeur richtete, wirkte diese vormittägliche Schießerei am Kunduz River nur wie ein laues Lüftchen.

Dass der Angriff des 4. September 2009 nicht nur eine Randnotiz in der Öffentlichkeit bleiben würde, war sicher allen Beteiligten bewusst. Insbesondere Oberst Klein wird sich wohl im Klaren darüber gewesen sein, dass die Auswirkungen seines Befehls politische Dimensionen annehmen würden. Deutsche Soldaten lassen

500-Pfund-Bomben auf den Feind abwerfen. Dass so etwas gleichsam »wie eine Bombe« einschlagen würde, war wirklich absehbar. Als Kommandeur des PRT Kunduz, das weiß jeder Befehlshabende, sitzt man ohnehin zu jeder Zeit auf einem politischen Schleudersitz und braucht weit mehr als gute Führungsqualitäten, um nicht selbst in den Orbit geschossen werden. Dieser befohlene Luftangriff mit vielen Dutzend Toten erfüllte alle Voraussetzungen, um das Katapult auszulösen.

Die Reaktionen in Deutschland verwunderten mich überhaupt nicht. Wer das sich permanent wiederholende Ritual von medialer Berichterstattung eine Weile verfolgt hat, kann ohne große Mühe abschätzen, was nach einem solchen Ereignis passiert. Was mich jedoch wirklich überraschte, war die Antwort der Amerikaner auf den Luftschlag. Von allen anderen hätte ich Verurteilungen und unfaire Einschätzungen erwartet, aber nicht vonseiten der USA. Was sich aber am Samstag, den 5. September 2009, am Ort des Geschehens abspielte, war an Dreistigkeit nicht zu überbieten und hatte mit Aufklärung nur wenig zu tun.

Der Kommandeur der ISAF-Schutztruppe, der amerikanische Viersternegeneral Stanley McChrystal, flog mit einem Tross seiner Begleiter nach Kunduz, um sich einen persönlichen Eindruck der Lage vor Ort zu machen. Obwohl der deutsche Kommandeur aus Sicherheitsgründen davon abriet, eine Ortsbegehung an der Stelle des Bombenangriffs durchzuführen, bestand McChrystal darauf. Die Sicherheitsvorkehrungen müssen immens gewesen sein. Weiträumige Absperrung durch deutsche und afghanische Truppen, erneut Kampfjets in der Luft und dennoch ein Risiko für alle Beteiligten, das nicht zu rechtfertigen war.

Um was ging es überhaupt bei dem Besuch des amerikanischen Generals? Für die angeordneten Untersuchungen war es völlig irrelevant, ob der ISAF-Chef persönlich an Ort und Stelle in Erscheinung trat oder nicht. Er führte schließlich keine Untersuchungen durch, sondern zeigte sich nur. Und demonstrierte etwas. Nämlich seine »ernsthafte Sorge« um afghanische Opfer unter der Zivilbevölkerung. Er stakste also im Flussbett um die ausgebrannten Tanklastzüge herum und setzte eine unbewegte Miene auf. Danach ließ er sich ins Krankenhaus von Kunduz City fahren, sprach dort mit einem zehnjährigen Jungen, der Verbrennungen am Körper trug, und machte anschließend ein noch ernsteres Gesicht.

Zurück im Feldlager der Bundeswehr, nutzte McChrystal nicht etwa die Gelegenheit, um sich auch am Krankenbett der vier deutschen Soldaten, die tags zuvor bei einem Anschlag verwundet worden waren, nach deren Genesung zu erkundigen. Nein, er zog es vor, seine persönliche mediale Inszenierung auf den Gipfel zu treiben, und gab eine Pressekonferenz. Die dafür notwendige Reporterschar hatte er eigens mit einfliegen lassen. Schon beim »internen« Lagevortrag des deutschen Kommandeurs war ein Journalist der *Washington Post* zugegen. Allein dieser Vorgang war so unverfroren, dass mir die passenden Worte nicht einfallen wollen. Ein General der US-Armee befahl einen deutschen Oberst zum Rapport, wenige Stunden nach einer schwierigen militärischen Operation, und brachte einen Reporter mit.

In diesem Gespräch warf McChrystal Oberst Klein unter anderem vor, dass der Befehlshaber des RC North nicht sofort nach der Bombardierung nach Kunduz geflogen war. Was sollte diese Frage? Und warum stellte er sie nicht dem Kommandeur des RC North, Brigadegeneral Jörg Vollmer? Dieser war bereits um 03.15 Uhr des Vortags über den Luftangriff informiert worden, hätte sich also bei Sonnenaufgang in einen Helikopter setzen und nach Kunduz fliegen können. Doch wozu? Um mit den Feldjägern zum BDA herauszufahren und ein hochwertiges Ziel abzugeben?

Auf der Pressekonferenz bewies der Amerikaner dann, dass scheinbar gar keine Untersuchungen mehr notwendig sein würden. Er hatte nur einmal kurz um die ausgebrannten Tanklaster laufen und mit einem Zehnjährigen im Krankenhaus sprechen müssen – und alles schien für ihn ausreichend geklärt zu sein, um den Vorfall bewerten zu können. Er bestätigte den Tod von Zivilisten und nannte die Bombardierung einen »ernsten Vorfall«, was nur ein Synonym für »Fehler« war.

Als der ISAF-Kommandeur schon wieder nach Kabul zurückgeflogen war, hörte die öffentliche Diskreditierung von Oberst Klein und seinen Soldaten jedoch nicht auf. McChrystals Pressesprecher, Konteradmiral Gregory Smith, trat nach und kritisierte, dass der Oberst die Stelle der Bombardierung nicht sofort »besetzen und danach untersuchen ließ, was passiert war, bevor der Feind seine Version der Vorgänge veröffentlicht«.[11] Dies wird zwar »grundsätzlich« durch die Tactical Directive des HQ ISAF gefordert, doch was hieße diese Forderung im konkreten Fall? Mehrere Dutzend feindliche Kämpfer in einem unübersichtlichen und durch ein Fließgewässer getrennten Geländeabschnitt werden in der Nacht bombardiert. Und sofort danach soll der deutsche Kommandeur seine Truppen nach draußen schicken, die Stelle absperren lassen, und all dies ohne gründliche Planung und ohne Unterstützung durch afghanische Truppen? Die Kritik des US-Admirals war nichts weiter als die Forderung, das Leben von deutschen Soldaten zu riskieren, nur um zu verhindern, dass irgendein Taliban-Sprecher die Zahl der getöteten Zivilisten nach oben lügt.

Vor dem Hintergrund eines solchen Vorwurfs würde mich interessieren, wie die US-Streitkräfte so etwas in ihren eigenen Reihen lösen. Umstellt eine amerikanische Infanterieeinheit etwa unmittelbar ein westpakistanisches Gehöft, nachdem eine Reaper-Drohne einen der Söhne Osama bin Ladens pulverisiert hat? Riskieren US-Kommandeure auch das Leben ihrer GIs, nachdem sie mit Hellfire-Raketen Drogenlabors in den ostafghanischen Provinzen ausgeräuchert haben? Und wo war eigentlich die Untersuchungskommission am 23. März 2009, nachdem US Special Forces in Emam Saheb, vierundfünfzig Kilometer nördlich des Bombenangriffs, die vier Terrorverdächtigen festnahmen und fünf weitere Afghanen erschossen? Allesamt Terroristen? Schwer zu sagen, wenn Spezialkräfte nachts in ein unbekanntes Gehöft eindringen. Auch habe ich nie etwas von einem zeitnahen oder überhaupt einem Battle Damage Assessment gehört, als die amerikanische Task Force 373 rund acht Wochen nach dem Luftschlag von Kunduz ganze Dörfer in der gleichen Provinz abriegelte und fünf Tage mit Drohnen und Kampfjets in den Kessel hineinbombte.

Die Zahl ziviler Opfer ist immer so gering wie möglich zu halten. Ganz vermeiden lassen sie sich aber nie. Ich richte diesbezüglich keineswegs über die amerikanische Vorgehensweise im Krieg gegen den Terror, nur nehmen die US-Streitkräfte bei weitem weniger Rücksicht auf Unbeteiligte, als es die Bundeswehr macht. Die nochmalige mündliche Verschärfung des COMISAF-Befehls zum restriktiveren Einsatz von Luftstreitkräften vom 31. 07. 2007 durch McChrystal war auch keineswegs eine Reaktion auf die »schießwütigen« NATO-Partner der USA. Vielmehr war sie Teil einer leicht veränderten Strategie, um seine eigenen Landsleute im Zaum zu halten.

Zu meiner Erleichterung hörte ich einige Wochen später, dass sich General McChrystal und sein Pressesprecher ohne Rücksprache mit Washington derart danebenbenommen hatten. Ich erfuhr aus den Reihen deutscher Geheimdienste, dass der Angriff vom 4. September 2009 von der NATO – sowohl auf der militärischen als auch der politischen Ebene – nicht außergewöhnlich dramatisiert worden war. Vielmehr unkt man dort schon seit längerem, dass General McChrystal ein »eher emotionaler Mensch« ist und sein Wesen auch seinen Vorgesetzten zu schaffen macht. Seine persönliche Vita passt so gar nicht zu dem »sorgenden Menschenfreund«, den er in Kunduz mimte. Als Kommandeur des Joint Special Operations Command (JSOC) war er von 2003 bis 2007 für die Bekämpfung von Aufständischen und Terroristen im Irak zuständig. Die unter seinem Kommando stehenden Spezialeinheiten und Geheimdienstkommandos spürten unter anderem Saddam Hussein auf und töteten den dortigen Al-Qaida-Anführer, den Jordanier Abu Musab az-Zarqawi. Mehrfach stand McChrystal damals in der Kritik wegen seines harten Vorgehens. Auch wurden Soldaten unter seinem Kommando wegen Gefangenenmisshandlung verurteilt. Das Pentagon empfahl damals eine Anklage gegen General McChrystal selbst. Diese wurde jedoch nicht erhoben.

Schon bald nach seinen unangemessenen Äußerungen im Nachgang des Bombenangriffs auf die Tanker wurde der ISAF-Kommandeur durch eigene Vorgesetzte in seinem Übermut gebremst.

Dennoch war ich unglaublich enttäuscht, dass ein derartig öffentlicher Schauprozess unter langjährigen Verbündeten und unter befreundeten Streitkräften möglich ist. Hohe Offiziere des transatlantischen Bündnisses sollten über solche Grabenkämpfe erhaben sein – anders als vielleicht Politiker. Eine Professionalität dieser Art habe ich in meinen Wochen im NATO-Hauptquartier erfahren, wo ich 2003 einige Wochen arbeitete. Sie wurde mir auch von allen befreundeten Offizieren, die Dienst in den multinationalen Stäben des Bündnisses verrichten, immer wieder als Grundsatz bestätigt. So scheint mir McChrystals Vorgehen als eine unerfreuliche Entgleisung eines Einzelnen zu bewerten zu sein.

Der Vollständigkeit halber will ich auch kurz auf die politischen Reaktionen im »vereinten Europa« eingehen, die ebenfalls ungewöhnlich heftig ausfielen. Unisono brach bereits am Folgetag des Angriffs ein Sturm der Kritik los. Nichts war zu diesem Zeitpunkt geklärt, die geforderte Untersuchungskommission hatte ihre Arbeit noch nicht einmal begonnen. Der Außenminister Schwedens, Carl Bildt, hielt sich mit seinen Äußerungen noch am meisten zurück, als er am Rande der EU-Außenministerkonferenz in seinem Heimatland der Meinung war, dass »das tägliche Sterben in dem Konflikt so stark wie möglich verringert werden müsse«. Sein französischer Amtskollege Bernard Kouchner hingegen bezeichnete den Luftschlag sofort als »großen Fehler«, der Italiener Franco Frattini sprach von »Aktionen, die niemals hätten geschehen dürfen«, die EU-Außenkommissarin, die Österreicherin Benita Ferrero-Waldner, von einer »großen Tragödie«, und Spaniens Ministerpräsident Rodríguez Zapatero bezeichnete den Luftangriff auf die Aufständischen als »nicht hinnehmbar«. Der luxemburgische Außenminister Jean Asselborn war in den Tagen nach dem Angriff besonders engagiert, in jedes Mikrofon, das ihm vor sein Gesicht gehalten wurde, seine Bewertung hineinzusprechen: »Ich verstehe nicht, dass Bomben so einfach und so schnell abgeworfen werden können.« Wenn er das nicht versteht, warum lässt er sich dann nicht von einem seiner Landsleute aus dem großherzoglichen ISAF-Kontingent in die Lage und auch grob in militärische Abläufe einweisen? Luxemburg hat schließlich ganze neun Soldaten an den Hindukusch entsandt.

Warum dieser Teil der europäischen Führungsriege ihre sonst so vornehme Diplomatie aufgab und keine zwölf Stunden nach dem Angriff die Außenminister wie Furien auf das deutsche Kontingent in Kunduz losgingen, kann ich mir nur schwer erklären. Es hatte in der Tat den Anschein, als ob die Damen und Herren nur darauf gewartet hätten, es den sonst so moralisierenden Deutschen einmal mit gleicher Münze heimzuzahlen. Mein Unverständnis geht aber noch viel weiter.

Wo war eigentlich unsere eigene militärische Führung die ganze Zeit? Während sich Bundeskanzlerin Angela Merkel und selbst der sonst so devote Verteidigungsminister a. D., Franz Josef Jung, jedwede »Vorverurteilungen« verbaten, hörte die Truppe acht Tage lang kein Sterbenswort vom damals ranghöchsten Soldaten Deutschlands. Erst am 12. September wagte sich Generalinspekteur a. D. Wolfgang Schneiderhan aus der Deckung und ging in einem Interview mit der *Frankfurter Allgemeinen Sonntagszeitung* davon aus, dass der Befehl für die Bombardierung der Tanklastzüge »erst nach sorgfältiger Beurteilung der Gesamtlage und in der Absicht getroffen wurde, erheblichen Gefahren für die eigenen und verbündeten sowie für die afghanischen Sicherheitskräfte zuvorzukommen«. Hut ab, Herr General, das ist wahrlich der Mut eines deutschen Offiziers! Während ein amerikanischer Viersterner und die Entourage seines Hauptquartiers über Ihren Oberst und Ihre Soldaten im umkämpften Kunduz herfielen, warteten Sie erst einmal in der sicheren Deckung des Verteidigungsministeriums ab, bis sich der erste Sturm gelegt hatte. Als Sie dann, nach acht Tagen, die Richtung des politischen Windes abschätzen konnten, kam nur eine zaghafte Antwort: »Ich gehe davon aus, dass …« Was hat Sie daran gehindert, sich nach einer fast achtjährigen Verwendungsdauer als Generalinspekteur (länger als die jedes anderen zuvor) einmal klar und schützend vor

Ihre Soldaten zu stellen? Was sprach dagegen, sich eine Maschine Ihrer Luftwaffe kommen zu lassen und noch am selben Tag nach Kunduz zu fliegen, um Oberst Klein und seine Soldaten in Schutz zu nehmen, also Ihre Deckung zu verlassen, um den Männern in Kunduz welche zu geben? Ging es um Ihre Beraterjobs nach Beendigung der militärischen Karriere? Die erhalten Sie doch sowieso. Ging es um die Einladungen zu internationalen Konferenzen oder um Vortragsreisen? Dem allen steht doch ein ehrbares Verhalten nicht im Weg. Eine klare Stellungnahme ohne Rücksicht auf die eigene Karriere wäre nicht nur ein Bekenntnis in bester deutscher Militärtradition gewesen, sondern auch eine Chance für Sie persönlich. Dann nämlich wäre etwas von Ihnen in Erinnerung geblieben, kurz vor Ihrem Ausscheiden aus den deutschen Streitkräften. Sie aber entschlossen sich lieber für den Weg des geringsten Widerstands. Dafür, in acht Jahren keinen einzigen Fußabdruck zu hinterlassen, der Ihre Standhaftigkeit und Ehre bewiesen hätte.

Auch die Versuche des ehemaligen Generalinspekteurs, nach seiner Entlassung die Karriere und den Ruf des neuen Verteidigungsministers zu Guttenberg zu beschädigen, passen einhundertprozentig ins Bild. Nachtreten, wo immer es geht. Nicht einmal setzte sich Schneiderhan während seiner Dienstzeit vehement für seine Soldaten in Afghanistan ein. Vielmehr war er es, der die immer häufiger aufkeimenden Forderungen nach stärkeren Waffensystemen und Truppenaufstockungen abwiegelte und auf den »zivilen Charakter« des Auftrags verwies. Skeptisch werdende Parlamentarier, die vorsichtig zu fragen begannen, ob es denn nicht langsam einmal angebracht wäre, über den Einsatz von Kampfpanzern und Haubitzen nachzudenken, überzeugte er von der Überflüssigkeit militärischer Stärke.

Wahrscheinlich warten die Soldaten, die heute durch die Erfahrungen eines Krieges geformt werden, vergebens auf eine gradlinige Führung, die sie verdienen. Offiziere vom Schlag des ehemaligen Generalinspekteurs gingen nie durch die realen Prüfungen eines Kampfeinsatzes. Sie wurden in Stäben und Ämtern sozialisiert, die stets näher an der Politik waren als an der Truppe. Daran tragen sie zwar keine Schuld, aber dennoch ist es so. General a. D. Schneiderhan nahm noch nicht einmal an einem der Balkaneinsätze teil. Seine einzigen nennenswerten »Auslandsverwendungen« waren die im NATO-Stab Central Europe im niederländischen Brunssum und als Kommandeur der mittlerweile außer Dienst gestellten Panzerbrigade 39 im Thüringen der frühen neunziger Jahre.

In einem ersten Schritt in die richtige Richtung hat das BMVg unter dem Eindruck der Lageentwicklung 2009 beschlossen, nur noch Offiziere der Kampftruppen als Kommandeure nach Afghanistan zu entsenden. Einen Luftwaffengeneral, der wie in der Kongo-Mission eine reine Heeres-Operation befehligt, wird es somit zum Glück nicht mehr geben. Darüber hinaus ist es nur eine Frage der Zeit und des dringend notwendigen Generationenwechsels, bis die Führung die Situation ihrer Truppe im Einsatz besser nachzuvollziehen vermag. Wenn die jungen Offiziere, die heute in Afghanistan als Zugführer oder Kompaniechef dienen, in zehn bis zwanzig Jahren als Oberst oder General irgendwo auf der Welt die Führung von Engagements übernehmen, werden sie sich anders verhalten, falls ihre Truppe in Bedrängnis gerät. Sie werden sich an ihre eigene Zeit »da draußen« erinnern und ein völlig anderes Selbstverständnis von Ehre und Verantwortungsbewusstsein demonstrieren. Sie werden einordnen können, was ein Kontingent wie jenes von Oberst Klein erlebt und durchlitten hat. Und sie werden endlich diese Scheu abgelegt haben, sich zu dem zu bekennen, was sie sind, nämlich Soldaten in einem schwierigen Krieg.

Diesen Krieg zu erkennen und zu akzeptieren, fällt auch der deutschen Öffentlichkeit gegenwärtig sehr schwer. Die Vorwürfe, die nach dem Luftangriff gegen Oberst Georg Klein erhoben wurden, waren demnach die logische Konsequenz daraus. Er hätte die Stelle, so hieß es, an der die Tanklaster im Schlamm steckten, vorher nicht niedrig überfliegen lassen, um alle Umherstehenden zu warnen. Darüber hinaus wurde spekuliert, ob der Oberst seine

Kompetenz überschritten habe, indem er überhaupt den Befehl zur Bombardierung gab. Das hat er nicht. Die Rules of Engagement der ISAF autorisieren einen Oberst und Kontingentführer in einer zeitkritischen Situation, feindliche Gruppierungen, die den Auftrag der internationalen Schutztruppe bedrohen, anzugreifen.[12] Wer sonst sollte denn auch die Verantwortung für eine derartige Entscheidung tragen? Kleins Vorgesetzter im RC North etwa, Brigadegeneral Jörg Vollmer? Der hätte einen Teufel getan, den Feuerbefehl zu geben. Auch wenn er vor dem Luftschlag über die Situation informiert gewesen wäre. Er war nämlich nicht vor Ort. Auf welcher Grundlage soll er also entscheiden? Oder hätte der Befehl zum Bombenabwurf vom Kommandeur des Air Coordination Elements, von dem kanadischen Generalmajor John Sullivan, kommen sollen? Auch der war sicherlich nicht scharf darauf, von Kabul aus die Verantwortung für den Angriff auf die zwei Tanklaster im Kunduz River zu übernehmen. Er gibt nur seine Flugzeuge frei: »Feuererlaubnis erteilt, Feuern nach Ermessen!« Dieses »Ermessen« liegt einzig beim Führer vor Ort, und nur dort ist es auch sinnvoll aufgehoben. Und auch die vermutete ausschließliche Genehmigungspflicht durch den Kommandeur der ISAF persönlich ist Blödsinn. Wenn McChrystal jeden einzelnen Bombenabwurf in Afghanistan genehmigen müsste, hätte er so gut wie nichts anderes mehr zu tun. Close Air Supports sind in Afghanistan keine Seltenheit. Sie gehören zum Alltag. Letztlich kann niemand in einem entfernten Stab final beurteilen, ob ein solcher Angriff angemessen ist.

Ob der Befehl zum Angriff auf die Taliban in Übereinstimmung mit den ISAF-Regeln stand oder nicht, sollen Juristen prüfen. Falls sich dann nach vielen Monaten herausstellen sollte, dass Oberst Klein gegen diese verstieß, als er jene angriff, die mordend und bombend durch Afghanistan ziehen, wird mich das nicht beeindrucken. Dann sind nämlich die Regeln falsch und nicht sein Entschluss. Die Rules of Engagement dienen dazu, die afghanische Bevölkerung nicht durch unverhältnismäßig hohe Kollateralschäden noch mehr in die Arme der Aufständischen zu treiben. Sie sind keine Formalien, deren strikte Einhaltung sich selbst als Zweck genügt. In Kunduz, das wurde schon wenige Stunden nach dem Luftschlag deutlich, war exakt das Gegenteil passiert. Unisono begrüßten alle afghanischen Amtsträger, inklusive Gouverneur, Polizeichef und Distriktmanager, den Angriff auf die Taliban. Auf ihrem Weg zum Ort des Geschehens wurden das deutsche Ermittlerteam und die begleitenden Soldaten der Schutzkompanie von Afghanen bejubelt und gefeiert. Ihnen wurden sogar Geldgeschenke angeboten. Endlich einmal hätten die Deutschen die erforderliche Stärke gezeigt. Das, was man ihnen schon gar nicht mehr zugetraut hatte, war endlich geschehen.

Die Debatten in den Monaten nach dem Luftschlag gingen fast sämtlich am Entscheidenden vorbei. Wer wann was wusste, hat nichts mit der Situation vor Ort zu tun. Sollten Informationen zurückgehalten worden sein, ist dies zunächst einmal eine Frage der Geheimhaltung und zweitens ein deutliches Zeichen mangelnder Rechtssicherheit der deutschen Soldaten. In Wirklichkeit geht es einzig um die Frage, ob Oberst Klein richtig gehandelt hat oder nicht. Für mich und alle meine Kameraden aus dem 18. Kontingent, mit denen ich den Angriff diskutierte, war die Frage schon am frühen Morgen jenes 4. September beantwortet. Selbstverständlich war der Befehl zum Angriff korrekt.

Um dies zu erläutern, möchte ich noch einmal kurz zusammenfassen, was dieser Bombardierung vorausgegangen war. Oberst Klein übernahm Anfang April 2009 das Kontingent von seinem Vorgänger, meinem Kommandeur. Auf dem Heimflug traf ich ihn noch kurz auf dem Luftumschlagplatz im usbekischen Termez. Während wir in unserer Erleichterung nach dem Einsatz scherzten und entspannten, wirkte er ernst und sehr konzentriert. Auf ihn wartete schließlich ein hochbrisantes Kommando in der Zeit des afghanischen Sommers. Erst ein halbes Jahr später wurde wiederum auch er abgelöst, um in die Heimat zurückzukehren. In diesen sechs Monaten jedoch hat er ein Kontingent geführt, das sich von jedem anderen in der Geschichte der Bundeswehr unterschied. Unter seinem Kommando wurden die Truppen in Kunduz permanent in schwerste Gefechte verwickelt, mit Sprengfallen und Selbstmordbombern angegriffen und mit Raketen beschossen. Er führte seine Soldaten durch die gefährlichste Zeit, die je ein deutsches Kontingent in Afghanistan oder an jedem anderen Einsatzort erleben musste. Zur Bilanz am Ende seines Einsatzes zählten leider auch vier gefallene und über fünfundzwanzig zum Teil schwer verwundete Kameraden. Der Feind, dem der Oberst die Stirn bot, legte eine bis dahin ungekannte Aggressivität und Hinterhältigkeit an den Tag. Die Aufklärung ging von mittlerweile Hunderten von feindlichen Kämpfern aus, die nur noch ein einziges Ziel hatten: so viele deutsche Soldaten wie möglich zu töten.

Schon bald nach seiner Kommandoübernahme erhielt Oberst Klein zwar Verstärkung durch die QRF, das reichte aber bei weitem nicht. Sein PRT Kunduz war dauerhaft unterbesetzt, um sich angemessen gegen die Angriffe verteidigen zu können. Die zerschossenen und angesprengten Fahrzeuge wurden nicht ersetzt, seit langem angefordertes Kriegsgerät von Berlin immer noch nicht genehmigt. Sein Befehl, das machte sogar der damalige Verteidigungsminister ab Sommer 2009 deutlich, lautete dennoch, offensiv gegen die Aufständischen vorzugehen. Was auch sonst? Offensives Vorgehen war die einzige Chance, die Initiative im Raum Kunduz wenigstens teilweise zurückzugewinnen und sich so Luft zu verschaffen. Die von den Medien verfolgte Offensive, die Ende Juli 2009 gegen die Aufständischen im Distrikt Chahar Darreh durchgeführt wurde, war selbstverständlich ein Misserfolg. Schon nach wenigen Tagen kehrten die aus dem Raum gedrängten Taliban in das Gebiet westlich des Kunduz River zurück und übernahmen erneut die Kontrolle. So wenig wie mein Kontingent Schuld am Scheitern unserer Januar-Offensive im exakt gleichen Gebiet trug, so wenig hatten auch Oberst Klein und seine Männer sechs Monate später Schuld daran.

Der Feind lässt sich in einem Guerillakrieg nicht in Gefechte verwickeln, er bestimmt stets Ort und Zeit der Auseinandersetzung. Was also tun? Es gibt nur eine einzige Möglichkeit: den Feind dort zu stellen, wo er sich zeigt. Eine Methode ist die der

»Aufklärung durch Kampf«. Das Prinzip dabei ist einfach: Truppen werden zu Patrouillen ins feindliche Gebiet geschickt, lassen sich angreifen und bekämpfen den sich dann zeigenden Gegner. Diese Art des Kampfes ist keineswegs neu. Unsere Aufklärungsbataillone hatten bis Ende der neunziger Jahre exakt diese Aufgabe. Mit den verstärkten Spähtrupps, zwei leichten Spähpanzern des Typs Luchs und drei Leopard-Kampfpanzern ging es auf solche Missionen. Diese boten den Schutz und gleichzeitig die Feuerkraft, um ein solches Himmelfahrtskommando zu überstehen. Die Briten wendeten diese Taktik ebenfalls im letzten Irak-Krieg an, um feindliche Milizen in Basra zu bekämpfen. Sie fuhren mit ihren Warrior-Schützenpanzern in die Stadt, warteten, bis die RPG-7-Granaten an der Außenwand einschlugen, und konnten anschließend das Feuer auf die Angreifer eröffnen, so denn die Panzerung standhielt.

Im Prinzip war dies auch das, was unsere Patrouillen ab Herbst 2008 taten, wenn sie in das Chahar Darreh einfuhren. Nur offiziell nannten wir es eben »Patrouillentätigkeit« statt »Kampfpatrouille«. Außer im Namen gab es da noch einen kleinen, aber feinen Unterschied zu den Kampfpatrouillen unserer früheren Aufklärer oder denen der Briten im Irak. Die Fahrzeuge des PRT Kunduz verfügen bis heute weder über eine Reaktivpanzerung, die einem eine gute Chance einräumt, den Treffer zu überstehen, noch über eine 30-Millimeter-Bordmaschinenkanone oder gar eine 120-Millimeter-Waffe, die wiederum die Überlebensmöglichkeiten des Angreifers auf ein Minimum reduzieren. Unsere Soldaten müssen diesen gefährlichen Auftrag mit den schon beschriebenen ungeeigneten Dingos, Mungos und Füchsen durchführen.

Aufklärung durch Kampf leisteten auch die Männer von Oberst Klein – und verloren dabei vier ihrer Kameraden. Die Verluste des Feindes im gleichen Zeitraum waren mit Sicherheit höher, aber nicht ausreichend, um einen nachhaltig positiven Einfluss auf die Sicherheitslage zu haben. Wer daran am 4. September noch zweifelte, hätte nur einmal einen Augenblick über die Situation unmittelbar vor dem Bombenangriff nachdenken müssen. Selbst anhand der Mitteilungen in der Presse wäre dies möglich gewesen: Die Taliban errichteten einen Checkpoint, stoppten die Tanklaster, töteten deren Fahrer und nahmen die Beute mit – und alles nur drei (!) Kilometer vom deutschen Feldlager entfernt. Von »irgendetwas unter Kontrolle haben« kann da nun wirklich nicht mehr die Rede sein.

Ihr Ziel, das Dreieck der Dörfer Isakhel, Haji Amanullah und Omar Khel, nur sechs Kilometer vom Camp entfernt, war und ist die Keimzelle der Aufständischen seit Beginn der Kämpfe. Aus dieser paschtunischen Hochburg erhielt der Feind stets Unterstützung und Unterschlupf. Aus diesen Dörfern wurden fast alle Raketenangriffe koordiniert und ausgeführt, dort saßen Gruppenführer und Rekrutierer der Taliban. Insbesondere in den Ort Haji Amanullah konnte sich schon lange keine unserer Patrouillen mehr hineinwagen. Bis heute ist die Gegend als extrem feindlich zu bewerten.

Als nun die entführten Tanklaster kurz vor Mitternacht im Schlamm des Kunduz River steckenblieben, geschah dies nicht an einem x-beliebigen Ort, irgendwo zwischen friedliebenden Bauern, sondern im Zentrum des feindlichen Gebiets. Die Befürchtung des Obersts, die feindlichen Kämpfer könnten die Tanklaster samt dem explosiven Inhalt als rollende Bombe verwenden, war nicht konstruiert. Im Süden Afghanistans wurden solche Mega-IEDs bereits mehrfach eingesetzt, zum Beispiel als schon erwähnte »Türöffner« in die Feldlager unserer Alliierten. Selbstmörder fahren dabei so nahe wie möglich an die Camps heran, reißen durch die Wucht der Explosion ein riesiges Loch in die Außenmauer, und in Stellung liegende Taliban setzen daraufhin zum Sturm auf die Lager an. Wenn so etwas bei Briten und Amerikanern möglich ist, dann muss damit auch in Kunduz gerechnet werden. Die potentiellen Bomben unschädlich zu machen war demnach eine notwendige Entscheidung. Nicht auszudenken, welche Vorwürfe man erhoben hätte, wäre es wirklich zu diesem *Worst Case* gekommen. Das Risiko war jedenfalls untragbar hoch.

Es ging in dieser Nacht aber nicht nur um die Laster, sondern auch um die feindlichen Kämpfer an sich. Über verschiedene Aufklärungsstränge wurden mehr als fünfzig Bewaffnete verifiziert. Es gab die Live-Übertragung der Luftbilder aus den amerikanischen Jets, Quellen der deutschen HUMINT-Trupps und noch weitere Aufklärungsträger, die hier nicht näher beschrieben werden sollen, aber unabhängig und daher qualitativ sehr hochwertig sind. Über fünfzig Taliban auf freiem Feld und außerhalb einer Ortschaft, und im Hinterkopf die einzig mögliche Taktik, den Feind dort zu stellen, wo er sich zeigt – ein aggressives Vorgehen bedarf hier keiner weiteren Legitimation.

Die einzige Frage, die noch geklärt werden musste, war die nach möglichen Kollateralschäden. Das »Humanitäre Völkerrecht in bewaffneten Konflikten« sagt dazu Folgendes: »Militärische Ziele dürfen nicht bekämpft werden, wenn der zu erwartende militärische Vorteil in keinem Verhältnis zu den Verlusten in der Zivilbevölkerung und/oder Schäden an zivilen Objekten steht. Und: Bei einem Angriff auf ein militärisches Ziel sind alle erforderlichen Vorkehrungen zu treffen, um die Zivilbevölkerung, die sich im Bereich oder unmittelbarer Nähe des Objekts befindet, möglichst zu schonen. Wenn möglich, ist die Zivilbevölkerung vor einem Angriff zu warnen.«[13]

Die Liste dieser Bedingungen ist im Fall dieses Luftangriffs schnell abgearbeitet. Erstens: Der militärische Vorteil war enorm. Über fünfzig feindliche Kämpfer auf einen Schlag zu töten gelang in keiner der bis dahin durchgeführten Operationen. Darüber hinaus wurde den Aufständischen eine gefährliche Waffe, nämlich ein riesiges IED, genommen, die die Leben vieler unserer eigenen Soldaten und auch afghanischer Staatsbürger hätte kosten können. Zweitens: Der zivile Schaden war äußerst gering. Der Angriff erfolgte um zwei Uhr morgens auf unbebauter Fläche. Es ist total unglaubwürdig, dass sich Zivilisten zufällig am Ort des Angriffs aufhielten. Zudem: Schäden an zivilen Objekten, also Gehöften und Häusern, gab es ebenfalls nicht. Und drittens: Die Zivilbevölkerung in den nahe gelegenen Ortschaften war alarmiert. Die schweren Auseinandersetzungen der letzten Monate hatten die Menschen in diesem Gebiet erfahren lassen, dass die Bundeswehr von der Schusswaffe gebraucht macht. Darüber hinaus erfolgte auch in jener Nacht eine unmittelbare Warnung:. Es gibt in Afghanistan nachts keinen zivilen Luftverkehr. Wer also zu dieser Uhrzeit Flugzeuge hört, weiß, dass es sich um unsere Bomber handelt. Und im Gegensatz zu Kampfdrohnen sind zwei F-15 nicht zu überhören. Zudem war der Einsatz von Fliegerbomben schon bei vorherigen Einsätzen erfolgt. Der Befehl zum Abwurf der Bomben erfolgte in völliger Übereinstimmung mit den Regeln des Krieges. Hielten sich dennoch Unbewaffnete am Ort des Angriffs auf, hatten sie sich wissentlich unter die Taliban gemischt, um diese beim Versuch, die Tanklastzüge zu befreien, zu unterstützen, oder um ein paar Liter Treibstoff für sich abzuzweigen. In jedem Fall kannten sie das Risiko – und gingen es ein.

Und nun ein Wort zu den Opferzahlen des Luftschlags dieses 4. September 2009: Ich kenne sie nicht. Ich war nämlich in den ersten Stunden nach dem Angriff nicht vor Ort, um sie zu zählen. Als die Feldjäger als erste Nicht-Afghanen gegen Mittag die Stelle am Fluss erreichten, waren die meisten Leichen schon weggeholt. Auch sie konnten demnach nur schätzen und in Verbindung mit den Luftaufnahmen der US-Bomber eine ungefähre Zahl ermitteln. Diese liegt bei geschätzten einhundert Toten. Ich mache mir diese Zahl nicht deshalb zu eigen, weil ich den Ermittlern der deutschen Feldjäger besonders vertraue, sondern weil sie es waren, die als Erste den Tatort erreichten, und nur die Aufnahmen der Flugzeuge ein realistisches, wenn auch unvollständiges Lagebild garantierten. Alle, die danach kamen, ob NATO-Ermittler oder Rechtsanwälte aus Deutschland, konnten einfach nicht mehr zuverlässige Informationen erlangen. Gräber zu zählen macht keinen Sinn, weil man nicht weiß, wer darin liegt. Und die Aussagen von angeblichen Angehörigen sind ebenfalls höchst unzuverlässig. Jeder Soldat, der irgendwann einmal im Nachrichtenwesen am Hindukusch eingesetzt war, kennt die Problematik von afghanischen Zahlenangaben. Sie liegen grundsätzlich zu hoch. Spricht ein Informant von vierzig Kämpfern, sind es meist nur ein gutes Dutzend. Verspricht er ein Waffenversteck mit fünfundzwanzig

Raketen, liegen selten mehr als fünf im Erdloch. Sollte es bei den Opferzahlen etwa anders sein? Welche Methode wurde bei den jüngsten Zahlenangaben von einhundertvierzig beziehungsweise knapp einhundertachtzig Toten angewendet? Sind die Ermittler dieser Zahlen etwa in jene Dörfer gefahren, in die sich die Bundeswehr seit Monaten nicht mehr hineinwagen kann, und haben dort eine Vorortbefragung durchgeführt? Oder gab es einen Meldetermin im Rathaus von Kunduz City für Angehörige von Opfern? In Deutschland wurde erst Anfang Dezember 2009 bekannt, dass die Bundesregierung ein Blutgeld an die Hinterbliebenen des Angriffs zahlen wird. In Afghanistan wusste man das schon viel früher. So war es schließlich schon bei vielen Zwischenfällen mit unbeteiligten Afghanen. Bei all den Zahlen, die zum Jahreswechsel 2009/2010 durch den Blätterwald geisterten, hätte ich mir gewünscht, dass auch einmal das Zustandekommen der immer höher werdenden Angaben über die Zahl der Getöteten kritisch hinterfragt worden wäre.

Ich bin mir darüber im Klaren, dass es bei dieser Art der Argumentation vielen in Deutschland kalt über den Rücken läuft. Nur kann ich nicht so tun, als ob ich nie die Verhältnisse vor Ort kennengelernt hätte. An einer Universität über das Völkerrecht in einem asymmetrischen Krieg oder über ethische Fragen in bewaffneten Konflikten zu diskutieren, ist etwas völlig anderes, als mit konkreten Situationen im Einsatz konfrontiert zu sein. Dort müssen unter Zeitdruck Entscheidungen getroffen werden, von denen oft genug Menschenleben abhängen. Handlungsgrundsätze müssen also von der bequemen akademischen Ebene in praktische Verhaltensmuster übertragen werden. Zivilisten dabei zu schonen, wann immer es möglich ist, das habe ich wohl sehr deutlich gemacht, ist nicht nur eine Frage des Rechts, sondern des eigenen Werteempfindens und des taktisch klugen Vorgehens.

Wie weit aber darf diese Schonung gehen? Einige sind der Ansicht, dass feindliche Kämpfer vor einem Angriff immer zweifelsfrei identifiziert werden müssen. Dies geschah an jenem Abend.

Männer mit Kalaschnikows und Panzerfäusten in der Hand sind als Kombattanten einzustufen. Was aber, wenn einer seine Waffe auf den Boden legt, um freie Hände für das Abzapfen von Treibstoff zu haben? Kombattant oder Nichtkombattant? Was, wenn fünf Männer aus den nahe gelegenen Dörfern Holzklötze brachten, um sie unter die Räder der Tanklaster zu legen, so dass die Taliban diese aus dem Schlamm fahren konnten? Kombattant oder Nichtkombattant? Einer brachte sogar einen Traktor mit. In Afghanistan hat kein kleiner Bauer ein solches Arbeitsgerät. Wer sich so etwas leisten kann, der verfügt über Einfluss in diesem Rebellengebiet. Eine scharfe Trennlinie in diesem durchmischten Umfeld zu ziehen ist nicht möglich. Die Schuld daran tragen nicht wir, sondern der Feind. Er bricht schließlich jede Regel des Krieges, die zur Schonung von Zivilisten existiert. Das heißt nicht, dass wir diesen Mechanismus im Kampf gegen die Aufständischen nachahmen dürfen. Der Schutz der Zivilbevölkerung muss hohe Priorität haben. Aber eine so hohe, dass er uns vollständig lähmt? So eine Forderung ist schnell aufgestellt. Beispielsweise wurde Oberst Klein auch vorgeworfen, dass er statt der Fliegerbomben lieber Infanterie hätte schicken sollen. Was aber hieße das im Klartext? Dass die Infanterie besser zwischen Kombattanten und Nichtkombattanten hätte unterscheiden können? Schwer zu sagen, nachts um zwei Uhr, oder? Wenn die Männer nahe genug herangehen, dann vielleicht. Was aber würde dies wiederum bedeuten?

Der Satz, dass der Schutz der Zivilbevölkerung höchste Priorität haben muss, geht nämlich noch weiter. Er bedeutet, dass sämtliche taktischen Entscheidungen der Verantwortlichen vor Ort diesem Primat untergeordnet werden müssen. Er enthält nichts anderes als den Appell an den Kommandeur, das Leben seiner eigenen Männer einer hohen Gefährdung auszusetzen, um das Leben von möglichen Unbewaffneten zu schonen.

Ethiker und Politiker, die derartige Prioritätsaussagen aufstellen, sollten auch den Mut aufbringen, ihre Sätze zu Ende zu formulieren. In jener Nacht hieße die vollständige Forderung demnach: »Herr Oberst, verzichten Sie auf den Luftangriff. Befehlen

Sie lieber alle verfügbaren Kräfte in die Flussschleife, führen Sie die Männer dicht heran und riskieren Sie ein verlustreiches Feuergefecht mit den über fünfzig Taliban vor Ort.« Wer das nicht sagen will, aber den Luftschlag dennoch für falsch hält, der kann alternativ vorschlagen: »Herr Oberst, verzichten Sie auf den Luftangriff. Machen Sie nichts und warten Sie ab, was passiert. Vielleicht haben Ihre Männer und Sie ja Glück und die Taliban verwenden den Treibstoff nur für ihre Motorräder und Autos, mit denen sie ihre Selbstmordbomber losschicken. In jedem Fall, Herr Oberst, sollten Sie aber riskieren, dass die Tanklaster irgendwann neben einer Patrouille in die Luft gesprengt werden. Sie sollten zudem die über fünfzig Kämpfer entkommen lassen, damit diese bei nächster Gelegenheit wieder deutsche Soldaten töten und Zivilisten bedrohen und ermorden.«

Fliegerbomben durch Bodentruppen zu ersetzen, ist grundsätzlich denkbar. Aber auf keinen Fall mit den in Kunduz verfügbaren Kräften. Das einzige durchsetzungsstarke Kriegsgerät, die vier Schützenpanzer Marder, befanden sich in jener Nacht im Distrikt Dasht-e Archi, circa fünfzig Kilometer entfernt. Mehr Feuerkraft gab es nicht. Darüber hinaus keine Artillerie, keine Kampfpanzer und keine Kampfhubschrauber. Oberst Klein hätte somit nur seine leichte Infanterie schicken können. Dies jedoch wäre im Unterschied zum Luftangriff selbst nun wirklich militärisch unangemessen gewesen.

Ein höheres Risiko in diesem Kampf zu tragen, um das Leben von unbeteiligten Zivilisten zu schonen, ist moralisch richtig. Die deutschen Soldaten tun dies bereits in einem hohen Maße. Allein die Tatsache, dass sie Uniformen anhaben, gekennzeichnete Fahrzeuge benutzen und offen auftreten, setzt sie einer erhöhten Gefahr aus. Der Feind macht all dies nicht. Aber auch wenn er heimtückisch agiert, sich nicht durch eine bestimmte Kleidung zu erkennen gibt und Zivilisten als Schutzschild missbraucht, entbinden wir uns nicht von der Pflicht, diese nach Kräften zu schützen. Wer das anzweifelt, offenbart zum einen seine Ignoranz und diffamiert darüber hinaus die Soldaten der Bundeswehr.

Oberst Klein traf in jener Nacht eine richtige, aber dennoch folgenschwere Entscheidung – auch für ihn persönlich. Ich gehe davon aus, dass der Befehl für den Luftangriff seine Karriere vermutlich ins Stocken bringen wird, in der Truppe ist das kein Geheimnis. Die militärisch-politische Ebene, die dafür sorgen wird, sollte sich aber auch über die Konsequenzen im Klaren sein. Wie werden nachfolgende Kommandeure in gefährlichen Situationen künftig entscheiden? Die Anfeindungen gegen Oberst Klein und die mangelnde Unterstützung für ihn lassen nichts Gutes erwarten.

Die Botschaft vom 4. September 2009 war deutlich: Triff einen unbequemen, aber notwendigen Beschluss, und ein politisch-medialer Sturm bricht über dich herein. Verlasse dich auf deine Vorgesetzten – und du bist verlassen. Wie ich bald nach jenem 4. September 2009 erfuhr, sollen sowohl der damalige Verteidigungsminister Jung als auch sein Generalinspekteur Schneiderhan bereits wenige Stunden nach dem Luftschlag zuerst bei Oberst Klein und dann auch bei seiner Familie persönlich angerufen haben, um ihnen Unterstützung zu versichern. Falls dem tatsächlich so gewesen sein sollte, ändert dies am inakzeptablen Verhalten beider kaum etwas. Oberst Klein benötigte keine Heimlichkeit, sondern eine öffentliche Rückendeckung in aller Konsequenz und bester Tradition deutscher militärischer Vorgesetzter. Ein solches Umfeld fördert nicht die dringend notwendige Entschlossenheit von vorgesetzten Offizieren im Einsatz. Im Gegenteil: Es begünstigt Mutlosigkeit und das Beschreiten eines Wegs, der den geringsten Widerstand verspricht. Probleme werden ignoriert und auf die einfachen Soldaten im täglichen Patrouillendienst verlagert. Das aber, da kann man sicher sein, wird uns am Ende teuer zu stehen kommen.

Schnell raus aus Afghanistan?

War alles umsonst?

Der Einsatz in Afghanistan wird im Frühjahr 2010 durch ein Gefühl dominiert: Müdigkeit. Die Soldaten sind müde, die Politik ist müde, und die deutsche Öffentlichkeit ist es auch. Seit acht Jahren leisten deutsche Soldaten und ein paar Entwicklungshelfer und Polizeibeamte nun schon ihren Dienst am Hindukusch. Am Anfang war es für jeden aufregend, weil neu, und die Stimmung hoffnungsvoll, weil auf naiven Einschätzungen beruhend. Die vielen Fehler, die bis heute gemacht wurden, ließen diese Hoffnung mehr und mehr verschwinden – und sie führten letztlich zur desaströsen Lage, in der sich alle Beteiligten momentan befinden. Diese im Einzelnen aufzuarbeiten und die neuralgischen Punkte zu benennen, ist äußerst wichtig. Die Folgen sind zu schwerwiegend, als dass man die Verantwortlichen einfach davonkommen lassen könnte. Sie haben Menschenleben gekostet, und viel schlimmer: Alle erbrachten Opfer könnten umsonst gewesen sein.

Die Menschen in Deutschland wollen, dass der Krieg zu Ende geht, sie wollen nicht mehr, dass wir ihn gewinnen. Im Prinzip ist es ihnen egal, was aus Afghanistan wird, sie wünschen sich einzig, dass der Einsatz deutscher Truppen ein Ende hat. Der Politik geht es da nicht viel anders. In Afghanistan sind keine Meriten mehr zu verdienen. Im Gegenteil: Politisch können sich die Volksvertreter am Hindukusch nur noch die Finger verbrennen. Zwar sind einige der Verantwortlichen in der Lage, die Komplexität des Einsatzes zu begreifen, nur können sie diese dem Wähler nicht verständlich machen. Unsere Gesellschaft ist nicht bereit, einen langen und verlustreichen Krieg zu führen.

Die Schuld dafür liegt aber nicht beim Volk. Es ist eben schwierig, die Zusammenhänge von internationalem Terrorismus, Bündnisfähigkeit und unserer eigenen Stellung im internationalen System zu verstehen. Das war aber nie anders. Diese Schwäche muss die Politik endlich durch erworbenes Vertrauen auffangen. Die jahrelangen Lügen über die Ziele und den Zustand in Afghanistan haben die Chance darauf, der Bevölkerung die Mission zu erklären, fast unmöglich gemacht.

Nirgendwo war die Afghanistan-Müdigkeit deutlicher zu sehen als im Gesicht von Verteidigungsminister Franz Josef Jung zum Schluss seiner Amtszeit. Ein abgeschlaffter Mann, der wusste, wie schlecht es um den Einsatz steht, es aber nie sagen konnte. Er wird wohl innerlich gejubelt haben, als er nach der Bundestagswahl 2009 seinen Posten räumen durfte, um als Arbeitsminister zu wirken. Mittlerweile freut er sich womöglich darüber, aus jeglicher Führungsverantwortung entlassen zu sein.

Im seichten Wahlkampf des Spätsommers 2009 spielte das Thema Afghanistan noch keine große Rolle. Einzig Oskar Lafontaines Partei Die Linke versuchte, damit Stimmen zu fangen. Auf einem ihrer eigenartig gestalteten Wahlplakate stand in großen Lettern: »Bundeswehr raus aus Afghanistan!« Stimmen gebracht hat es wahrscheinlich kaum. In vier Jahren aber könnte es sich anders verhalten. Wenn bis dahin nichts Grundlegendes passiert ist und die Politik immer noch keine Antworten auf die wichtigsten Fragen des Einsatzes bietet, kann der Einsatz durchaus zum Thema werden, das die Regierung herausfordern wird. Die Bundeskanzlerin und vor allem ihr neuer Verteidigungsminister Karl-Theodor zu Guttenberg werden also handeln müssen.

Was aber kann man tun? Die Situation hat sich derart verändert, dass es nicht mehr möglich ist, einfach nur die Maßnahmen, die in all den Jahren immer nur in Minimalversionen getroffen wurden, zu verstärken. Jetzt den Wiederaufbau der Infrastruktur massiv voranzutreiben, ist nicht umsetzbar. Das Zuständigkeitsgebiet des PRT Kunduz beispielsweise ist so destabilisiert, dass zivile Entwicklungshelfer dort nicht mehr arbeiten können. Und selbst wenn, woher sollte die Regierung die vielen Hundert benötigten

Aufbauhelfer nehmen? Das gleiche Dilemma besteht bei der Ausbildung der afghanischen Polizei. Warum sollte es ausgerechnet jetzt gelingen, mehrere Hundert deutsche Polizeiausbilder zu überzeugen, in diesen gefährlichen Einsatz zu gehen? Man hat sie schließlich bis jetzt nicht motivieren können. Eine Gesetzesänderung, die es dem Innenministerium erlauben würde, seine Beamten in Auslandseinsätze zu befehlen, ist utopisch. Wenn so etwas gelänge, dann nur um den Preis eines massiven innenpolitischen Widerstands und einer Regelung mit »goldenem Handschlag«. Diese würde es den Beamten der Bundespolizei erlauben, bei vollen Pensionsansprüchen früher aus dem Dienst auszuscheiden, da sie ja einst unter ganz anderen Konditionen verbeamtet wurden. In den kommenden vier Jahren ist damit nicht zu rechnen. Immerhin hat das Innenministerium mittlerweile reagiert und eine Art Auslandshundertschaft im rheinischen St. Augustin aufgestellt. Polizeibeamte, die sich für dieses Kommando melden, verpflichten sich gleichzeitig dazu, auf Befehl in Auslandseinsätze zu gehen – wenn nötig mit nur geringer Vorwarnzeit. Bis die neue Einheit einsatzbereit ist, werden allerdings noch Jahre vergehen.

Die an sich sinnvolle Konzeption der Provincial Reconstruction Teams ist letztlich wiederum an der Trägheit, Unfähigkeit und mangelnden Kooperationsbereitschaft der Ministerien Inneres und Entwicklungszusammenarbeit gescheitert. Sollte unter der neuen Regierung dort strukturell etwas passieren, so braucht es Jahre, um solch träge Tanker wie das BMZ in eine andere Richtung zu lenken. Über zehn Jahre ideologische Prägung einer Heidemarie Wieczorek-Zeul lassen sich nicht in wenigen Wochen korrigieren. Doch Zeit hat man in Afghanistan nicht mehr. Was auch immer als Nächstes geschehen wird, es muss bald geschehen.

Die Müdigkeit, von der ich sprach, wiegt noch viel schwerer, als es auf den ersten Blick den Anschein hat. Sie hat nicht nur die Deutschen erfasst, sondern auch unsere Verbündeten. Ermüdung durch Erfolg- und Aussichtslosigkeit, wohin man blickt. In militärischer Terminologie spricht man davon, dass der Angriffsschwung verpufft ist. Dieser Angriffsschwung ist ein wesentliches Moment der Kriegsführung und durchaus auf die politische Ebene übertragbar.

»Raus aus Afghanistan!« – das würden alle gern realisieren, allen
voran die Briten. Mit 253 Gefallenen (Stand 3. Februar 2010) haben
sie in Afghanistan mehr Verluste zu verzeichnen als im gesamten
Irak-Einsatz. Die großen NATO-Staaten sind aber wenigstens
noch so vernünftig, dass sie bislang keine bilateralen Exit-Strategien entwickelten. Doch wie lang wird diese Vernunft noch anhalten? Kanada und die Niederlande kündigten nach entsprechenden Parlamentsentscheidungen bereits an, ihre Kontingente
2011 aus Afghanistan abzuziehen. Unabhängig von einem möglichen NATO-Abzugsplan. Auch in Großbritannien wächst der
innenpolitische Druck von Tag zu Tag. Falls es mittel- bis kurzfristig also doch noch zu einer bilateralen »Fluchtwelle« tragender
NATO-Mitgliedstaaten kommen sollte, fliegt das Bündnis auseinander. Also arbeitet die Allianz fieberhaft an einem koordinierten Rückzugsplan, der den einzelnen Ländern wenigstens eine
Perspektive auf ein Ende des Afghanistan-Einsatzes bietet. Es gilt
dabei unter allen Umständen eine Situation zu verhindern, die sich
vor ein paar Jahren im Kosovo entwickelte. Auch dort zogen viele
Partner nach dem Rauswurf der serbischen Armee aus der jetzigen
Balkan-Republik in dem Moment ab, als es ihnen innenpolitisch
passte. Afghanistan aber, darüber sind sich alle im Klaren, ist wesentlich explosiver als der Zwergstaat auf dem Balkan.

Im Hauptquartier in Brüssel werden derzeit verschiedene Ansätze verfolgt. Eine Möglichkeit wäre die schrittweise Übergabe
einzelner Distrikte. Großbritannien drängt darauf, da es im Süden
bereits Teile des Zuständigkeitsgebiets an die afghanischen Sicherheitsbehörden übergeben hat. In Kandahar zum Beispiel, der
Hauptstadt der gleichnamigen Provinz, bewegen sich so gut wie
keine ISAF-Truppen mehr am Boden. Aber kann Kandahar als gesichert eingestuft werden? Wohl kaum. Aus der innenpolitischen
Not heraus lässt der britische Premierminister Gordon Brown
seine Soldaten aus den unübersichtlichen Städten abziehen und
spricht von einer »geordneten Übergabe«. Die Taliban feiern jede

dieser Übergaben als Rückzug der NATO und als ihren Sieg. Sie haben wieder große Teile der Stadt im Süden Afghanistans unter Kontrolle. Sicherlich auch eine Art von Exit-Strategie, aber ohne eine Spur von Nachhaltigkeit.

Der Einzige, der noch verzweifelt gegen die Müdigkeit der Verbündeten und auch seiner eigenen Nation ankämpft, ist Barack Obama. Zu Jahresbeginn 2009 stockte er seine Truppen in Afghanistan um 17 000 Soldaten auf. Die öffentliche Darstellung erfolgte im Rahmen einer Gesamtstrategie, die den Mittleren Osten betraf: »Raus aus dem Irak, dafür vermehrt rein nach Afghanistan.« Doch schon im Sommer 2009 wurde deutlich, dass die Verstärkung noch nicht ausreichte, um die Lage am Hindukusch in den Griff zu bekommen. Bereits wenige Monate später forderten seine Kommandeure erneut Aufstockungen. Dies jedoch lehnten die Demokraten im Kongress vorerst ab. Sie vermuteten einen alten militärpolitischen Trick, der folgendermaßen funktioniert: Die erste Prognose, die das Militär über den Truppenbedarf am Beginn eines Einsatzes abgibt, ist grundsätzlich geschönt und viel zu niedrig. Die Politik ist zuversichtlich und rechnet sich einen schnellen Erfolg aus – sie willigt also ein. Dann gibt es die ersten Probleme von militärischer Seite aus: Man habe diese und jene Eventualität nicht vorausahnen können und bräuchte nun Verstärkung. In diesem Moment aber sitzt die Politik mit im Boot. Und ein Ausstieg ist zu einem solchen Zeitpunkt nicht mehr möglich, will man die bisher eingesetzten Kosten an Soldatenleben und Geld nicht abschreiben. So folgt eine Truppenanforderung nach der anderen, ohne dass sich ein merklicher Erfolg einstellen will. Der Politik bleibt in einer solchen Situation in der Regel nur noch ein Ausweg: Sie zieht die Notbremse. Dies gelingt jedoch meist erst nach personellen Veränderungen.

Der Verdacht auf endlose Truppennachforderungen, den auch der Vorsitzende des Streitkräfteausschusses im Senat, der Demokrat Carl Levin äußerte, ist völlig berechtigt. In den USA macht seit einiger Zeit ein Wort die Runde, das dort mit völlig anderen Emotionen behaftet ist als bei uns: Vietnam. Dort starteten die USA ihre Kampagne in den frühen sechziger Jahren zunächst nur mit 12 000 sogenannten Militärberatern. Auf dem Höhepunkt des Krieges waren schließlich mehr als 500 000 GIs im südostasiatischen Dschungelstreifen stationiert. Das Ergebnis ist bekannt. Es ist unerheblich, ob wirklich eine Vergleichbarkeit mit Afghanistan gegeben ist: In Amerika wird aufgrund der eindeutigen Parallelen öffentlich vor einem »zweiten Vietnam« gewarnt – und damit werden die schlimmsten Befürchtungen geschürt.

Obama braucht in Afghanistan dringend einen Erfolg, und zwar bis zum Herbst 2010. Dann nämlich stehen in den USA die Wahlen zum Kongress an. Sollten diese für ihn negativ ausfallen, wird es schwer werden, das zu verwirklichen, was jeder amerikanische Präsident in seiner ersten Legislaturperiode anstrebt – eine zweite.

Dieses notorische »Unterschätzen« der tatsächlich benötigten Soldaten funktioniert in Deutschland nach dem gleichen Prinzip. Mit tausend Soldaten fing die Mission in Kabul vor acht Jahren an. Bei der Ausweitung des Einsatzgebiets in den Norden gab es die erste Erhöhung auf 2250, im Oktober 2005 auf 3500 und ein weiteres Jahr später auf die jetzt aktuelle Truppenobergrenze von 4500 deutschen Soldaten. Und es reicht immer noch nicht. In seinem internen Einsatzbericht hat Brigadegeneral Jörg Vollmer, der bis zum Herbst 2009 das RC North kommandierte, die Entsendung einer weiteren Infanteriekompanie nach Kunduz gefordert, um die Situation vor Ort in den Griff zu bekommen. Vielleicht wäre das so aufgestockte PRT dann in der Lage, die unmittelbare Umgebung des Feldlagers zu beruhigen, und könnte gewährleisten, nicht mehr bei jeder Ausfahrt mit Panzerfäusten angegriffen zu werden. Die Kompanie ist von dem neuen Verteidigungsminister zu Guttenberg genehmigt worden und wird im Januar 2010 in Kunduz ihren gefährlichen Dienst aufnehmen. Eine Stabilisierung in die weitere Fläche ist aber auch mit dieser zusätzlichen Infanteriekompanie von 120 Mann und den fünf zusätzlichen Mardern nicht zu verwirklichen.

Die Kommandeure der Bundeswehr wie auch die der amerikanischen Streitkräfte laufen mit ihren Verstärkungsanforderungen zuletzt nur der Lageentwicklung hinterher. Sie bestimmen sie nicht mehr. Schuld daran tragen sie aber nur bedingt. Wären sie in ihrer Planung völlig frei, könnten sie eine ausreichend große Anzahl Truppen gleich von Beginn an im Schwerpunkt einsetzen und so den »Angriffsschwung« voll ausnutzen. Stattdessen müssen sie sich aber am »politisch Durchsetzbaren« orientieren und stets mit der kleinstmöglichen Anzahl Soldaten zurechtkommen. Die meisten der deutschen Truppenangehörigen im RC North sind mit der Eigensicherung vollends ausgelastet. Ohne die für die Feldlager engagierten afghanischen Wachmannschaften wäre die Situation sogar noch angespannter, weil mindestens ein weiterer Zug für diese Tätigkeit gebunden wäre.

Möglicherweise wird die Obergrenze von 4500 Soldaten sogar noch einmal nach oben korrigiert. An der Lage wird jedoch auch dies nichts mehr ändern. Zum Vergleich: Die Sowjets kämpften mit über 100 000 Mann in Afghanistan, die vom Generalstab überall eingesetzt werden konnten. Dahingegen müssen die NATO-Planer einen erheblichen Teil der stationierten Truppen abschreiben, da sie aufgrund nationaler Restriktionen nicht in den Hauptkampfgebieten eingesetzt werden können. Darüber hinaus wurde die Sowjetarmee von über 500 000 afghanischen Soldaten und Milizionären unterstützt, die immerhin so stark waren, dass sie die Mudscheddin noch über drei Jahre nach dem Rückzug der Sowjets in Schach halten konnten. Es hat alles nichts geholfen. Und noch einmal: Die weiterentwickelte Technologie stößt in einem solchen Krieg permanent an ihre Grenzen. Sie kann den eingesetzten Soldaten überlebensnotwendige Unterstützung geben, aber nicht allein den Krieg gewinnen.

Die Was-wäre-wenn-Diskussionen führen im Nachhinein zwar zu nichts. Dennoch möchte ich die hypothetische Frage in den Raum stellen, wo wir heute in Afghanistan stehen könnten, wenn die Kommandeure bereits ab 2003 über 4500 deutsche Soldaten in Regional Command North hätten einsetzen können. Eigensicherung war damals nur eine Nebenaufgabe und von einem einzigen Zug zu bewältigen. Alle übrigen Soldaten hätten sich anderen Aufgaben zuwenden können: zum Beispiel der Ausbildung afghanischer Sicherheitskräfte.

Warum die deutsche Bundesregierung nicht von Anfang an mit der nötigen Entschlossenheit und einer klaren Konzeption in den Afghanistan-Einsatz zog, ist sehr schwer zusammenzufassen: Mangelnde Erfahrung, die Neigung zu Verharmlosungen, die Nachwirkungen der beiden Weltkriege sowie eine übertriebene Angst vor der kritischen Presse und den Wählern verschwimmen zu einer Gemengelage, deren politisches Hauptmerkmal noch immer verantwortungslose Zögerlichkeit ist. Über allem schwebte stets die naive Vorstellung, dass sich die Dinge in Afghanistan schon irgendwie wieder zum Besseren wenden würden. Man schien auf eine Art Selbstheilungsmechanismus nach dreißig Jahren Krieg in diesem Land zu vertrauen. Skeptiker wurden damals als verantwortungslose Schwarzmaler diffamiert, die den Afghanen ihre Friedens- und Demokratiefähigkeit absprechen wollten.

Doch vergessen wir das jetzt. Auch der Bundesregierung hilft es im Jahr neun nach Beginn der Mission nicht weiter, Schuldzuweisungen zu formulieren. Sie befindet sich heute in einem ganz ähnlichen Dilemma wie der amerikanische Präsident. Die Kanzlerin braucht dringend Erfolge, sonst läuft sie Gefahr, dass Afghanistan indirekt schon bei den nächsten Landtagswahlen, aber sicherlich 2013 zum Wahlkampfthema wird. Dann sieht sie sich nicht nur einer Randgruppenpartei wie der Linken gegenüber, sondern auch einer SPD, die alles verleugnen wird, was sie in elf Jahren Regierungsbeteiligung mitgetragen hat. Die einzige Frage ist also: Was macht die Bundesregierung heute?

Der erste entscheidende Schritt muss eine Korrektur der eigenen Zielsetzung sein. Es kann nicht mehr darum gehen, aus Afghanistan eine blühende Demokratie mit Gleichberechtigung und allen westlichen Freiheiten zu formen. Wer das will, bewegt sich in einem Reich der Träume und ist zum Scheitern verurteilt. Eine derartige Entwicklung bedarf der Verinnerlichung über einige Generationen hinweg und ginge einher mit einer tiefgreifenden

Reformation der Gesellschaft, die auch vor religiös-traditionellen Bereichen nicht haltmachen dürfte. Dies aber kann frühestens dann in Angriff genommen werden, wenn das Problem der Aufständischen beseitigt ist. Davon hängt alles ab. Jetzt geht es nur um eines – Stabilität um jeden Preis. Stabilität schafft Sicherheit, und zwar nicht zuletzt für uns in Deutschland.

Afghanistan unter den Taliban war ein Hort des internationalen Terrorismus. Dieser wurde 2001 zerschlagen – und muss nun dauerhaft und verlässlich ausgetrocknet werden. Wie das geschehen sollte, ist dabei erst einmal zweitrangig. Der ganz große Afghanistan-Entwicklungsplan ist langfristig sicher der Schlüssel dazu, zurzeit aber ausschließlich heiße Luft, wenn es nicht gelingt, die aufständischen Taliban zumindest einzudämmen.

Es geht also um einen vorläufigen Verzicht auf ein freies und demokratisches Afghanistan zugunsten von Stabilität in der ganzen Region. Wer darüber offen spricht, steht unweigerlich als egoistisch und kaltschnäuzig dar, denn er stellt sein eigenes Sicherheitsbedürfnis über die Freiheit der Afghanen. Aber ist eine solche Denkweise so unnormal? Wenn es wirklich darum ginge, Menschen von Unterdrückung und Armut zu befreien, warum hat die Bundesrepublik dann nicht schon vor 2001 Truppen nach Afghanistan geschickt? Die Menschen dort sind nach dem Rückzug der Sowjets durch die Hölle gegangen. Hat es irgendwen hier interessiert? Wenn es uns tatsächlich ernst wäre mit Menschenrechten und Demokratie, warum haben wir uns dann so vehement gegen die Irak-Invasion gestemmt? Unabhängig von den offiziellen Zielen der USA, die Anwendung von Massenvernichtungswaffen zu verhindern, die sich im Nachhinein als nicht existent herausgestellt haben, hätte die Bundesregierung doch sagen können: »Na ja, wir sind zwar nicht davon überzeugt, dass Saddam wirklich Atomwaffen bauen will, aber diesen widerlichen Schlächter und seine despotisch regierende Entourage zur Hölle zu jagen ist eine gute Sache.« Hunderttausendfacher Mord und der Einsatz von Giftgas gegen die eigene Bevölkerung sind schließlich verdammt gute Gründe. Und was ist mit dem Sudan, wo der Terror staatlich un-

267

terstützter Milizen bereits Zehntausenden das Leben gekostet hat? Warum helfen wir dort nicht? Es gibt wahrscheinlich hundert Staaten auf der Erde, in denen wir für Gerechtigkeit und Demokratie sorgen könnten. Wir machen es aber nicht, weil es zum einen kräftemäßig nicht leistbar ist, zum anderen aber auch, weil es innenpolitisch niemals durchsetzbar wäre.

Entwicklungshilfe in einstelliger Millionenhöhe in einem dieser Länder ist etwas völlig anderes. Die findet gemeinhin eine breite Akzeptanz in der deutschen Bevölkerung, da sie so angenehm das Gewissen beruhigt. Wenn die Bundesregierung eine Soforthilfe in Höhe von 500 000 Euro genehmigt, um den Erdbebenopfern in diesem oder jenem Land zu helfen, ist jeder einverstanden. Wir zahlen das nämlich mithin aus der Portokasse. Aber unsere Soldaten zu schicken und diese kämpfen und sterben zu lassen, dafür braucht es andere Gründe. Und hier bin ich wieder bei Afghanistan. Auch dort wäre es innenpolitisch niemals durchsetzbar gewesen, den Einsatz Tausender Soldaten aus rein humanitären Gründen zu beschließen. Erst recht nicht, wenn Tote zu erwarten sind. So etwas ist letztlich immer nur mit der Durchsetzung eigener nationaler Interessen zu begründen. So zynisch es klingen mag, aber die Frage muss gestellt werden: Sind wir bereit, unsere Soldaten sterben zu lassen, damit in Afghanistan Kinder zur Schule gehen können? Ich persönlich bin es nicht. Wenn aber durch den Einsatz und auch die Opfer, die er kostet, verhindert wird, dass Terroristen dort ausgebildet werden, die in Deutschland Anschläge verüben könnten, sieht die Sache anders aus. Das empfinde ich sehr wohl als eine selbstverständliche Aufgabe deutscher Sicherheitskräfte und erst recht der Bundeswehr.

Da jedoch bei der Herausstellung der eigenen nationalen Interessen die Bedrohung oft nur abstrakt und mittelbar empfunden wird, steht die Politik unter einem enormen Zeitdruck, um Erfolge vorzuweisen. Darüber hinaus akzeptiert die Öffentlichkeit keine zu hohen Verlustzahlen, sonst wird sie ungeduldig und droht mit Liebesentzug bei der nächsten Wahl. Und je länger sich die Mission hinzieht, desto höher wird die Zahl der Soldaten sein, die wir in Deutschland zu Grabe tragen müssen. Der innenpolitische Druck wird sich sogar noch schlagartig potenzieren, wenn deutsche Soldaten zum ersten Mal in die wirklich tiefen Grauen eines Guerillakriegs geraten. Wenn nach einem Gefecht ein junger Hauptgefreiter von Taliban gefangen und verschleppt wird. Wenn plötzlich Videobotschaften von ihm auftauchen, auf denen man sieht, wie er gefesselt und in Todesangst um Hilfe fleht. Wenn die Bundesregierung auf die Forderungen der Geiselnehmer nicht eingehen wird und seine Kameraden ihn Wochen später verstümmelt und ermordet in einem Straßengraben auffinden. Ich hoffe sehr, dass den Männern und Frauen in Afghanistan so etwas erspart bleibt.

Und noch ein Szenario, auf das die deutsche Öffentlichkeit nicht vorbereitet ist. Es geht um den möglichen Abschuss eines unserer Transportflugzeuge oder eines Hubschraubers mit Einmann-Flugabwehr-Lenkwaffen, den sogenannten MANPADS (Man Portable Air Defense System). Diese Waffensysteme sehen einer herkömmlichen Panzerfaust sehr ähnlich, werden im Unterschied zu solchen aber gegen fliegende Objekte eingesetzt. MANPADS können von einer einzelnen Person abgefeuert werden und suchen mit Hilfe eines wärmeempfindlichen Infrarotleitsystems selbständig ihr Ziel (neue Generationen dieser Waffe werden auch mit UV-Sensorik gefertigt). Das bekannteste Modell ist die amerikanische Stinger. In Afghanistan wurde diese Waffe bereits Mitte der achtziger Jahre bekannt, als es den Mudschaheddin damit gelang, sowjetische Flieger und Helikopter, unter ihnen auch den gefürchteten Kampfhubschrauber vom Typ MI-24 *Hind Delta*, abzuschießen. Die CIA versorgte damals die afghanischen Kämpfer mit Waffensystemen, um so den gemeinsamen Gegner Sowjetunion zu schwächen.

Dreißig Jahre später ist genau das geschehen, was bei Waffenlieferungen an fremde Staaten oder Guerillatruppen immer passieren kann: Die Bedrohung richtet sich gegen die eigenen Soldaten. Die einst ausgelieferten Stinger-Raketen wurden nie komplett verschossen, und die seit Jahren laufenden Bemühungen der Ameri-

269

kaner, den Rest zurückzukaufen, waren nur zum Teil erfolgreich. Bis heute ist der Verbleib von fünfzig bis einhundert Flugabwehrraketen ungeklärt, das heißt sie stehen den Aufständischen in Afghanistan potentiell zur Verfügung. Ihre geringe Größe und die einfache Bedienung machen die Stinger zur perfekten Waffe in einem asymmetrischen Krieg. Wenn sich auch die Überschalljets in großen Höhen nur schwer damit abschießen lassen, sind langsam fliegende Transportmaschinen, wie die deutschen Transall, oder Hubschrauber ein vergleichsweise leichtes Ziel. Alle in Afghanistan eingesetzten Maschinen der Bundeswehr verfügen deshalb über ein eingebautes Abwehrsystem, die sogenannten Flares. Bei einem Angriff mit einer dieser wärmesuchenden Flugabwehrraketen stößt das anvisierte Flugzeug oder der Hubschrauber heiße Täuschkörper aus, die die Rakete von der Motorwärme ablenken sollen. Der Schutzmechanismus ist gut, aber nicht perfekt. Der Schwachpunkt liegt vor allem in der Lande- und Startphase der Maschinen. Dann nämlich sind sie besonders langsam und vor allem zu niedrig. Die aus einem in der Einflugschneise liegenden Gehöft abgefeuerte Stinger braucht nicht einmal zwei Sekunden, um mit zweieinhalbfacher Schallgeschwindigkeit ein Flugzeug in einer Höhe von vier- bis sechshundert Meter zu erreichen. Die Täuschkörper haben folglich nicht ausreichend Zeit, um sich weit genug vom angegriffenen Flugzeug wegzubewegen, sollten sie überhaupt rechtzeitig ausgestoßen werden.

Im Fall der Stinger-Raketen, denen auch die deutschen HUMINT-Kräfte und der BND nach wie vor fieberhaft nachstellen, ist es nach Meinung einiger Technik-Experten unserer deutschen Flugabwehrtruppe möglich, dass das Kühlsystem im Suchkopf der Waffen, nach dreißig Jahren unsachgemäßer Lagerung, nicht mehr funktioniert. Entwarnung kann deshalb jedoch noch lange nicht gegeben werden. Denn sowohl Russland als auch China und sogar Pakistan und der Iran bieten eine Reihe von ähnlichen Waffensystemen an. Diese verfügen gemeinhin zwar nicht über die gleiche Qualität wie das amerikanische Gegenstück, reichen aber ebenfalls aus, um eine Transall oder einen CH-53-Hubschrauber der Bundeswehr im Anflug auf das Flugfeld Kunduz vom Himmel zu holen. Die Gefahr ist nicht fiktiv. Bereits in den achtziger Jahren wurden allein in Afrika immer wieder Transportmaschinen von verschiedenen Rebellentruppen mit MANPADS abgeschossen. Auch die Russen verloren so in ihren beiden Tschetschenien-Kriegen mehrere Hubschrauber. Die genaue Anzahl ist unbekannt.

Die Zahl der abgeschossenen Helikopter und Flugzeuge im Irak- und Afghanistan-Krieg unserer Tage ist ebenfalls nicht eindeutig zu bestimmen. Dies liegt vor allem daran, dass es bei einem Totalverlust der betroffenen Maschine ohne Überlebende stets schwer zu ermitteln ist, wie es zum Abschuss kam. Im Tiefflug, beziehungsweise im Standflug eines Hubschraubers, ist es Aufständischen auch bereits mehrfach gelungen, ihr Ziel mit einer gewöhnlichen Panzerfaust oder einem Maschinengewehr zu vernichten. Eine Unterscheidung ist im ostafghanischen Gebirge danach nur noch schwer möglich. Dennoch halte ich eine Zahl von acht bis zwölf mit MANPADS abgeschossenen Hubschraubern in Afghanistan für realistisch. Im Irak dürfte die Zahl bei mindestens zwei Dutzend liegen.

Da es sich bei den beschriebenen Flugabwehrraketen ausdrücklich nicht um eine Waffe handelt, die einfach zu beschaffen ist, ist auch die Gefahr für unsere Truppen überschaubar. Bei einem Schwarzmarktpreis von ungefähr einhundertfünfzigtausend Dollar pro System (abhängig von Zustand und Typ) kann davon ausgegangen werden, dass der Einsatz einer solch teuren Waffe durch die Aufständischen in Afghanistan sehr besonnen und selektiv erfolgt. Bisher standen amerikanische Hubschrauber im Visier. Sollte sich dies jedoch ändern und es eines Tages zum Abschuss einer vollbesetzten Transall kommen, werden die Auswirkungen verheerend sein. Auf einen Schlag könnten je nach Beladung bis zu neunzig ein- oder ausfliegende Soldaten plus Bordcrew ums Leben kommen.

Der Schlüssel für eine pragmatische, Erfolg versprechende Lösung liegt im Jahr 2010 in der Geschwindigkeit. Je schneller es vorangeht, desto weniger deutsche Soldaten werden sterben müssen. Dass viel Zeit verschwendet wurde, ist ärgerlich, aber nicht mehr rückgängig zu machen. Die Bundesregierung muss jetzt alle Kräfte bündeln, um den Kampf gegen die Aufständischen an die Afghanen selbst zu übertragen. Zum einen gelingt dies mittels eines massiven und vor allem zielgerichteten Ausbildungsprogramms für afghanische Polizisten und Soldaten. In absehbarer Zeit müssen sie es sein, die sich den Aufständischen im Kampf stellen. Zum anderen sollte die internationale Gemeinschaft und damit ebenso unsere Regierung dringend darüber nachdenken, regionale Lösungen zur Stabilisierung Afghanistans ins Auge zu fassen. Der zentralistische Ansatz hat am Hindukusch noch nie funktioniert, so auch jetzt nicht, und seine Fassade wird spätestens zerbröseln, wenn die ausländischen Truppen abgezogen sind.

Ein Teil der Lösung könnte bei den ehemaligen Warlords liegen. Einige von ihnen verfügen noch über einen respektablen Machtbereich, der durch eine beachtliche Anzahl bewaffneter Milizionäre abgesichert wird. Diese Kriegsfürsten gilt es nach einem Prinzip des Gleichgewichts und der politischen Lenkbarkeit auszuwählen, um ihnen dann die Stabilisierung eines gewissen Gebiets zu übertragen. Demokratieverständnis und *Good-Governance*-Kriterien können dabei aber nicht im Vordergrund stehen. Wichtig ist allein, dass durch eine Art »beratende Kontrolle«, durch regelmäßige Überweisungen beruhigender Devisenbeträge und wohldosierte Drohungen die regionale Herrschaft der ausgewählten Machthaber nicht wieder zu einem Bürgerkrieg ausartet.

Zur Verdeutlichung ein Beispiel: Der Usbekengeneral Abdul Raschid Dostum kämpfte bereits gegen Russen und Taliban und gilt als skrupelloser Milizenführer und Politiker. 2001 nahmen er und seine Männer als Verbündete der Amerikaner Mazar-e Sharif und Kunduz ein. Sein Machtbereich erstreckt sich über die Gegend um Mazar-e Sharif, eben über die mehrheitlich usbekisch besiedelten Gebiete. Nach unseren moralischen Vorstellungen müssten wir den Mann eigentlich vor ein Gericht bringen. Dazu wird es aber nicht kommen. Sein Vorteil ist, dass er kein religiöser Fanatiker ist, sondern als eine Person gilt, die weltlichen Freuden durchaus zugetan ist. Wenn es also gelänge, einen Machthaber wie Dostum unter westlicher Kontrolle zu halten und ihm die Sicherung eines vorher verabredeten Gebiets zu übertragen, könnte man dort Stabilität erreichen, ohne eigene Truppen einsetzen zu müssen. Dostum soll hier nur als Beispiel dienen. Ich selbst bin dem Mann nie begegnet und kann demnach nicht abschließend bewerten, ob er für solch ein Arrangement geeignet wäre oder nicht. Falls nicht, müssen die Geheimdienste andere finden. Jede Region hat schließlich einen regionalen Machthaber. Eine solche Lösung soll keineswegs die afghanische Armee ersetzen. Sie muss bei dieser Stabilisierungsvariante als mögliches Korrektiv weiterhin zentral geführt und eingesetzt werden.

Politisch betrachtet, und das beträfe die Korrektur unserer eigenen Ziele, lässt sich diese Möglichkeit jedoch nur schwer verkaufen. Letztlich würden die westlichen Regierungen nämlich Männer wie Dostum mit Geld, Know-how und möglicherweise auch mit Waffen unterstützen müssen, um ein bestimmtes Areal in Afghanistan ruhigzuhalten. Vielleicht gelänge es sogar, auf diese Kriegsherren mäßigend einzuwirken, damit sie es mit den Menschenrechtsverletzungen nicht übertreiben. Unseren Idealvorstellungen von Rechtsstaatlichkeit jedoch müssten wir bei solch einer Lösung Lebewohl sagen.

Wirklich neu sind derartige Kooperationen nicht. Es gibt sie mindestens genauso lange wie die Genfer Konventionen, gegen die Partner auf dieser Ebene dann natürlich verstoßen. Die Franzosen beispielsweise verfügen auf diesem Gebiet über einen reichhaltigen Erfahrungsschatz aufgrund ihrer Afrika-Politik. Dutzende Potentaten wurden zunächst in Frankreich ausgebildet und putschten sich später in ihrem Staat an die Macht. Dies geschah nicht selten mit Unterstützung des französischen Geheimdiensts und einer Söldnertruppe. Ganz so abenteuerlich sollte es heute zwar nicht mehr zugehen, im Kern jedoch wäre das Vorgehen das gleiche.

Die Bundesregierung hat im Jahr 2010 nicht mehr die Zeit, um auf mögliche Effekte ziviler Hilfsmaßnahmen zu warten. Darüber hinaus bin ich davon überzeugt, dass die deutschen Wähler auch viel mehr Realismus vertragen könnten, als man gemeinhin denkt. Ein ehrlicher Schnitt, in dem die Regierung bekanntgibt, dass Fehler gemacht worden sind und die Lage in Afghanistan massiv unterschätzt wurde, wäre ein Anfang. Der sanfte und allumfassende Ansatz, der eine intensive Partizipation der Bevölkerung benötigt, hat nicht funktioniert.

Heute, nach acht Jahren, sechsunddreißig getöteten und gefallenen Soldaten (exklusive der des Kommandos Spezialkräfte) und Kosten in Milliardenhöhe, muss eine radikale Kehrtwende erfolgen. Ziel ist es jetzt nur noch, die Truppen möglichst schnell nach Hause zu holen.»Möglichst schnell« – das möchte ich hier noch einmal ausdrücklich betonen – heißt auf gar keinen Fall kopflos. Afghanistan muss vorher stabilisiert sein, sonst kann sich die NATO, oder was immer davon noch übrigbleibt, in ein paar Jahren erneut auf den Weg an den Hindukusch machen.

Wie auch immer die Übergabe der Verantwortung für Sicherheit an die Afghanen erfolgen wird, ob an zentrale Organe wie Armee und Polizei oder an regionale Milizen, es kann nur aus einer Position der Stärke heraus gelingen. Alles andere würde wie eine Flucht aussehen, die es de facto auch wäre. In der gegenwärtigen Situation ist an einen geordneten Abzug also nicht zu denken. Auch die Diskussion in der Öffentlichkeit darf sich nicht primär um die Frage des Abzugstermins drehen, sondern darum, wie das Problem mit den Aufständischen schnell zu bewerkstelligen ist.

Mit welcher Art Feind wir es in Afghanistan zu tun haben, wird in Deutschland nur sehr ungern diskutiert. Dass es sich überhaupt um einen Feind handelt, scheint vielen unklar. Die Deutschen wollen nämlich keine Feinde haben. Sie sind es gewohnt, stets den versöhnlichen Weg zu suchen, und sind fest davon überzeugt, dass jeder Mensch auf der Erde in seinem Kern etwas Gutes trägt. Die Idee vom friedlichen Zusammenleben der Völker ist somit Grundbestandteil unserer politischen Ordnung geworden, und der Glaube daran so fest, dass sie alternativlos erscheint. Wer vom Miteinander spricht, von Versöhnung oder vom friedlichen Zusammenleben der Kulturen, bekommt in Deutschland einen Preis verliehen und wird so gut wie nie für seine Naivität gerügt. Der amerikanische Politikwissenschaftler Samuel Huntington, der Anfang der neunziger Jahre den Begriff vom »Zusammenprall der Kulturen« prägte, ist der deutschen Meinungselite bis heute suspekt, weil seine Aussagen etwas Unheimliches und unvermeidlich Kriegerisches beinhalteten.

Zwei Kulturen, die islamische und die abendländisch-christliche, stehen sich in einer Unvereinbarkeit gegenüber, die die Grundmaxime von über sechzig Jahren Nachkriegspolitik in Frage stellt. Das kann uns nicht gefallen, weil nicht sein kann, was nicht sein darf. Aber die Anschläge vom 11. September 2001 gefielen uns auch nicht – und doch sind sie passiert. Das Wesen dieses Feindes zeigte seine hässliche Fratze damals zum ersten Mal in seiner ganzen Unversöhnlichkeit. Meinungsmacher auf der ganzen Welt und auch in Deutschland zögerten in jenen Tagen nicht lange. Sie sprachen und schrieben vom Krieg gegen den weltweiten Terrorismus. Auf einmal sollten wir im Krieg sein? Die Mehrheit fasst das bis heute anders auf. Sie lässt sich zu einer Verurteilung des Terrorismus hinreißen, so wie sie etwa auch Klimasünden oder die ungleiche weltweite Verteilung von Reichtum anprangert. Dabei handelt es sich nie um mehr als Absichtserklärungen.

Doch der Terrorismus ist nicht abstrakt. Er wird betrieben von Menschen aus Fleisch und Blut, die aus welchem Grund auch immer zu Hass und Gewalt gegen die westliche Welt aufrufen und mit der Vernichtung Israels drohen – und die zu oft schon bewiesen haben, dass es ihnen damit ernst ist. Und noch etwas ist offensichtlich, das aber lieber nicht laut ausgesprochen wird: Es sind ausschließlich Muslime, die das tun. Ob zu Recht oder Unrecht, sie berufen sich auf den Koran und eine Weltordnung, die nur diesem Buch gehorcht. Im Grunde nehmen uns diese Menschen sogar die Entscheidung ab, ob wir einen Feind wollen oder nicht. Sie erklären sich selbst auf unmissverständliche Weise dazu.

Acht Jahre und zwei reale Kriege in Afghanistan und im Irak später hat sich die Welt erneut verändert. Die tödliche Entschlossenheit unseres Feindes ist in den Köpfen der Menschen verblasst. In Deutschland haben wir sie ohnehin bloß im Fernsehen mitbekommen. Auf dem Berliner Hauptbahnhof ist noch keine schmutzige Bombe explodiert. Doch sind der Feind und die Gefahr, die von ihm ausgeht, tatsächlich verschwunden? Waren die Angriffe auf New York, London und Madrid nur das Werk weniger, die jetzt entweder tot oder im Gefängnis sind?

Jeder weiß, dass es nicht so ist und dass der Tag kommen wird, an dem sich all das wiederholt. In gewisser Weise ist es sogar verständlich, sich dem zu verweigern, dieser realistischen Annahme zu viel Raum in unseren Köpfen zu geben, und aus diffuser Angst heraus die konkrete Bedrohung zu verdrängen. Zumal die real existierenden Menschen, die uns bedrohen, so selten ein Gesicht haben. Sie können überall sein, und wir vermuten, dass dieser Feind niemals vollständig besiegt werden kann. Aber können wir uns deshalb dem Kampf verweigern?

Um diesen Zustand ein wenig begreifbarer zu machen, reden Experten im Fernsehen gern von der »Terrororganisation Al-Qaida«, die für fast alle Anschläge der letzten Jahre verantwortlich gemacht wird. Unter einer Organisation kann man sich wenigstens noch etwas vorstellen, doch trifft diese Beschreibung nicht den Kern der Bedrohung. Es kommt nämlich noch schlimmer. Der Feind, mit dem wir es zu tun haben, ist im Grunde eine Idee. Jeder kann sich ihr anschließen, ohne eine Aufnahmeprüfung und ohne detaillierte Befehle von einer übergeordneten Führung. Die Idee ist gleichzeitig der Auftrag. Es geht um die Zerstörung der westlichen Welt und die Errichtung eines Kalifats, das mindestens alle muslimischen Länder umfasst. Einer solch feindseligen Auslegung des Islam kann höchstens mit einer grundlegenden inneren Erneuerung dieser Religion begegnet werden. Doch bis dies eines Tages geschehen wird, müssen sich die Bedrohten angemessen verteidigen.

Der Ansatz zur Verteidigung kann nur an dem Ort gefunden werden, wo aus der Idee ein konkreter Plan zum Angriff auf den Westen wurde. Denn obwohl der islamistische Terrorismus keine feste Struktur aufweist, sondern als loses Netzwerk, gleichsam als ideologische Basis funktioniert, bedarf die Umsetzung der Idee doch einer konkreten Planung, um Taten folgen zu lassen. Genau dies hat in Afghanistan stattgefunden – und würde in vermehrter Weise wieder geschehen, sollten wir das Land den Islamisten der Taliban, der Al-Qaida und wie sie sich sonst noch nennen mögen, überlassen. Wer unsererseits diese Gefahr nicht ernst nimmt und es ablehnt, präventiv darauf zu reagieren, ist bereit, unsere Freiheit und den Frieden im Großteil der Welt leichtfertig aufs Spiel zu setzen. Al-Qaida heißt übersetzt: »die Basis«.

Das Wesen des Feindes, dem unsere Soldaten in Afghanistan gegenüberstehen, zu definieren und zu akzeptieren, kann helfen, die Fragen nach dem Sinn des Einsatzes zu beantworten. Wenn sichergestellt wäre, dass uns dieser Feind in Ruhe ließe, zögen wir unsere Truppen vom Hindukusch ab. Doch habe ich bis heute kein einziges Friedensangebot dieser Art vernommen. Im Gegenteil: Es wird weiter Terror und Hass gepredigt und zum Dschihad gegen uns aufgerufen. Den Versuch, uns von diesem Feind zu lösen, um dann zu hoffen, dass alles gutgehen wird, können wir uns nicht leisten. Unabdingbar ist daher, dass die Politik der deutschen Bevölkerung den Sinn des Einsatzes verständlich macht.

Der Zusammenprall der Kulturen – nirgendwo könnte er deutlicher zutage treten als am Hindukusch. Hier trifft unsere freiheitlich-christlich geprägte Weltanschauung auf einen fanatisch-islamischen Kampfgeist, der uns fremder nicht sein könnte. Wenn die deutschen Soldaten ihre Feldlager verlassen, fahren sie in eine andere Welt hinaus. Sie stehen einem Feind gegenüber, der völlig unverständlich ist. Er achtet nichts, was uns von Wert erscheint, und ist bereit, alles einzusetzen, um uns als Repräsentanten der westlichen Idee zu vernichten.

Daher bleibt uns nichts anderes übrig, als ihm mit gebündelten Kräften und mit viel größerer militärischer Stärke als bisher entgegenzutreten.

Epilog

Die Ereignisse in Afghanistan erreichten in den letzten Monaten des Jahres 2009 zunehmend die deutsche Innenpolitik. Im November entfalteten sie ihre volle Wucht und kosteten einen Minister, einen Staatssekretär und den Generalinspekteur ihre Ämter. Die sogenannte Affäre um den Luftschlag vom 4. September 2009 war damit jedoch noch nicht ausgestanden. Im Verteidigungsministerium und der Fraktion von CDU/CSU herrschte in der Zeit des Jahreswechsels auch nach diesen ersten personellen Konsequenzen eine angespannte Nervosität, ob der eingesetzte Untersuchungsausschuss noch weitere Köpfe würde rollen lassen. Der neue Verteidigungsminister Karl-Theodor zu Guttenberg musste dem Druck der Opposition und dem der Medien ebenfalls Rechnung tragen und korrigierte am 3. Dezember 2009 seine Beurteilung des Angriffs von »militärisch angemessen« auf »militärisch nicht angemessen«. Ich weiche von meiner Meinung zu der Bombardierung der gekaperten Tanklaster aber um keinen Zentimeter ab. Die Gründe, die ich oben ausführte, haben auch nach dem veröffentlichten Video, welches keinen Deut zur Analyse beitrug, und dem Untersuchungsbericht der Feldjäger Bestand. Dass es auch zivile Opfer gab, war schon am Tag des Angriffs klar. Dies kategorisch zu verneinen, wie es Jung tat, war deshalb falsch. Die Konsequenzen hat er tragen müssen. Auch zu Guttenberg bewegt sich nicht im luftleeren Raum. Mit der Änderung seiner Bewertung wendet er politischen Schaden von sich und auch von seinen Soldaten im Einsatz ab. Das Blutgeld der Regierung an die Opfer folgt derselben Logik. Die Zahlungen in einstelliger Millionenhöhe sind eine richtige Maßnahme, um unnötigen Schaden von den Truppen in Kunduz abzuwenden und auch um die diplomatischen Wogen zu glätten. Ein Schuldeingeständnis sind sie jedoch ausdrücklich nicht. Bei seiner Rede vor dem Bundestag ließ zu

Guttenberg deshalb auch keinen Zweifel, dass er trotz dieser Korrektur dem verantwortlichen Oberst Klein weiterhin seine volle Unterstützung gewähren werde. Er »rufe das auch den Offizieren zu«, die an jenem Tag im Reichstag waren.[14] Viele Parlamentarier haben diese wahrscheinlich nicht einmal als solche erkannt. Wie angenehm es doch ist, endlich einen Mann mit Anstand und gutem Benehmen an der Spitze des Verteidigungsministeriums zu haben.

Die Stimmungsmache der Oppositionsparteien gegen Karl-Theodor zu Guttenberg hat mit ehrlicher Sorge um den Fortgang der Afghanistan-Mission und die Sicherheit unserer Soldaten nichts zu tun. Es geht ausschließlich darum, aus der schwierigen Lage am Hindukusch politisches Kapital zu schlagen. Die elf Jahre Regierungsbeteiligung und die damit aufgezwungene Realpolitik haben insbesondere der SPD viel ihrer romantisch-verklärten Friedenstradition gekostet. Nach dem Abgang der letzten Schwergewichte aus der Schröder-Zeit und der Führungsübernahme durch Sigmar Gabriel und Andrea Nahles könnte die Absicht der Sozialdemokraten klarer nicht sein: den politischen Gegner schädigen, wo immer es geht und die SPD bis zur nächsten Bundestagswahl als »Friedenspartei« re-etablieren. Die Fragen, die der eingesetzte Untersuchungsausschuss klären soll, lassen keinerlei Willen erkennen, eine tragfähige Strategie für den Afghanistan-Einsatz zu entwickeln. Nach meinem Verständnis wäre dies in einer solch vertrackten Situation jedoch auch Aufgabe der Opposition. Staaten wie Frankreich, Großbritannien und besonders die USA leben in Fragen von Krieg und Frieden eine wesentlich honorigere Tradition. Auch dort wird der politische Gegner hart bekämpft, aber niemals auf dem Rücken der Soldaten. Es gibt dort Streit um die Strategie oder überhaupt um den Einsatz von Streitkräften. Stehen die Soldaten jedoch im Felde, können sie sich einer breiten Unterstützung aller Parteien sicher sein.

Die Aufgaben, die in den nächsten Monaten und Jahren vor der Bundesregierung liegen, werden nicht einfacher. Verteidigungsminister zu Guttenberg hat einen der schwierigsten Posten im Kabinett übernommen. Konsequent zu seinen Soldaten zu stehen wird viel Kraft kosten. Das Misstrauen eines großen Teils der Presse, der Bevölkerung und der Opposition gegenüber der Bundeswehr ist so tief verwurzelt, dass ich den Eindruck habe, dass viele nur auf Fehler (tatsächliche oder vermeintliche) warten, um dann auf diejenigen, die in schwierigster Verantwortung stehen einzudreschen. Die unsägliche öffentliche Diffamierung des Oberst Klein gab einen Vorgeschmack.

Immerhin unternimmt die neue Regierung in Person des Verteidigungs- und Außenministers endlich den Versuch, den Deutschen die Tücken des Einsatzes zu erklären. Zu Guttenberg verwies darauf, dass man sich vom ursprünglichen Ziel, am Hindukusch eine Demokratie einzuführen, verabschieden muss. Und Westerwelle ist um einen »umfassenden politischen Ansatz« zur Lösung der Probleme wenigstens bemüht – wenn auch sein Plan, den Übergabeprozess der Sicherheitsverantwortung an Afghanistan bereits 2010 zu starten, utopisch ist und den gegebenen Verhältnissen nicht gerecht wird. Zu Guttenberg muss darüber hinaus die Wende in Afghanistan gelingen. Das Bedienen von kleinen Stellschrauben wird bei weitem nicht mehr ausreichen. Im Januar wird die erste Verstärkung in Kunduz eintreffen. Einhundertzwanzig Soldaten und fünf weitere Schützenpanzer. Dies ist ein Anfang, jedoch nicht mehr. Die Truppe braucht dringend stärkeres Gerät in Form von Panzerhaubitzen, Hubschraubern und Kampfpanzern – auch um Unabhängigkeit von amerikanischen Bombern zu erlangen. Wenn jetzt nicht schnellstmöglich alles auf eine Karte gesetzt wird, um das Ruder im Norden Afghanistans doch noch herumzureißen, werden alle bisherigen Opfer vergebens gewesen sein. Volle Kraft und Konzentration auf den Norden – so muss die Devise lauten. Eine Erfolgsgarantie wird es jedoch auch damit nicht geben. Das ist die Tragik, mit der wir in asymmetrischen Kriegen wie diesem leben müssen.

Die verfahrene Situation am Hindukusch war freilich auch den anderen Truppenstellern nicht entgangen. Um die Nervosität und Verzweiflung der beteiligten Regierungen in Bahnen zu lenken, wurde Ende Januar 2010 in guter politischer Tradition eine internationale Konferenz einberufen: bis dato die sechste in der Causa Afghanistan. Es ging um Truppenverstärkungen, Stärkung des zivilen Aufbaus, Ausbildung der afghanischen Sicherheitskräfte, Verantwortlichkeiten der Regierung Karzai und deutlicher denn je um eine Abzugsperspektive. Und als hätte man nie etwas aus den fünf Vorgänger-Veranstaltungen gelernt, griffen viele der Teilnehmer am Ende der Konferenz wieder beherzt zu Superlativen, die die allgemeine Ratlosigkeit noch deutlicher machten. Vom »Endziel Frieden und Sicherheit« war die Rede, von einem »wirklichen Neuanfang«, einem »Wendepunkt« in der Afghanistanpolitik gar. Bei genauerem Hinsehen jedoch war wenig Neues zu entdecken. Die oben genannten Punkte stehen seit Jahren auf der politischen Agenda, sind vollkommen richtig, wurden jedoch nie konsequent umgesetzt. Kritikern, die Ähnliches diagnostizierten, wurde entgegnet, man wolle jetzt „ernsthaft" zur Tat schreiten und vor allem den Wiederaufbau vorantreiben. War das Bestreben die acht Jahre zuvor etwa nicht ernsthaft?

Die deutschen Beiträge zur Konferenz, diesem letzten Versuch, basierten erneut auf einem innenpolitischen Kompromiss. Statt der von Minister zu Guttenberg avisierten eintausendfünfhundert Mann Truppenverstärkung einigten sich die Koalitionspartner auf fünfhundert plus eine »Reserve« von dreihundertfünfzig Mann in der Heimat. Die Verantwortlichen haben nichts gelernt – gar nichts. Wieder wird nur das Allernötigste bereitgestellt, um Linderung zu verschaffen. Dabei birgt eine zu hohe Verstärkung keinerlei Risiko. Eine zu niedrige indes kann fatale Folgen haben. Acht Jahre lang hat sich diese Regel bestätigt. Und Reserven, die nicht in unmittelbarer Nähe zu den kämpfenden Truppen stehen, verdienen den Namen nicht. Oder geht Berlin jetzt davon aus, das andere den Kampf im Norden führen?

Wieder einmal sind es nämlich die Vereinigten Staaten, die echte Entschlusskraft demonstrieren und fünftausend GIs nach Nordafghanistan befehlen – inklusive einer Hubschrauberstaffel. In der deutschen Politik wird dies als ein Akt echter Partnerschaft gefeiert. In Wirklichkeit aber ist es die Offenbarung des Scheiterns. »Ihr Deutschen habt es nicht geschafft, jetzt übernehmen wir« – wie sonst kann man diese Entwicklung deuten? Formal untersteht das US-Detachement dem deutschgeführten RC North. In der Praxis jedoch wird gerade das Gebiet um Kunduz zur »amerikanischen Zone« werden. Fünftausend US-Soldaten unter fremder Kommandogewalt? Es wäre das erste Mal. Der Einfluss auf die Art der Kriegsführung ist uns damit endgültig verloren gegangen.

Insgesamt werden 2010 mehr als dreißigtausend zusätzliche US-Soldaten in Afghanistan zum Einsatz kommen. Gleichzeitig stellte Präsident Obama die Prüfung eines Abzugs in Aussicht. Auch dies ist keine Überraschung. Alle engagierten Staaten wollen ihre Truppen vom Hindukusch abziehen. Wann dies zu verantworten ist, wird selbstverständlich immer wieder geprüft. Noch ist es aber nicht soweit.

Abgesehen von der schwierigen Lage in Afghanistan, wird Minister zu Guttenberg sich auch den deutschen Streitkräften in der Heimat annehmen müssen. Die zahlreichen Reformversuche der letzten zwanzig Jahre haben in vielen Bereichen zu einer Schwächung der Einsatzbereitschaft der Bundeswehr geführt. In dem Maße wie Kampftruppen außer Dienst gestellt wurden, haben riesige Stäbe und Führungskommandos an Größe gewonnen. Viele Häuptlinge und kaum mehr Indianer. Die Folge: Oft wurden Soldaten von Truppengattungen wie Artillerie, Flugabwehr oder den Pionieren als »Hilfsinfanteristen« in die Einsätze geschickt. Infanteristen aber sind hochspezialisierte Soldaten – wie die anderen auch –, deren intensive Ausbildung hier nicht gewährleistet war. Die Schlagkraft vor Ort hat diese Maßnahme also eher geschwächt als gestärkt. Auch hier hat der neue Minister bereits Veränderungen angekündigt. Hoffentlich durchforstet er die Amtsstuben der Stäbe und kehrt mit eisernem Besen. Denn ob für den Einsatz einer einzigen Kompanie in Kunduz und deren Einsatzvorbereitung in der Heimat wirklich ein Einsatzführungskommando, ein Heeresführungskommando, ein Einsatzführungsstab, ein Divisionsstab, ein Brigadestab, ein Bataillonsstab, ein Regionalkommando Nord, ein ISAF-Hauptquartier und der Stab des PRT notwendig sind, darf wahrlich bezweifelt werden.

Den tapferen Männern und Frauen im Einsatz wünsche ich allzeit viel Soldatenglück, eine gute Führung und dass es ihnen stets gelingt, ihren Auftrag zu erfüllen. Auch wenn ihre Entbehrungen und Opfer von der deutschen Öffentlichkeit noch nicht annähernd angemessen gewürdigt werden, können sie versichert sein, dass sie einen ehrenvollen Beruf ausüben und stolz auf sich sein können. Meine Zeit in der Bundeswehr gehört zu den schönsten Abschnitten meines Lebens. Die Freundschaften, die ich dort schloss, währen mittlerweile schon über zwölf Jahre und werden auch weiterhin bestehen. Insbesondere danke ich all meinen Kameraden aus den Einsätzen für die gemeinsamen Monate in Afghanistan. Es sind fabelhafte Männer und Frauen – und gute Soldaten.

Mehr Informationen zum Buch unter:

www.unterbeschuss.de

Anmerkungen

1. In den deutschen Streitkräften verrichten seit dem 1. Januar 2001 nach einer Entscheidung des Europäischen Gerichtshofs auch Frauen ihren Dienst. In Anbetracht der überwältigenden Mehrheit an männlichen Soldaten soll jedoch auf komplizierte Wortkonstrukte wie »Soldatinnen und Soldaten« im Folgenden verzichtet werden.
2. www.bundeswehr.de
3. Zitiert nach: David Loyn: Butcher&Bolt, London 2008, S. 83.
4. www.bpb.de
5. Carl von Clausewitz: Vom Kriege, Erftstadt 2004, S. 9.
6. Ebd. S. 21.
7. Ebd. S. 119.
8. Schriftlicher Befehl des Bundesministers der Verteidigung von 2007.
9. Spiegel Online »Anschlag auf Isaf-Soldaten in Kunduz« vom 10.082009.
10. Feldjägerbericht vom 20. DEU EinsKtgt ISAF & Gesprächsprotokolle dt. Feldjägerkräfte mit afghanischen Sicherheitskräften im Rahmen BDA.
11. Washington Post »Germany, U.S. differ in airstrike assessment« vom 07.09.2009.
12. COMISAF delegation of 31 July 2007.
13. Humanitäres Völkerrecht in bewaffneten Konflikten, Handbuch, hrg. von: BMVg, Abteilung Verwaltung und Recht II 3, 1992, Kapitel 5, § 509, § 510.
14. Plenarprotokoll des Deutschen Bundestages vom 3. Dezember 2009.

Bildnachweis

»Panzerhaubitze 2000 beim Schuss« (S. 117), © dpa – Report.
»Französischer Kampfhubschrauber Tiger bei einer Übung« (S. 121), © picture alliance/abaca.
»Das afghanische Buskaschi. Ein Spiel so rau wie das Land« (Bildteil), © dpa – Bildarchiv.
»Das Flussbett nach dem Angriff« (Bildteil), © dpa – Report.

Der zweite Afghanistan-Bericht von Deutschlands bekanntestem Soldaten

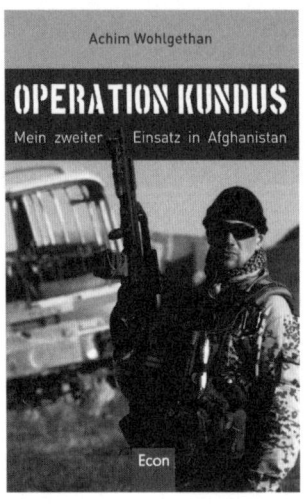

Achim Wohlgethan · **Operation Kundus**
Mein zweiter Einsatz in Afghanistan
320 Seiten mit 24 Seiten Farbabbildungen, Klappenbroschur
€ [D] 18,90 · € [A] 19,50
ISBN 978-3-430-20073-8

In seinem Bestseller »Endstation Kabul« hat Achim Wohlgethan die deutsche Öffentlichkeit erstmals ungeschminkt mit der Realität des deutschen Afghanistan-Einsatzes konfrontiert. In seinem neuen Buch berichtet Wohlgethan über seinen zweiten Einsatz, der ihn nach Kundus führte. Als Mitglied der Vorauskräfte baute er dort inmitten von Truppen feindlicher Warlords den deutschen Stützpunkt mit auf. Mit seinem Insiderbericht bringt er uns nicht nur die wahren Zustände in dem umkämpften Land, sondern auch die Mängel der Bundeswehr und die Probleme der Soldaten in ihrem gefährlichen Einsatz nahe.

Econ

Deutschlands kriegerische Söhne

Franz Hutsch · **Exportschlager Tod**
Deutsche Söldner als Handlanger des Krieges
280 Seiten, Klappenbroschur
€ [D] 18,90 · € [A] 19,50
ISBN 978-3-430-20072-1

Deutsche Söldner sind eine heiß begehrte Ware: Immer mehr ehemalige Bundeswehr-Soldaten kämpfen für private Auftraggeber in den Kriegsgebieten dieser Welt und betreiben so eine Außenpolitik am Parlament vorbei. Franz Hutsch hat sich auf den Schlachtfeldern im Irak und in Afghanistan umgesehen und bringt Licht ins Dunkel einer im Verborgenen agierenden Branche.

»Geschickt verschränkt der Autor energiegeladene, vibrierende Reportagen mit präzisen Analysen.«
Deutschlandfunk

Islamistische Attentäter
unter uns

Annette Ramelsberger · **Der deutsche Dschihad**
Islamistische Terroristen planen den Anschlag
224 Seiten, Klappenbroschur
€ [D] 16,90 · € [A] 17,40
ISBN 978-3-430-30040-7

Die SZ-Journalistin Annette Ramelsberger hat fast jeden Terrorprozess in Deutschland verfolgt. Sie gehört zu den wenigen Insidern, die die Hintergründe des Heiligen Krieges auf deutschem Boden kennen. In ihrem Buch gewährt sie Einblick in diese fast hermetisch abgeschottete Welt. Eine erschreckende Reportage, die wachrüttelt.

»Ein Buch, das sich ebenso spannend wie erschreckend liest.«
Passauer Neue Presse